A Tributação Autónoma em Portugal

UMA ABORDAGEM JURISPRUDENCIAL

A Tributação Autónoma em Portugal

UMA ABORDAGEM JURISPRUDENCIAL

Ana Arromba Dinis

Nota de apresentação
Liliana Pereira

Prefácio
António Martins e Cidália Lopes

Posfácio
Sara Luís Dias

ALMEDINA

A TRIBUTAÇÃO AUTÓNOMA EM PORTUGAL
UMA ABORDAGEM JURISPRUDENCIAL
AUTORA
Ana Arromba Dinis
EDITOR
EDIÇÕES ALMEDINA, S.A.
Avenida Emídio Navarro, 81, 3D
3000-151 Coimbra
Tel.: 239 851 904 · Fax: 239 851 901
www.almedina.net · editora@almedina.net
DESIGN DE CAPA
FBA.
PRÉ-IMPRESSÃO
EDIÇÕES ALMEDINA, SA
IMPRESSÃO E ACABAMENTO
ACD Print, S.A.
Setembro 2022
DEPÓSITO LEGAL
502036/22

ALMEDINA | GRUPOALMEDINA

BIBLIOTECA NACIONAL DE PORTUGAL – CATALOGAÇÃO NA PUBLICAÇÃO
DINIS, Ana Arromba
A TRIBUTAÇÃO AUTÓNOMA EM PORTUGAL:
UMA ABORDAGEM JURISPRUDENCIAL
1.ª ed. – (Direito para economistas, gestores e marketeers)
ISBN 978-989-40-0603-9
CDU 336

NOTA DE APRESENTAÇÃO

Surpreendeu-me e distinguiu-me o convite que recebi da Professora Ana Arromba Dinis para escrever a nota de apresentação deste livro.

Foi em 2014 que a minha vida se cruzou com a da Professora Ana Arromba Dinis e, desde essa altura, tem sido um privilégio podermos trabalhar em conjunto e acompanhar todo o seu trabalho. Tenho por ela uma enorme estima, admiração e amizade.

A obra que agora vos chega às mãos resulta de um intenso trabalho de investigação na área da Fiscalidade, a ciência que nos juntou, levado a cabo com muito rigor, determinação e enorme coragem da autora, cuja formação e experiência profissional, que cruzam as áreas da Gestão, da Contabilidade e da Fiscalidade, lhe permitem uma análise multidisciplinar e uma visão crítica apurada sobre temas tão atuais e relevantes naquelas áreas, quer para a comunidade académica quer para a comunidade profissional.

O livro tem como tema de fundo as Tributações Autónomas, uma figura tributária com características únicas, cuja evolução conduziu a que responda hoje a finalidades diversas e que tem originado, ao longo dos anos, muitos litígios entre os contribuintes e a Autoridade Tributária, traduzindo uma importante fonte de receita fiscal no nosso país. É a este tema controverso que a Professora Ana Dinis tem dedicado muitas horas do seu trabalho de investigação nos últimos anos e que agora, muito generosamente, partilha connosco. Encontrarão os leitores, neste livro, rigor de análise, uma sustentação doutrinal aprofundada, uma abordagem teórico-prática de grande utilidade académica e profissional, trazendo-nos respostas para muitas questões que ajudarão os que trabalham e ensinam sobre esta temática, mas, mais importante que isso, a meu ver, deixando-nos também muitas interrogações para que, a partir delas, possamos pensar sobre o Sistema Fiscal Português, em geral, e sobre as Tributações Autónomas, em particular.

Com o cuidado de saber escrever para diferentes públicos, que muito poderão aprender com esta obra, a autora demonstra o cuidado e a sensibilidade necessários para tratar de forma aprofundada um tema de grande complexidade, recorrendo às metodologias adequadas aos saberes teórico e prático, e com a preocupação cívico-pedagógica que muitas vezes é esquecida por quem aborda os temas relacionados com os impostos e a tributação.

Este livro é um reconhecimento do muito mérito que a Professora Ana Dinis tem como investigadora e professora e um precioso contributo para todos os que, no mundo inteiro, se dedicam ao estudo da Fiscalidade Empresarial. Devemos, por isso, à autora, o nosso obrigada!

Barcelos, maio de 2022

LILIANA PEREIRA
Doutora em Fiscalidade na Faculdade de Direito da Universidade de Santiago de Compostela no programa de doutoramento em Direito Tributário Europeu. Docente Universitária na área da Fiscalidade. Investigadora do Centro de Investigação em Contabilidade e Fiscalidade do IPCA.

PREFÁCIO

A obra de Ana Dinis que agora se dá à estampa tem por base a Tese de Doutoramento defendida na Faculdade de Economia da Universidade de Coimbra, que tivemos o gosto de orientar, e aí obteve merecida consagração.

A tributação autónoma de certos gastos, inserida normativamente no Código do IRC (embora também surja no CIRS) é, por assim dizer, uma figura tributária algo estranha no sistema fiscal português.

Foi por via do Decreto-Lei 192/90, de 9 de junho, que se consagrou, inicialmente, a tributação autónoma de certas despesas: as então designadas por despesas confidenciais ou não documentadas. A passagem das normas relativas à tributação autónoma para o CIRC, operada pela Lei nº 30-G/2000, de 29 de dezembro de 2000, originou um processo de extensão da tributação autónoma, e diversificação dos seus fundamentos, que até hoje se vem desenvolvendo.

Os sujeitos passivos do IRC são, como é sabido, tributados por um regime-regra que, após calcular o excedente da atividade por diferença entre ou rendimento e gastos, apura o respetivo lucro tributável pela introdução no resultado contabilístico das correções previstas no CIRC. Entendendo-se que tais correções podem não captar integralmente a capacidade contributiva (rendimento) embutida em certas despesas (e.g., despesas não documentadas, gastos com viaturas, despesas de representação) aplica-se ainda a tributação autónoma.

Todavia, a evolução da tributação autónoma no contexto normativo do CIRC parece visar, crescentemente, objetivos reditícios; afastando-se de uma dominante função de combate à evasão. Só assim se compreende o alargamento constante da base impositiva, bem como o aumento das taxas, e não só objetivos de obtenção de receita. Propósitos de natureza ambiental estão também atualmente incorporados nessa tributação, como bem mostra o livro que prefaciamos.

A tributação das despesas no contexto da tributação do rendimento societário não é um instrumento habitual de política fiscal. Como salienta Ana Dinis, Portugal é uma exceção quando se trata da tributação autónoma, pois nenhum outro país da OCDE tem uma fonte de receitas dessa proveniência que seja quantitativamente semelhante, nem uma diversidade tão vasta de taxas de tributação autónoma das despesas empresariais.

No plano internacional, a solução habitual é, como se sabe, a indedutibilidade de gastos que se supõem não ter uma relação com a atividade empresarial, ou poderem constituir potenciais fontes de evasão.

No caso português, as caraterísticas da tributação autónoma, como sejam a crescente base normativa, a multiplicidade de taxas e a complexidade interpretativa associada a certas normas que suportam tal tipo de tributação, geram níveis de litigância consideráveis e um acervo jurisprudencial relevante. De tudo isto se dá conta na parte inicial da obra.

Assim, e num segundo momento, a autora analisa as fontes de complexidade jurídica originadas pelas decisões de litígio e arbitragem fiscal, originadas pela aplicação das tributações autónomas, entre a Autoridade Tributária (AT) e os contribuintes, as quais originam custos fiscais. São os designados custos da tributação *(tax operating costs)*, incorridos quer pela AT *(administrative costs)* quer pelos contribuintes (*compliance costs*). Neste caso, o aumento do litígio fiscal causado pela análise e discussão em torno das tributações autónomas conduz a ineficiências no sistema fiscal português. Estas ineficiências afetam tanto a AT, pois aumentam os custos incorridos pelo sector público, como as empresas, pois os custos de litígio fiscal constituem uma componente importante dos custos do sector privado.

Recorrendo à análise jurisprudencial, como método de investigação, procede-se nesta obra a uma análise normativa e crítica da tributação autónoma de certas despesas empresariais, em sede do imposto de sociedades.

O aumento do número de casos de litígio fiscal em torno das tributações autónomas justifica a escolha da metodologia, a qual permite um conhecimento dos principais problemas na interpretação legislativa e na aplicação dessas tributações. E é precisamente esta análise jurisprudencial das tributações autónomas em Portugal que confere utilidade prática a esta obra.

Num mercado cada vez mais global, o estudo de um qualquer tema fiscal não se esgota num contexto meramente nacional, pelo que saber como se tributam certos gastos empresariais no contexto internacional foi também aqui abordado.

Utilizando, agora, uma análise comparativa internacional da tributação de certas despesas sujeitas a tributação autónoma, a autora concluiu que, com a dimensão que tem em Portugal, o uso desta técnica tributária não é comum no contexto internacional.

O presente livro contém informação teórica e prática sobre o regime fiscal das tributações autónomas em Portugal, identificando e discutindo as suas principais fontes de complexidade e os seus principais custos. Adicionalmente, e para além da justificação da tributação autónoma de certo tipo de gastos empresariais, analisa as correntes jurisprudenciais que sobre este fenómeno se foram evidenciando.

Terá assim importância para além do mundo académico. Certamente, será útil a todos os profissionais da contabilidade, da auditoria e da fiscalidade que lidam com estas questões na vida das empresas.

Coimbra, maio de 2022.

ANTÓNIO MARTINS
Doutor em Gestão pela Faculdade de Economia da Universidade de Coimbra.
Docente universitário na área da Fiscalidade.

CIDÁLIA LOPES
Doutora em Gestão pela Faculdade de Economia da Universidade de Coimbra.
Docente universitária na área da Fiscalidade.

NOTA DA AUTORA

A tributação autónoma das despesas empresariais, ainda que tenha surgido com o objetivo de combater a fraude e evasão fiscal, é atualmente uma fonte de receita pública relevante. Contudo, fruto das constantes alterações da lei e da extensão da sua base tributária, tem originado muitos conflitos entre a Autoridade Tributária (AT) e os contribuintes.

A presente obra pretende aprofundar conhecimentos práticos da tributação autónoma no contexto empresarial, quer em sede de Imposto sobre o Rendimento das Pessoas Singulares (IRS) quer em sede de Imposto sobre o Rendimento das Pessoas Coletivas (IRC), apresentando e analisando questões práticas discutidas tanto na doutrina como na jurisprudência portuguesa.

Procurar-se-á, pois, dar resposta a diversas perguntas e problemas fiscais suscitados com esta tributação das despesas empresariais em Portugal: O imposto sobre o rendimento empresarial estará a perder a sua coerência interna ao alargar a base da tributação autónoma das despesas? As receitas provenientes da tributação autónoma são tão relevantes que o que começou como exceção estará gradualmente a tornar-se uma característica permanente, em particular do IRC? Quais são as questões constitucionais levantadas pela existência da tributação autónoma das despesas? A recente evolução das regras da tributação autónoma mostra um processo eficiente de elaboração e interpretação da lei fiscal em Portugal? Que contributo pode ter a tributação autónoma na realização dos objetivos ambientais?

Para o efeito, elaboram-se uma análise normativa e uma discussão crítica da tributação das despesas empresariais, nomeadamente em sede de IRC[1], considerando o aumento generalizado de processos no Centro de Arbitragem Administrativa (CAAD), verificado ao longo dos últimos anos. Assim, por

[1] Apesar de, com esta obra, se procurar tratar também a tributação autónoma em sede de IRS, a abordagem será feita muito em particular à tributação empresarial em sede de IRC.

esse motivo, justifica-se que a temática da tributação autónoma das despesas é um tema de atual relevância.

Esta obra teve como ponto de partida a tese de doutoramento em Gestão de Empresas apresentada pela autora à Faculdade de Economia da Universidade de Coimbra[2], orientada pelo Professor Doutor António Manuel Ferreira Martins e pela Professora Doutora Cidália Maria da Mota Lopes (cujo contributo permitiu também que esta obra fosse possível, pelo que lhes dirijo o devido agradecimento). A mesma foi substancialmente adaptada[3], nomeadamente para a língua portuguesa (uma vez que a tese foi publicada em inglês), e reduziu-se a parte estatística, com vista à sua simplificação, considerando outros contributos adicionais, tal como o enquadramento do tema em sede de IRS (já que a tese versa apenas sobre o IRC), ainda que de forma mais breve, com o objetivo de se atingir um público mais vasto. Deste modo, o presente trabalho debruça-se sobre a análise do enquadramento fiscal da tributação autónoma em Portugal em sede de imposto sobre o rendimento em Portugal, e em particular das pessoas coletivas, em sede de IRC.

A metodologia utilizada neste estudo é uma mistura entre o método de investigação jurídica e a análise de estudo de caso. De acordo com van Hoecke (2011)[4], o método de investigação de análise normativa assume muitas formas. Aqui, a chamada abordagem argumentativa é a perspetiva escolhida, que é discutida sobre se um tipo aparentemente anómalo de regras (no caso, a inserção da tributação autónoma no corpo jurídico do IRC) se justifica por razões técnicas, políticas ou outras subjacentes, e também como tal se relaciona com as formas comparativas de abordar a questão complexa da tributação das empresas.

Como van Hoecke (2011) argumenta, o método de investigação jurídica é frequentemente criticado por não fazer o tipo de generalizações das ciências

[2] Dinis, A. (2020). *Corporate taxation in Portugal: a study on the perception of the impact of autonomous taxation | A tributação das sociedades em Portugal: um estudo sobre a perceção do impacto da tributação autónoma*. Coimbra: Universidade de Coimbra, Faculdade de Economia. Tese de Doutoramento. Disponível no Repositório Científico da UC em https://estudogeral.sib.uc.pt/handle/10316/91056. Tese distinguida com o Prémio de BEST THESIS AWARD da ICAFI 2021 – International Conference on Accounting and Finance Innovation, que decorreu em Aveiro nos dias 1 e 2 de julho de 2021.

[3] Este trabalho é financiado por fundos nacionais através da Fundação para a Ciência e a Tecnologia (FCT), I.P., no âmbito dos financiamentos plurianuais UIDB/04043/2020 e UIDP/04043/2020.

[4] van Hoecke, M. (2011). *Methodologies of legal research*. Oxford and Portland, Hart Publishing.

empíricas. Não existem princípios gerais válidos derivados da investigação jurídica, uma vez que muitos problemas estão, por natureza, relacionados com os sistemas jurídicos nacionais e, portanto, as soluções propostas não são testáveis fora de uma determinada fronteira territorial ou política. Uma certa visão da ciência, em que apenas a investigação baseada empiricamente (falsificável) é considerada como a base científica, é, pois, discutível. No caso da investigação jurídica, uma abordagem hermenêutica — em que documentos, textos e a sua interpretação podem produzir frutos importantes para o desenvolvimento da investigação — é, pois, uma abordagem testada e frutuosa.

Além de ser uma disciplina hermenêutica, é uma disciplina argumentativa. Ao expor argumentos que confirmam ou negam soluções particulares, a investigação jurídica (por exemplo, no direito penal, comercial, administrativo ou fiscal) pode influenciar melhores escolhas legislativas por parte dos intervenientes políticos.

Finalmente, a investigação jurídica pode ter também um sentido empírico. Uma proposta de investigação normativa pode, em muitos contextos, ser testada com métodos estatísticos-padrão. Em alguns casos, a questão mais complicada é o acesso aos dados. Isto é frequentemente observado em estudos de direito fiscal, em que os organismos governamentais (tais como as autoridades fiscais) têm uma enorme quantidade de dados, mas o seu acesso é limitado por lei ou pelo sigilo profissional (Kleinbard, 2015)[5].

Voltando à questão inicial, o objetivo desta obra é, sobretudo, discutir as questões de investigação identificadas. Assim, a interpretação dos textos jurídicos e a discussão do *ratio legis* (lado hermenêutico), a avaliação das vantagens e desvantagens da tributação autónoma em Portugal (abordagem argumentativa), e a utilização de dados estatísticos agregados para medir o impacto da tributação autónoma nas receitas fiscais globais (lado empírico), serão, conjuntamente, utilizadas para analisar o tema proposto.

Por outro lado, o método do estudo de caso tem sido também aplicado a muitas áreas de investigação (Scholz e Tietje, 2002)[6], já que é uma ferramenta extremamente útil para responder a perguntas do tipo «Como» ou «Porquê», quando o conhecimento sobre um assunto é reduzido. O método do estudo de caso é, portanto, considerado um instrumento adequado para aumentar o

[5] Kleinbard, E. (2015). *We Are Better Than This*. Oxford: Oxford University Press.

[6] Scholz, R., e Tietje, O. (2002). *Embedded Case Study Methods*. London: Sage Publications Ltd.

que se sabe sobre um determinado problema, contribuindo para a sua compreensão, e, em última análise, para a tomada de melhores decisões.

Considerando o objetivo deste estudo, a discussão de uma característica muito particular da fiscalidade portuguesa das empresas pode destacar aspetos políticos úteis para um público mais vasto. Muitos países da OCDE enfrentam uma situação terrível nas finanças públicas (agravada com a pandemia de covid-19 e, ainda mais recentemente, com a guerra na Ucrânia). Assim, dada a pressão para incrementar as receitas fiscais, a tributação autónoma pode ser um caso de estudo sobre como uma solução (embora distorcida) está a ser aplicada num país da UE para elevar significativamente as receitas fiscais relacionadas com o imposto sobre o rendimento.

A metodologia utilizada nesta obra é, pois, o método de investigação jurídica, nomeadamente a metodologia doutrinal, com investigação jurisprudencial, combinada com uma análise de estudo de caso da tributação autónoma em Portugal. A motivação económica (receita fiscal), a interação entre as autoridades fiscais e os decisores políticos, o papel dos tribunais na aplicação de novas regras, e a crise fiscal que Portugal enfrentou (e enfrenta), produziram um conjunto de fatores que influenciaram as opções legislativas e a interpretação do direito fiscal. É, portanto, necessária uma abordagem multidisciplinar, e esta obra segue também uma linha metodológica deste tipo.

De acordo com Arthurs [1993 *apud* Chynoweth, 2008[7]], a investigação da teoria jurídica está «preocupada com a formulação da doutrina jurídica através da análise das regras jurídicas.» A doutrina jurídica clarifica ambiguidades derivadas da complexidade da lei, e como Holmes Jr. (2011)[8] afirma, «o papel do jurista é dar a conhecer o conteúdo da lei; isto é, trabalhar sobre ela, a partir de dentro.» Também Beaulac e Bérard (2014)[9] sustentam que a metodologia de interpretação jurídica se centra na forma de determinar o conteúdo das normas que provêm de textos jurídicos e como o mesmo é percebido pelos contribuintes e outros utilizadores. É desejável, pois, que os tribunais evitem uma interpretação aleatória da lei fiscal.

[7] Chynoweth, P. (2008). Legal Research. In *Advanced Research Methods in the Built Environment* (p. 27–38 [256]). Oxford: Blackwell Publishing Ltd.

[8] Holmes Jr., O. W. (2011). *The Common Law*. Paulo J. S. Pereira e Diego M. Beltran, Ed. University of Toronto Law School; Typographical Society.

[9] Beaulac, S., e Bérard, F. (2014). La méthodologie d'interprétation législative. In *Précis d'interprétation législative* (Deuxième, pp. 5–48). Montréal: LexisNexis.

Em Portugal, e desde a sua criação, a tributação autónoma parece ter sido um instrumento de sucesso no combate à evasão e fraude fiscais, como salienta Nabais (2018)[10]. Aliás, as receitas públicas provenientes da tributação autónoma são, de facto, bastante relevantes, nomeadamente na receita global do IRC, pelo que a análise doutrinal apresentada neste trabalho será complementada com o estudo da evolução recente e complexa da norma da tributação autónoma, em particular a prevista no CIRC.

Como tal, trata-se de um caso de estudo emblemático sobre como não alterar em concreto uma lacuna fiscal percetível, ensinando lições valiosas aos decisores políticos e à AT, ao mesmo tempo que sublinha os fatores jurídicos, económicos, jurisprudenciais e políticos que têm influenciado as regras da tributação autónoma.

O método de investigação jurídica utilizado neste livro tem uma longa tradição na análise da política fiscal e do direito fiscal, como defende Freedman (2005)[11]. A autora argumenta que a legislação fiscal só pode ser devidamente compreendida tendo em consideração os seus objetivos económicos, políticos e sociais. Tal como afirma Thompson (1992)[12], a legislação fiscal não tem uma existência independente ou autónoma, e é influenciada pela política económica e pelos esforços de pressão por parte dos contribuintes e das autoridades fiscais, o que pode ter efeito num processo legislativo complexo. Park (1997)[13] defende igualmente uma abordagem multidisciplinar da tributação, ao analisar as mudanças políticas e o seu impacto sobre os contribuintes e as decisões judiciais.

Do mesmo modo, Bond *et al.* (2000)[14] utilizaram frutuosamente o método de investigação jurídica, numa abordagem de análise comparativa, para discutir os desenvolvimentos na União Europeia em matéria de harmonização

[10] Nabais, J. C. (2018). *Introdução ao Direito Fiscal das Empresas*. 3.ª edição. Coimbra: Almedina.

[11] Freedman, J. (2005). Taxation Research as Legal Research. In Lamb, M., Limer, A. Freedman, J. & James S. (eds.). *Taxation — An Interdisciplinary Approach To Research* (pp. 13–34). Oxford: Oxford University Press.

[12] Thompson, A. (1992). Foreword: Critical Approaches to Law — Who Needs Legal Theory? In I. Grigg-Spall and P. Ireland (eds.). *The Critical Lawyers' Handbook* (pp. 2–11). London: Pluto Press.

[13] Park, A. (1997). Tax Law in and after the Wheatcroft Era. In R. Rawlings (ed.), *Law, Society and Economy* (pp. 131–145). Oxford: Clarendon Press.

[14] Bond, S., Chennels, L., Devereux, M. P., Gammie, M., e Troup, E. (2000). *Corporate Tax Harmonisation in Europe: A Guide to the Debate*. London: Institute for Fiscal Studies.

fiscal. Oestreicher *et al.* (2011)[15] aplicaram o método da investigação jurídica, combinando análise jurídica com análise económica e implicações políticas, na sua apreciação crítica da tributação de grupos nos vários Estados-membros da UE (as propostas de reforma fiscal foram derivadas deste trabalho). De forma semelhante, Wheeler (2011)[16] apresentou uma extensa comparação da legislação nacional dos Países Baixos e do Reino Unido no que respeita à atribuição de rendimentos a uma pessoa para fins fiscais. Isto é especialmente relevante quando se aplicam tratados internacionais para evitar a dupla tributação. A lei de atribuição de rendimentos pode ser interpretada de forma útil com a ajuda de fatores económicos que sustentam a geração de rendimentos e a sua atribuição a um sujeito passivo.

Adicionalmente, um estudo sobre a simplificação fiscal, explicando as suas dificuldades devido à interação de questões jurídicas, económicas e sociais, pode ser encontrado em James (2007)[17]. Um objetivo frequentemente discutido da política e legislação fiscal é demonstrado como dependente de um conjunto misto de influências, que justificam uma abordagem cuidadosa da simplificação fiscal para as pequenas empresas. Este estudo coloca, portanto, uma forte ênfase no papel dos tribunais arbitrais na elaboração da lei fiscal.

O papel dos tribunais na moldagem da aplicação do direito fiscal, especialmente em áreas interpretativas complexas, como os casos de evasão fiscal, é também realçado em publicações académicas, como as de Tiley (1987)[18] e de Sancilio (2013)[19]. Avaliando a questão da lei fiscal *retroativa* na Austrália — um conceito equivalente à natureza *interpretativa*, a qual também se foca esta obra —, Loiacono e Mortimer (2017)[20] também aplicam uma estratégia de investigação jurídica. Concluem que a legislação retroativa só deve ser promulgada nas circunstâncias mais extraordinárias, e que os governos devem reconhecer

[15] Oestreicher, A.; Spengel C., e Koch R. (2011). How to Reform Taxation of Corporate Groups in Europe. *World Tax Jornal*, 3, 1, pp. 5–38.

[16] Wheeler (2011). The Attribution of Income in the Netherlands and the United Kingdom. *World Tax Journal*, 3, 1, pp. 39-175.

[17] James, S. (2007). Tax simplification is not a simple issue: the reasons for difficulty and a possible strategy. University of Exeter, *Discussion Papers in Management*, 07/18.

[18] Tiley, J. (1987). Judicial Anti Avoidance Doctrines. *British Tax Review*, 180-197; 220–244.

[19] Sancilio, P. (2013). Clarifying (or is it codifying?) the "notably abstruse": step transactions, economic substance, and the tax code. *Columbia Law Review*, 113, 1, 138-180.

[20] Loiacono, R. e Mortimer, C. (2017). Retrospective tax law: Has Pandora's Box opened never to be shut again? *eJournal of Tax Research*, 15, 1, pp. 105–118.

prontamente as deficiências da legislação fiscal e modificá-la com rapidez, para proporcionar certeza e manter a confiança do público no sistema.

No caso português, o método de investigação jurídica, combinando normas legais, fatores económicos e jurisprudência, foi aplicado, entre outros, por Palma (2015)[21] e Martins (2015)[22]. O primeiro oferece uma análise crítica do IVA nas entidades do sector público, combinando direito e análise de casos, e sugere opções para reformar o complexo tratamento destas entidades na esfera do IVA. O segundo analisa a reforma fiscal portuguesa de 2014, em termos de tendências da política fiscal mundial, no contexto de uma grave crise económica em que se chegou a um consenso político para aumentar a competitividade fiscal portuguesa. Examina igualmente como as escolhas legislativas finais foram afetadas por uma multiplicidade de fatores.

Esta obra explora, deste modo, as fontes de complexidade jurídica que causaram uma primeira abordagem nas decisões de litígio e arbitragem desfavoráveis à AT em Portugal, apresentando dados económicos para ilustrar a importância da tributação autónoma nas receitas fiscais e os subsequentes esforços de pressão para se alterar a lei e atribuir-lhe um carácter *interpretativo*. São também apresentados dados sobre as decisões arbitrais que mostram as tendências das decisões antes e depois da alteração legislativa. Esta obra oferece, então, uma discussão sobre a natureza desta alteração: É *interpretativa* ou *retroativa*? Evidencia-se também a pertinência da uniformização de Jurisprudência, que acabou por surgir, na pacificação da litigância que aumentou desmedidamente.

Uma combinação de questões jurídicas, económicas e políticas sublinham a apresentação dos resultados e a sua discussão, complementada com uma análise comparativa internacional da tributação das despesas empresariais.

Pretende-se, com esta obra, dar um pequeno contributo para um conhecimento mais prático e aprofundado da tributação autónoma em Portugal, bem como das diferenças de tomada de posição dos intervenientes nos diversos processos analisados, não procurando a autora, contudo, efetuar uma análise jurídica profunda, já que a mesma é abordada, e muito bem, em contexto nacional. De facto, foi propósito da autora participar singelamente no debate fiscal de um tema cuja discussão se encontra inacabada (a tributação autó-

[21] Palma, C. (2015). *As Entidades Públicas e o Imposto sobre o Valor Acrescentado — Uma Rutura no Princípio da Neutralidade*. Coimbra, Almedina.

[22] Martins, A. (2015). The Portuguese corporate tax reform and international trends: an assessment. *International Journal of Law and Management*, *57*(4).

noma das despesas empresariais), em face do consequente aumento da jurisprudência, e em particular da jurisprudência arbitral portuguesa[23]. Os erros e incorreções que esta obra possa apresentar permanecem da responsabilidade da autora.

Por fim, mas não menos importante, uma palavra de agradecimento aos meus familiares e amigos pelo seu carinho e apoio incondicionais, e muito em especial ao meu Frederico.

ANA ARROMBA DINIS
Doutora em Gestão de Empresas pela Faculdade de Economia da Universidade de Coimbra. Investigadora do Centro de Investigação em Contabilidade e Fiscalidade do IPCA. Docente universitária na área da Fiscalidade.

[23] Esta obra procura, também, assentar numa abordagem teórico-prática da temática em estudo, de forma a oferecer ferramentas a todos os leitores que dela se possam auxiliar, ao depararem-se com situações em que necessitem de proceder à respetiva avaliação e enquadramento fiscal. Disponibiliza-se, pois, ao leitor, a possibilidade de consultar diretamente os Anexos desta obra, que resumem, nomeadamente, a evolução legislativa da norma da tributação autónoma (quer em sede de IRC quer em sede de IRS), as Informações Vinculativas emanadas pela AT, e ainda uma análise da jurisprudência arbitral por temática.

A severidade pouco razoável das leis obstrui a sua execução.

MONTESQUIEU, 1748

Introdução Geral

A discussão internacional da política fiscal, e em particular das sociedades, tem-se centrado essencialmente nas reformas dos sistemas fiscais dos países pertencentes à Organização para a Cooperação e o Desenvolvimento Económico (OCDE), tal como argumentam Devereux e Loretz (2013) e Brys e Heady (2007). Alguns trabalhos empíricos (Slemrod, 2018; Razin e Slemrod, 2008; Slemrod, 2004) abordam a relação entre a globalização e a política fiscal, e salientam que é necessário, acima de tudo, considerar que a eliminação de barreiras ao comércio na economia mundial, durante as últimas décadas, resultou na liberalização dos fluxos de capital, tornando a tributação empresarial um fator de extrema importância na concorrência fiscal internacional (Quak, 2018; Hristu-Varsakelis *et al.*, 2011).

Contudo, apesar das reformas fiscais internacionais terem conduzido a uma redução das taxas de imposto (Barrios, d'Andria e Gesualdo, 2020; Kawano e Slemrod, 2016), com o movimento *Base Broadening and Rate Reduction* (BBRR), a evolução do imposto sobre as sociedades (IRC) em Portugal tem uma característica única[24]: a tributação autónoma de um (grande) conjunto de despesas das sociedades, que tem sido uma questão altamente controversa (Nabais, 2013; Sanches, 2007). Esta tributação aplica-se a certos encargos incorridos pelas sociedades, que pela sua natureza podem apresentar uma ligação mais ambígua à geração de rendimentos ou à manutenção da fonte produtiva.

Como defendido por Nabais (2013), com a introdução da tributação autónoma, a evolução do IRC foi traduzida numa significativa subversão do objetivo constitucional do imposto. Para o autor, o IRC perdeu algumas das suas características típicas, como um imposto sobre os lucros das sociedades, e a crescente inserção da tributação autónoma tem vindo a deslocá-lo para um

[24] Também o IRS, mas não com a dimensão do IRC, conforme se verá.

imposto sobre as próprias sociedades, *enxertado anomalamente* na tributação do rendimento (Nabais, 2018).

Além disso, Santos e Palma (2013) sustentam que, nos últimos anos, o IRC tem sido objeto de grandes mudanças. Para os autores, a lógica da existência contínua da tributação autónoma baseia-se na suposta dificuldade de distinguir entre a origem pessoal e a empresarial de certas despesas, e porque certas formas de rendimento não estão incluídas na base tributável dos beneficiários. No entanto, atualmente, a tributação autónoma parece ser utilizada como uma máquina geradora de receitas. Mais: em tempos de crise económica, para os autores, o aumento crescente da tributação autónoma leva a um aumento da carga fiscal, o que pode intensificar também a evasão e a fraude fiscais.

No mesmo sentido, Nabais (2018) sustenta, portanto, que a função da tributação autónoma se alterou visceralmente, passando a ser *progressivamente* a de arrecadação de receitas fiscais. De facto, parece que o legislador fiscal português não tem um critério de escolha das despesas a tributar autonomamente. Pode existir, no entanto, uma interpretação da política fiscal que ligue esta matéria às despesas cujo IVA não é dedutível[25].

[25] Essa associação pode ser levada em conta se olharmos à própria redação do **artigo 21.º do CIVA — Exclusões do direito à dedução**: «1 — Exclui-se, todavia, do direito à dedução o imposto contido nas seguintes despesas: **a)** Despesas relativas à aquisição, fabrico ou importação, à locação, à utilização, à transformação e reparação de viaturas de turismo, de barcos de recreio, helicópteros, aviões, motos e motociclos. (...) **b)** Despesas respeitantes a combustíveis normalmente utilizáveis em viaturas automóveis, *com exceção* das aquisições de gasóleo, de gases de petróleo liquefeitos (GPL), gás natural e biocombustíveis, cujo imposto é dedutível na proporção de 50%, a menos que se trate dos bens a seguir indicados, caso em que o imposto relativo aos consumos de gasóleo, gasolina, GPL, gás natural e biocombustíveis é totalmente dedutível: *i)* Veículos pesados de passageiros; *ii)* Veículos licenciados para transportes públicos, excetuando-se os *rent-a-car*; *iii)* Máquinas consumidoras de gasóleo, GPL, gás natural ou biocombustíveis, bem como as máquinas que possuam matrícula atribuída pelas autoridades competentes, desde que, em qualquer dos casos, não sejam veículos matriculados; *iv)* Tratores com emprego exclusivo ou predominante na realização de operações culturais inerentes à atividade agrícola; *v)* Veículos de transporte de mercadorias com peso superior a 3500 kg; **c)** Despesas de transportes e viagens de negócios do sujeito passivo do imposto e do seu pessoal, incluindo as portagens; **d)** Despesas respeitantes a alojamento, alimentação, bebidas e tabacos, e despesas de receção, incluindo as relativas ao acolhimento de pessoas estranhas à empresa, e as despesas relativas a imóveis ou parte de imóveis e seu equipamento, destinados principalmente a tais receções; **e)** Despesas de divertimento e de luxo, sendo con-

Segundo Sanches (2007), a introdução e a expansão da tributação autónoma implicam que o sistema fiscal «mostre a sua natureza dupla», nomeadamente com um aumento da taxa de tributação autónoma para certas situações especiais que se procuram desencorajar, tais como a aquisição de veículos dispendiosos e de luxo para fins comerciais. Há para o autor, então, uma *espécie* de presunção de que estas despesas não têm uma razão comercial e estão, portanto, sujeitas a tributação autónoma[26], que, consequentemente, concentra-se em certos encargos incorridos pelas sociedades que, pela sua natureza, podem ser duvidosos para a produção de rendimentos ou para a manutenção da fonte de produção[27].

sideradas como tal as que, pela sua natureza ou pelo seu montante, não constituam despesas normais de exploração.» (...)

[26] Note-se que sobre esta *presunção*, e ainda que a norma da tributação autónoma tenha implícita a ideia de desmotivar a prática de realização de determinadas despesas realizadas fora do âmbito empresarial, o **Acórdão Pleno da 2.ª secção do Supremo Tribunal Administrativo n.º 1/2021, Processo 21/20.7BALSB**, de 24 de março de 2021, Relator: Paula Cadilhe Ribeiro (disponível em https://www.dgsi.pt/), veio uniformizar a Jurisprudência nos seguintes termos: «as disposições legais que estabelecem a tributação autónoma objeto dos n.ºs 3 e 9 do artigo 88.º do Código do IRC constituem normas de incidência tributária que não consagram qualquer presunção que seja passível de prova em contrário.» No sentido «da não consagração de qualquer presunção que fosse passível de prova em contrário, sob pena de se conduzir a um efeito nulo da norma da tributação autónoma, quer nas práticas que visa desencorajar quer na arrecadação de receita fiscal.»

[27] Sobre esta matéria, veja-se também a decisão arbitral do **CAAD, Processo n.º 262/2020-T**, de 6 de janeiro de 2021, que veio afirmar que «a tributação autónoma tem ínsita a ideia de desmotivar uma prática que, para além de afetar a igualdade na repartição de encargos públicos, poderá envolver situações de menor transparência fiscal, e é explicada por uma intenção legislativa de estimular as empresas a reduzirem tanto quanto possível as despesas que afetem negativamente a receita fiscal. O legislador tem em vista desincentivar a realização de certas despesas, admitindo a dedutibilidade do custo, mas reduzindo a vantagem fiscal por via da tributação autónoma, assim se compreendendo que a tributação incida não sobre a perceção de um rendimento, mas sobre a realização de despesas», tal como também havia sido esclarecido no **Acórdão do Tribunal Constitucional n.º 197/2016, Processo n.º 465/2015,** de 13 de abril de 2016, Relator: conselheiro Carlos Fernandes Cadilha (disponível em: https://www.tribunalconstitucional.pt/tc/acordaos), e posteriormente, no **Acórdão Pleno da 2.ª secção do Supremo Tribunal Administrativo n.º 1/2021, Processo 21/20.7BALSB**, de 24 de março de 2021, Relator: Paula Cadilhe Ribeiro (disponível em https://www.dgsi.pt/).

A questão é que a tributação autónoma, no caso particular do IRC, pode conduzir a uma taxa efetiva mais elevada (veja-se o Quadro 6), contrastando com as reduções da taxa normal que têm ocorrido nos últimos anos.

Ao nível mundial, os governos precisam de assegurar volumes elevados de receitas fiscais, abordando simultaneamente as consequências da concorrência fiscal internacional ao nível empresarial (Osterloh e Heinemann, 2013), relativamente às diferenças nas taxas e bases tributáveis do imposto sobre as sociedades em diferentes países (Bartelsman e Beetsma, 2003) e, acima de tudo, centrando-se na discussão do futuro cumprimento fiscal das sociedades no âmbito atual da economia global (Devereux e Sørensen, 2006). Neste contexto, a tributação autónoma em Portugal é uma questão política relevante. Porém, o processo legislativo da tributação autónoma tem apresentado muitos problemas que se refletem especialmente na esfera dos contabilistas portugueses certificados que enfrentam vários problemas na aplicação da lei, dadas as suas frequentes alterações (Dinis, Martins e Lopes, 2019).

O presente trabalho é, pois, relevante pelas razões a seguir enumeradas. Em primeiro lugar, no contexto nacional, este trabalho pretende representar uma contribuição adicional para o conhecimento da política fiscal em Portugal, na medida em que pretende analisar, numa perspetiva crítica, o papel da tributação autónoma na tributação do rendimento das empresas. Assim, discutir se esta forma de tributação empresarial é um instrumento para combater a fraude e a evasão fiscais e aumentar o cumprimento fiscal, é um assunto importante.

Em segundo lugar, no contexto internacional, este trabalho pretende acrescentar uma contribuição à literatura fiscal relacionada com a tributação das empresas. Graham *et al.* (2014) sublinham a este respeito que é necessária mais investigação sobre o comportamento fiscal das empresas. Nesta perspetiva, as análises normativa e jurisprudencial aqui expostas pretendem clarificar um tema controverso em matéria fiscal.

Em terceiro lugar e último lugar, a utilização das despesas como base tributável significativa, em relação ao imposto sobre o rendimento das sociedades, não é, por norma, observada internacionalmente. Portanto, tanto quanto se sabe, existe uma relativa escassez de literatura global sobre este tema.

O principal objetivo deste estudo é, portanto, analisar, numa perspetiva normativa, crítica e empírica, o papel da tributação autónoma no regime fiscal empresarial em Portugal, com base, especificamente, em duas linhas de investigação: em primeiro lugar, o estudo da evolução normativa da tributação autónoma no modelo de tributação das empresas no país, a discussão dos fundamentos teóricos para a sua aplicação, e uma análise comparativa com outros casos internacionais de tributação de despesas empresariais; em segundo e último lugar, a análise do processo de elaboração e alteração das regras sobre a tributação autónoma, e a avaliação da relação entre o processo jurídico da tributação autónoma, a sua complexidade, e o litígio que lhe está na origem.

Note-se que a tributação autónoma e o seu alargamento progressivo implicam, por um lado, que o IRC tenha vindo a perder, lenta, mas inexoravelmente, a sua única finalidade de tributar os lucros e a impor uma penalização fiscal sobre um conjunto crescente de despesas das sociedades. O número crescente de despesas sujeitas a tributação autónoma, por outro lado, leva alguns autores a ponderar se o regime fiscal de tributação empresarial em Portugal estará a perder atratividade, já que, ao aumentar a base tributável da tributação autónoma, a taxa efetiva de IRC tende a subir, contrariando as reduções da taxa normal. Além disso, a tributação autónoma influencia, obviamente, e cada vez mais, as decisões diárias dos gestores, dado o conjunto de despesas visadas pelas diversas taxas.

Portanto, a fim de se alcançarem os objetivos acima mencionados, foram definidas algumas questões específicas de investigação, às quais se procurará dar resposta nos Capítulos I e II:

i) O IRC está a perder a sua coerência interna ao alargar a tributação autónoma das despesas das sociedades?;
ii) As receitas provenientes da tributação autónoma são tão relevantes que o que começou como exceção estará gradualmente a tornar-se uma característica permanente do IRC?;
iii) Quais são as questões constitucionais levantadas pela existência da tributação autónoma?;
iv) Que papel tem a tributação autónoma na política fiscal ambiental?

Além disso, ao tributar um conjunto crescente de despesas empresariais, a tributação autónoma tem causado inúmeros conflitos judiciais entre a Autoridade Tributária portuguesa (AT) e os contribuintes. Muitos destes conflitos surgiram a partir da interpretação jurídica das cláusulas da tributação autónoma, enquanto outros derivaram de alterações legislativas frequentes e difíceis de aplicar e interpretar. Procura-se, pois, com este estudo, analisar o processo de elaboração e alteração das regras da tributação autónoma, bem como compreender como a complexidade interpretativa aumenta os conflitos entre a AT e os contribuintes. Repare-se que, relativamente às regras da tributação autónoma, o processo recentemente observado em Portugal não tem sido gerido da melhor forma, deixando um número significativo de problemas a serem resolvidos pelos tribunais. A alteração do quadro legal da tributação autónoma poderia, pois, ter sido gerida com mais cuidado e evitando conflitos dispendiosos e demorados, a fim de minimizar os custos de cumprimento.

Por conseguinte, o objetivo do Capítulo III é centrar-se na seguinte questão de investigação:

v) A recente evolução das regras da tributação autónoma mostra um processo eficiente de elaboração e interpretação da lei fiscal em Portugal?

Considerando que, mesmo no contexto internacional, as micro e as pequenas empresas quase não pagam imposto sobre o rendimento e demonstram uma maior propensão para a evasão fiscal, vários países incorporaram a tributação das despesas empresariais ou a aplicação de impostos sobre pagamentos em espécie nos seus sistemas fiscais, como um complemento ao imposto sobre o rendimento das sociedades. Sucede que nenhum outro país atinge um nível de receitas fiscais semelhante associado a este tipo de tributação, particularmente devido à diversidade das taxas de tributação autónoma aplicadas em Portugal.

O Capítulo IV visa, portanto, comparar numa perspetiva internacional a aplicação da tributação das despesas das empresas. Assim, procurar-se-á dar resposta à seguinte questão de investigação:

vi) Portugal é um *outlier* internacional, ao aplicar este tipo de tributação às despesas das sociedades?

Considerando os principais objetivos deste trabalho, esta obra está dividida em três partes e quatro capítulos. A primeira parte apresenta a tributação autónoma como uma característica especial do imposto sobre o rendimento empresarial. A segunda parte aborda, ainda que brevemente, a tributação de despesas no contexto internacional da tributação de sociedades. Por fim, a terceira parte será dedicada às conclusões finais. Após a Introdução Geral, que enquadra e contextualiza teoricamente a tributação autónoma, a discussão da tributação autónoma como uma característica especial da tributação, e em especial das sociedades, é apresentada nos Capítulos I e II. O Capítulo III oferece, sobretudo para as profissões jurídica e contabilística, lições valiosas de interpretação da lei e das constantes alterações à redação das normas fiscais, salientando, em simultâneo, as dificuldades de elaboração da norma da tributação autónoma. O Capítulo IV expõe uma análise comparativa internacional da tributação das despesas empresariais.

PARTE I

Uma Característica Especial do Imposto Sobre o Rendimento em Portugal: A Tributação Autónoma das Despesas

Capítulo I
Do Enquadramento Jurídico-tributário da Tributação Autónoma

1.1. Introdução

O cumprimento fiscal é influenciado por muitos fatores determinantes, e o trabalho pioneiro de Allingham e Sandmo (1972), conhecido como a Teoria Tradicional da Evasão Fiscal (teoria A–S), identificou a carga fiscal, o nível de rendimento, a probabilidade de auditoria e as penalidades fiscais como determinantes do cumprimento fiscal. De acordo com este modelo, as decisões dos contribuintes baseiam-se numa escolha puramente racional, comparando os custos e os benefícios a fim de cumprir as leis fiscais. Os níveis de rendimento e as taxas de imposto sobre o rendimento mais elevados levam a um incremento do não cumprimento fiscal, ao passo que penalidades mais fortes e auditorias frequentes aumentam o cumprimento da legislação.

A teoria A–S é normalmente utilizada como ponto de partida para explicar o processo de cumprimento da legislação fiscal. Mas a pura racionalidade económica é vista como insuficientemente explicativa e defende a inclusão de outras variáveis para justificar os níveis de cumprimento observados (Lopes, 2008). Assim, ao longo do tempo foram desenvolvidos outros modelos de cumprimento fiscal, através da introdução de fatores sociológicos e psicológicos, visando explicar o comportamento dos contribuintes com base em variáveis como a idade, o género, a educação, o nível de rendimento, a fonte de rendimento, a profissão, a influência dos pares, a equidade e a moral fiscal, entre outros (Degl'Innocenti e Rablen, 2017; Swistak, 2016; Hartl *et al.*, 2015; Poppelwell *et al.*, 2012).

Vários estudos concluem que os contribuintes mais jovens têm níveis mais elevados de não cumprimento fiscal do que os mais velhos, e que os homens apresentam níveis de fuga aos impostos superiores às mulheres. Os trabalhadores por conta de outrem cumprem mais do que os trabalhadores independentes, enquanto as pessoas com rendimentos mais elevados escapam mais aos impostos do que aquelas com rendimentos mais baixos (Sá *et al.*, 2014; Blaufus *et al.*, 2013; Alm e Torgler, 2012; Chau e Leung, 2009; Devos, 2008; Alm e Torgler, 2006; Niemirowski *et al.*, 2003; Jackson e Milliron, 2002; Fischer, *et al.*, 1992; Alm *et al.*, 1992; Spicer e Becker, 1980).

Quanto à análise do imposto sobre o rendimento das sociedades, especialmente nos países da OCDE, os estudos têm-se centrado principalmente nas tendências globais, tais como a evolução das taxas fiscais estatutárias e efetivas ou a luta contra a evasão fiscal internacional (Brys e Heady, 2007; Richardson, 2006; Bartelsmann e Beetsma, 2003). A investigação de Diamond e Zodrow (2013) nos centros de políticas públicas dos Estados Unidos da América (EUA), o relatório Mirrlees (Mirrlees *et al.*, 2011) e os esforços atualmente em curso na UE (Osterloh e Hienemann, 2013; Comissão Europeia, 2011) destacaram os pontos críticos que a política fiscal das sociedades tem de enfrentar num contexto internacional. Devereux *et al.* (2002) argumentam que o debate sobre o imposto sobre as sociedades centra-se principalmente em quatro preocupações: como manter os níveis de receitas fiscais, quais são as medidas mais eficazes para atrair investimento, como diminuir as distorções induzidas pela tributação empresarial e como reduzir a complexidade no âmbito do imposto. Trabalhos empíricos como os de Fochmann *et al.* (2012), Hristu-Varsakelis *et al.* (2011) e Slemrod (2004) discutem a relação entre a globalização e a política fiscal, enfatizando que a liberalização dos fluxos de capital fez da tributação empresarial um fator de grande importância na competição para atrair investimento.

Atualmente, a relação entre a política fiscal e a política ambiental é também vista pelos governos como uma oportunidade para ajustar o sistema fiscal a uma economia mais eficiente em termos energéticos na utilização dos recursos, tornando-o inovador e com baixas emissões de carbono, e, consequentemente, mais sustentável (Delgado *et al.*, 2022).

Em 1 de janeiro de 1989, e com a reforma da tributação direta em Portugal, entrou em vigor o Imposto sobre o Rendimento das Pessoas Singulares (IRS)[28] e o Imposto sobre o Rendimento das Pessoas Coletivas (IRC)[29].

Várias modificações posteriores, induzidas pelas tendências globais e pela adesão do país à UE, tornaram a tributação sobre o rendimento muito semelhante ao que se observa na maioria dos países europeus. Contudo, há

[28] Pelo Decreto-Lei n.º 442-A/88, de 30 de novembro.

[29] Pelo Decreto-Lei n.º 442-B/88, de 30 de novembro.

uma característica especial da tributação do rendimento empresarial que se evidencia: a existência da tributação autónoma das despesas empresariais. Isto significa, como se sabe, quer no âmbito do Código do IRS (CIRS) quer no Código do IRC (CIRC), que algumas despesas fazem parte da base tributável.

A tributação autónoma das despesas, nomeadamente em sede de IRC[30], tem gerado mutos conflitos judiciais e controvérsia entre autores. Por um lado, a tributação autónoma e o seu alargamento progressivo implicam que o IRC tem vindo a perder lenta, mas inexoravelmente o seu único objetivo de tributar os lucros e a impor uma penalização fiscal sobre um conjunto crescente de despesas das sociedades. O número crescente de despesas sujeitas a tributação, por outro lado, leva alguns autores a ponderar se o regime fiscal português estará a perder atratividade. Ao aumentar o âmbito de aplicação da tributação autónoma, a taxa efetiva do IRC tende a subir, contrariando as reduções da taxa normal. Finalmente, a lei fiscal influencia cada vez mais as decisões diárias dos gestores, dado o conjunto de despesas visadas pela tributação autónoma.

Ora, sendo o IRC cobrado sobre um excedente, igual às receitas menos as despesas (e considerando as respetivas correções fiscais), a utilização das despesas como base tributável significativa, no contexto do imposto sobre o rendimento das sociedades, não é normalmente observada internacionalmente. Portanto, tanto quanto se sabe, existe uma relativa escassez de literatura global sobre este tema. No entanto, dada a ligação entre a tributação autónoma, a luta contra a evasão fiscal e a dificuldade de distinguir os gastos das sociedades das despesas periféricas ou pessoais, podem ser desenhadas a partir da literatura sobre evasão fiscal algumas orientações gerais. Além disso, a tributação das despesas tem, sem dúvida, algum impacto nas decisões de gestão[31] relacionadas com os custos incorridos e tributados (por exemplo, a escolha dos automóveis das sociedades a adquirir pode ser afetada pela respetiva tributação autónoma, dependendo do tipo de viatura), e nas escolhas com menor impacto ambiental (pelo facto de a taxa de tributação autónoma ser mais reduzida).

Mohdali *et al.* (2014) e Fochmann *et al.* (2012) argumentam que os contribuintes desenvolvem perceções claras das consequências financeiras da

[30] Apesar de, com esta obra, se procurar abordar também a tributação autónoma em sede de IRS, a abordagem será feita muito em particular à tributação empresarial em sede de IRC.

[31] Martins, A., e Taborda, D. (2017). Taxes and Management: an Introduction (EPub). Coimbra: Almedina.

tributação. As decisões de gestão são indubitavelmente influenciadas pelos encargos fiscais impostos às sociedades. Segundo a teoria A–S, o grau de cumprimento é afetado — embora não só — pela ameaça de punição.

A tributação autónoma não configura qualquer tipo de punição por declaração incorreta do imposto devido ou por qualquer infração penal; contrariamente, é uma sanção financeira imposta a certos tipos de custos que a lei fiscal pretende desencorajar, sobrecarregando-os com uma tributação extra. Assim, considera-se que a tributação autónoma é um mecanismo adequado para combater a evasão fiscal, criando um encargo adicional sobre as despesas que corroem a base tributável, que são perspetivadas como duvidosamente ligadas à atividade empresarial e que, mesmo sendo registadas como custos empresariais, podem, no entanto, traduzir-se em benefícios pessoais para os gestores, acionistas ou ambos, e também para os empregados.

Como exposto por Isa *et al.* (2014), os contribuintes são igualmente bastante sensíveis aos procedimentos de auditoria das autoridades fiscais. Relativamente à tributação autónoma, pode desenvolver-se um potencial comportamento da Autoridade Tributária (AT) de uma atitude mais permissiva relativamente a estas despesas. A tributação autónoma pode produzir, pois, nos auditores fiscais um sentimento de que a mesma é suficiente para induzir um mecanismo de autocontrolo das sociedades.

Todavia, é preciso considerar que uma auditoria fiscal mais ligeira pode, a nosso ver, originar esquemas mais sofisticados entre os contribuintes, balanceando a reduzida probabilidade de auditoria e os correspondentes ajustamentos, a utilização de tais despesas como um substituto para outras opções de política empresarial (por exemplo, dividendos) e a comparação entre a carga fiscal e o uso de dinheiro da estrutura empresarial (por exemplo, as despesas puramente pessoais a serem pagas pelas sociedades).

É nesse sentido que Basto (1998) argumenta que é importante compreender se a tributação autónoma tem um impacto significativo ao nível do cumprimento fiscal das sociedades portuguesas e se aquela reduz o papel de controlo da AT. Por outro lado, é de se questionar também se a tributação autónoma está a ser aplicada com o único objetivo de aumentar as receitas fiscais, atribuindo um papel secundário a outros supostos objetivos (nomeadamente aos que sustentaram a sua criação).

Epps e Cleaveland (2009) sugerem que penalidades específicas podem fomentar o cumprimento fiscal das sociedades. Ora, é bem sabido que as micro e as pequenas empresas (PME) portuguesas não pagam quase nenhum

IRC[32]. Nesta perspetiva, a tributação autónoma pode funcionar como uma forma alternativa de tributação[33]. Ao impor a um número considerável de sociedades uma carga fiscal mínima, aumenta a equidade. Como as PME raramente declaram lucros, a tributação das despesas pode ser um substituto para a tributação adequada destas sociedades. É verdade que o Pagamento Especial por Conta (PEC)[34] também desempenharia essa função[35], e a sobreposição de encargos fiscais mínimos resultaria de diferentes tipos de tributação. Porém, ocorre que o impacto fiscal total recai sobre as empresas (Xavier, 2022).

O sistema fiscal português é considerado complexo, volátil e instável. Lopes (2012) e Soares (2004) afirmam que alterações frequentes à lei fiscal e promulgadas em intervalos de tempo muito curtos dificultam a sua interpretação e aplicação, introduzindo elevados custos de cumprimento, bem como encorajam comportamentos evasivos. No mesmo sentido, Cadilhe (2005) aponta que a administração pública não é, em geral, muito eficiente. Nesta perspetiva, a tributação autónoma pode permitir a arrecadação de receitas fiscais sem grande esforço adicional de auditoria ou de controlo, dotando a AT, nas palavras de Nabais (2019a), «de efetiva capacidade para o controlo financeiro e fiscal das empresas», dada a sua natureza automática e a ausência de qualquer ligação ao rendimento tributável positivo, que é uma variável mais difícil de controlar num ambiente de auditoria fiscal.

A justificação teórica para a introdução da tributação autónoma no CIRC é, contudo, uma questão muito controversa, tendo vindo a gerar uma intensa discussão entre diversos autores. Mesquita (2014), por exemplo, afirma que a tributação autónoma torna o IRC num imposto incoerente, ao considerar a tributação autónoma como uma espécie de tributação paralela, desconectada dos rendimentos.

[32] Em 2020, 60,4% das quase 592 000 sociedades existentes não pagaram o Imposto sobre o Rendimento das Pessoas Coletivas (IRC). Ver as Estatísticas do IRC no Portal das Finanças em: https://info.portaldasfinancas.gov.pt/pt/dgci/divulgacao/estatisticas/

[33] É de salientar que quase 39% das empresas portuguesas apresentaram declarações fiscais no ano de 2020 com tributação autónoma, o que revela a sua importância como uma questão fiscal no sector empresarial português. Ver as Estatísticas do IRC no Portal das Finanças em: https://info.portaldasfinancas.gov.pt/pt/dgci/estatístic/estatísticas/

[34] Veja-se o Quadro 6.

[35] Não obstante o regime especial e transitório de redução e as subsequentes dispensas de pagamento que têm vindo a ocorrer.

Neste contexto, o objetivo deste capítulo é abordar os seguintes tópicos de investigação: o IRC está a perder a sua coerência interna ao alargar a base da tributação autónoma? As receitas fiscais provenientes da tributação autónoma são tão relevantes que o que começou como exceção está gradualmente a tornar-se uma característica permanente do IRC? Dado o princípio constitucional de que a tributação empresarial deve basear-se fundamentalmente nos rendimentos, a tributação autónoma das despesas é inconstitucional?

A metodologia utilizada neste âmbito é a análise jurídica e normativa, complementada com o estudo do caso português (van Hoecke, 2011). A interpretação dos textos jurídicos e a discussão do *ratio legis* (lado hermenêutico), a avaliação das vantagens e das desvantagens da tributação autónoma (abordagem argumentativa) e a utilização de dados estatísticos agregados para medir o impacto da tributação autónoma nas receitas fiscais globais (lado empírico) serão utilizados conjuntamente para criticar o tema.

Assim, este capítulo apresenta a discussão de uma característica particular portuguesa da tributação empresarial, salientando-se algumas questões políticas úteis para um público mais vasto. Muitos países da OCDE enfrentam uma situação terrível nas finanças públicas, agravada pelas recentes crises económicas.[36] Desta forma, considerando a pressão para aumentar as receitas fiscais, a tributação autónoma pode ser um estudo de caso de uma solução (embora distorcida) que está a ser aplicada num país da União Europeia (UE) para fazer crescer significativamente as receitas fiscais (ou, pelo menos, para as manter)[37], nomeadamente as relacionadas com o imposto sobre as sociedades.

1.2. A tributação dos rendimentos empresariais e a sua importância como fonte de receita fiscal

É imprescindível compreender, antes de mais, a relevância da tributação dos rendimentos empresariais em Portugal e noutros países da OCDE. A sua contribuição para as receitas totais em face das tendências de redução das taxas e da diminuição das bases fiscais, resultantes das constantes crises económico-financeiras, é também um ponto importante a ser desenvolvido.

[36] Provocadas pela intensidade e pela duração dos choques económicos resultantes da pandemia de covid-19 e, ainda mais recentemente, pela guerra na Ucrânia.

[37] Veja-se o Quadro 7 — Portugal — Orçamentos do Estado e Execução Orçamental (IRC) —, que mostra que mesmos nos períodos de crise económico-financeira foi possível manter o nível de execução orçamental em IRC, que se crê muito por força da receita de tributação autónoma.

1.2.1. A evolução do nível de receitas fiscais em impostos sobre o rendimento nos países da OCDE

Brys *et al.* (2011) analisaram cortes nas taxas estatutárias dos impostos introduzidos por reformas em vários países da OCDE e concluíram que essas reduções não conduziram a uma queda na carga fiscal, avaliada pelo rácio fiscal, que mede as receitas fiscais em relação ao Produto Interno Bruto (PIB) de cada país.

De acordo com Bilicka *et al.* (2011), a redução da taxa está relacionada com a competitividade fiscal. Aliás, para os autores, no caso particular da redução das taxas de imposto sobre as sociedades, tal pode implicar apenas uma ligeira perda de receitas, limitando as opções políticas dos governos. A redução da taxa é, pois, em muitos casos, acompanhada por um alargamento da base tributável. Medidas como a limitação no cálculo da amortização ou a redução de incentivos fiscais ao investimento podem, igualmente, compensar a perda de receitas que se segue às reduções de taxas (Kleinbard, 2015).

O Quadro 1 apresenta dados de 2009 a 2020 sobre a evolução do nível de receitas fiscais, em percentagem do Produto Interno Bruto (PIB), em Portugal e nos vários países da OCDE selecionados para análise.

Quadro 1 — Evolução do nível de receita fiscal nos países da OCDE

(em percentagem do PIB)

	2009	2010	2011	2012	2013	2014	2015	2016	2017	2018	2019	2020
Áustria	41,0	41,0	41,1	41,8	42,6	42,7	43,1	41,8	41,9	42,3	42,6	42,1
Bélgica	42,7	42,9	43,5	44,3	45,0	44,8	44,1	43,3	43,9	43,9	42,7	43,1
Dinamarca	45,0	44,8	44,8	45,5	45,9	48,5	46,1	45,5	45,5	44,2	46,6	46,5
Finlândia	40,8	40,6	41,8	42,4	43,4	43,5	43,5	43,7	42,9	42,4	42,3	41,9
França	41,5	42,1	43,3	44,4	45,4	45,4	45,3	45,4	46,1	45,9	44,9	45,4
Alemanha	36,7	35,5	36,1	36,8	37,0	36,8	37,3	37,8	37,7	38,4	38,6	38,3
Grécia	30,8	32,3	34,3	36,3	35,9	36,3	36,6	38,9	39,3	40,0	39,5	38,8
Irlanda	28,1	27,7	27,8	28,1	28,7	28,7	23,2	23,6	22,6	22,4	21,9	20,2
Itália	42,0	41,7	41,6	43,6	43,8	43,3	43,0	42,2	41,9	41,7	42,4	42,9
Luxemburgo	38,3	37,6	37,1	38,4	38,2	37,5	36,2	36,3	37,4	39,5	38,9	38,3
Países Baixos	34,9	35,7	35,4	35,6	36,1	37,0	37,0	38,4	38,7	38,8	39,3	39,7
Portugal	29,8	30,4	32,2	31,7	34,0	34,2	34,4	34,1	34,1	34,7	34,5	34,8
Espanha	29,7	31,3	31,2	32,4	33,1	33,9	33,8	33,6	33,9	34,7	34,7	36,6
Suécia	43,7	42,9	42,0	42,1	42,5	42,2	42,6	44,1	44,1	43,8	42,8	42,6
Reino Unido	31,0	32,1	32,9	32,1	31,9	31,7	31,8	32,4	32,9	32,9	32,7	32,8
OCDE (média)	**32,40**	**32,60**	**33,00**	**33,40**	**33,80**	**34,20**	**34,30**	**34,03**	**34,19**	**33,5**	**33,4**	**33,5**

Fonte: OCDE. (2022). *Tax revenue* (indicador). https://stats.oecd.org/

Da análise do Quadro 1, destaca-se que 2009 foi um ano difícil, principalmente para Portugal, Espanha, Grécia, Irlanda e Reino Unido, que nesse ano atingiram níveis de receita fiscal inferiores à média da OCDE. Observa-se, também, uma queda acentuada nas respetivas receitas fiscais, e — reconhece-se — os crescentes défices públicos, combinados com uma elevada alavancagem no sector bancário, empresarial e familiar, induziram a programas de assistência financeira que, no caso de Espanha, foram dirigidos ao sistema bancário. No entanto, em 2013, o nível de receitas fiscais foi recuperado para a generalidade dos países em análise (sendo a Irlanda, a Espanha e o Reino Unido a exceção nesse ano), devido ao aumento da pressão fiscal global sobre eles. E mesmo com a crise económica provocada pela pandemia da covid-19 em 2020 (e ainda que alguns países, como a Irlanda e o Reino Unido, tenham níveis de receita fiscal inferiores), é possível verificar-se em Portugal um nível de receita fiscal mais ou menos estável, em face de períodos anteriores, o que se pode justificar também pelas medidas que foram promulgadas para combater a crise económica, e em particular as medidas fiscais que foram decretadas para aliviar o *stress* financeiro das empresas e das pessoas (Dinis e Martins, 2022).

Quadro 2 — Receitas do imposto sobre os rendimentos e lucros das pessoas singulares nos países da OCDE

(em percentagem do PIB)

	2009	**2010**	**2011**	**2012**	**2013**	**2014**	**2015**	**2016**	**2017**	**2018**	**2019**	**2020**
Áustria	9,1	9,2	9,2	9,5	9,7	10,0	10,4	9,0	9,1	9,4	9,6	9,3
Bélgica	12,1	12,1	12,3	12,3	12,8	12,9	12,4	12,0	11,9	11,8	11,3	11,9
Dinamarca	25,2	23,2	23,2	23,3	25,0	26,2	25,2	24,1	24,1	24,1	24,3	25,2
Finlândia	12,7	12,0	12,2	12,4	12,7	13,3	13,2	12,9	12,5	12,2	12,2	12,6
França	7,1	7,2	7,4	8,0	8,4	8,5	8,5	8,5	8,6	9,4	9,3	9,6
Alemanha	9,2	8,6	8,9	9,4	9,6	9,6	9,9	10,0	10,3	10,5	10,6	10,4
Grécia	4,4	4,0	4,8	7,0	6,0	5,9	5,7	5,9	6,3	6,4	5,9	..
Irlanda	8,7	8,6	8,9	9,4	9,3	9,2	7,3	7,3	6,9	6,7	6,6	6,4
Itália	11,1	11,2	11,0	11,6	11,5	11,2	11,2	10,8	10,8	10,7	11,0	11,5
Luxemburgo	7,9	7,9	8,2	8,4	8,7	8,7	9,1	9,1	8,9	9,3	9,3	9,7
Países Baixos	7,7	7,6	7,3	6,9	6,8	6,9	7,6	7,1	8,3	7,9	8,5	9,0
Portugal	5,5	5,37	5,97	5,82	7,69	7,69	7,32	6,76	6,43	6,49	6,35	6,92
Espanha	6,61	6,91	7,18	7,46	7,57	7,70	7,32	7,22	7,39	7,68	7,87	8,7
Suécia	11,9	11,1	10,9	11,2	11,4	11,0	10,9	11,6	11,6	11,5	10,9	11,2
Reino Unido	8,9	9,0	9,0	8,6	8,6	8,4	8,5	8,5	8,6	8,6	8,6	9,0
OCDE (média)	**7,9**	**7,6**	**7,7**	**7,9**	**8,0**	**8,1**	**8,2**	**8,1**	**8,2**	**8,3**	**8,4**	**..**

.. sem informação disponível

Fonte: OCDE. (2022). *Tax on personal income* (indicador). https://stats.oecd.org/

O Quadro 2 apresenta dados sobre a evolução das receitas do IRS, em percentagem do PIB, entre os vários países da OCDE selecionados para análise.

Pela análise do Quadro 2, revela-se que é na Dinamarca, no período em análise e comparativamente aos restantes países, que é maior a receita de impostos sobre os rendimentos e lucros das pessoas singulares (entre os 23% e 25% do PIB). Note-se que, a partir de 2009, a queda na receita em IRS é generalizada para os países contemplados acima, muito ainda pelo impacto que se fez sentir, neste ano, da crise financeira internacional, e cuja recuperação só se veio a refletir já no ano 2013, ano em que apenas os Países Baixos e a Grécia apresentaram os níveis de receita mais baixos em face da média da OCDE.

No caso de Portugal, é de realçar que o aumento generalizado do IRS até 2013 existiu muito por força da pressão orçamental exigida à data (nomeadamente pela introdução de impostos temporários, como a sobretaxa do IRS, aplicada aos escalões mais elevados de rendimento), porque, de facto, nos últimos anos, a finalidade tem sido a redução do IRS em percentagem do PIB, pretendendo-se manter a receita fiscal de IRS abaixo da média da OCDE.

O Quadro 3 expõe dados sobre a evolução das receitas do IRC, em percentagem do PIB, entre os vários países da OCDE selecionados para análise.

É possível averiguar que o impacto da crise económica nas receitas fiscais foi maior em Espanha, onde as receitas provenientes da tributação dos rendimentos das sociedades diminuíram de 2,32%, em 2009, para pouco mais do que 2% do PIB, em 2013. Em Portugal, existiu uma diminuição significativa em 2009, mas há uma recuperação das receitas do IRC e, em 2013, quase atingiu os níveis pré-crise financeira. Devido à sua natureza pró-cíclica (dependendo dos resultados anuais das empresas), esperava-se uma descida mais pronunciada das receitas de IRC, não apenas em 2009, mas considerando que, no caso particular de Portugal, as regras de reporte de perdas são uma característica habitual deste imposto, e por esse motivo, os anos subsequentes seriam também afetados negativamente pelas perdas das sociedades registadas, e que foram elevadíssimas neste ano. Nabais (2013) afirma que a tributação autónoma ajuda a explicar porque é que a diminuição das receitas fiscais, e em particular em IRC, não foi tão acentuada em Portugal como nos outros países, o que se pode constatar também relativamente ao ano 2020, apesar da perda acentuada de receita provocada pela pandemia. Esta é outra razão importante pela qual o papel da tributação autónoma no sistema fiscal português merece ser discutido.

Quadro 3 — Receitas do imposto sobre sociedades nos países da OCDE

(em percentagem do PIB)

	2009	2010	2011	2012	2013	2014	2015	2016	2017	2018	2019	2020
Áustria	1,6	1,9	2,0	2,0	2,2	2,1	2,2	2,3	2,5	2,7	2,7	2,1
Bélgica	2,3	2,5	2,8	3,0	3,1	3,1	3,3	3,4	4,1	4,3	3,7	3,3
Dinamarca	1,9	2,3	2,2	2,6	2,8	2,8	2,8	2,9	3,3	2,8	3,1	2,6
Finlândia	1,9	2,4	2,6	2,1	2,3	1,9	2,2	2,2	2,7	2,5	2,5	2,1
França	1,4	2,3	2,6	2,6	2,6	2,3	2,1	2,0	2,3	2,1	2,2	2,3
Alemanha	1,3	1,5	1,7	1,7	1,8	1,7	1,7	2,0	2,0	2,1	2,0	1,7
Grécia	2,5	2,6	2,1	1,1	1,2	1,9	2,2	2,5	2,0	2,2	2,2	..
Irlanda	2,3	2,4	2,2	2,3	2,4	2,4	2,6	2,7	2,8	3,2	3,1	3,2
Itália	2,4	2,3	2,2	2,4	2,6	2,2	2,0	2,1	2,1	1,9	2,0	2,1
Luxemburgo	5,6	5,8	5,0	5,1	4,8	4,3	4,4	4,5	5,1	6,3	5,9	4,6
Países Baixos	2,1	2,3	2,2	2,1	2,2	2,5	2,7	3,3	3,3	3,5	3,7	3,1
Portugal	2,75	2,73	3,13	2,75	3,26	2,84	3,16	3,06	3,25	3,32	3,11	2,73
Espanha	2,32	1,94	1,87	2,20	2,15	2,07	2,42	2,25	2,31	2,47	2,07	1,97
Suécia	2,8	3,2	3,0	2,5	2,6	2,7	2,9	2,7	2,8	2,8	3,0	2,8
Reino Unido	2,5	2,8	2,7	2,5	2,4	2,3	2,2	2,5	2,6	2,5	2,2	2,3
OCDE (média)	**2,69**	**2,74**	**2,86**	**2,87**	**2,86**	**2,81**	**2,65**	**2,78**	**2,99**	**3,12**	**2,98**	..

.. sem informação disponível
Fonte: OCDE. (2022). *Tax on corporate profits* (indicador). https://stats.oecd.org/https://doi.org/10.1787/d30cc412-en

1.3. Enquadramento jurídico-tributário da tributação autónoma das despesas em Portugal

1.3.1. Origem da tributação autónoma em Portugal, evolução normativa e aplicação da lei no tempo

O Decreto-Lei n.º 119-A/83, de 28 de fevereiro de 1983[38], estabeleceu um *imposto extraordinário sobre certas despesas empresariais*. Esse mesmo imposto foi justificado, como se observa da leitura do respetivo preâmbulo do diploma, com vista à obtenção das receitas necessárias e, igualmente, como um instrumento de combate à evasão fiscal, cuja intensificação se pretendeu com a tributação de algumas despesas empresariais.

Ora, referia à data o citado diploma, no seu artigo 32.º, que o referido imposto extraordinário de 10%, cuja liquidação e cobrança seriam efetuadas

[38] Aprovou o Orçamento do Estado para 1983.

trimestralmente, incidiria sobre as «despesas suportadas no exercício de 1983 pelas empresas singulares ou coletivas sujeitas a contribuição industrial, dos grupos A e B, embora dela isentas», nomeadamente, as despesas de representação[39]; as despesas com deslocações, estadias, alojamento e alimentação; as despesas com ofertas a clientes, a fornecedores ou a quaisquer outras pessoas ou entidades; e as despesas com rendas de aluguer de imóveis não adstritos ao exercício da atividade da empresa ou a realizações de utilidade social.

O conceito de *tributação autónoma* como hoje conhecemos foi depois estabelecido pelo Decreto-Lei n.º 192/1990, de 9 de junho de 1990, e aplicava-se às *despesas confidenciais ou não documentadas*, efetuadas «no âmbito do exercício de atividades comerciais, industriais ou agrícolas por sujeitos passivos de IRS», que possuíssem, ou devessem possuir, contabilidade organizada, ou por «sujeitos passivos de IRC», sendo a tributação em IRS ou IRC, conforme os casos. De referir também que, em 1990, a taxa de tributação autónoma sobre aquelas despesas confidenciais era de 10%, sendo que, hoje em dia, para as mesmas despesas, a taxa é de pelo menos de 50%, mostrando o seu forte agravamento ao longo do tempo.

Nessa altura, a tributação autónoma não foi formalmente inserida no CIRS, nem no CIRC. Apenas em 2000, pela Lei n.º 30-G/2000, de 29 de dezembro de 2000[40], foram aditados ao CIRS o artigo 75.º-A (atual artigo 73.º), e ao CIRC o artigo 69.º-A (atual artigo 88.º)[41], com regras específicas relacionadas com a tributação autónoma. Com esta Lei, alargou-se, portanto, a base da tributação autónoma, pelo que, ao longo do tempo, se verifica uma extensão progressiva da base tributável da tributação autónoma [ao incluir um número cada vez maior de despesas[42]].

[39] À data, definidas como sendo «despesas com receções, passeios, jantares, almoços e espetáculos oferecidos, no país ou no estrangeiro, a clientes, fornecedores ou a quaisquer outras pessoas ou entidades.»

[40] Reformou a tributação do rendimento e adotou medidas destinadas a combater a evasão e a fraude fiscais, alterando o Código do Imposto sobre o Rendimento das Pessoas Singulares, o Código do Imposto sobre o Rendimento das Pessoas Coletivas, o Estatuto dos Benefícios Fiscais, a Lei Geral Tributária, o Estatuto dos Tribunais Administrativos e Fiscais, o Código de Procedimento e de Processo Tributário e legislação avulsa.

[41] Conforme se analisará posteriormente, no Capítulo II, não podemos deixar de destacar o que nos parece ser uma clara violação do princípio da igualdade, uma vez que a mesma tributação é diferente ao nível de dois impostos — o IRC e o IRS.

[42] As seguintes despesas estão atualmente sujeitas a tributação autónoma: despesas não documentadas; despesas relacionadas com veículos, motos ou motociclos; despesas de representa-

Depois dessa data, quer em sede de IRS quer em sede de IRC, a norma da tributação autónoma sofreu inúmeras alterações[43], que, como se verá posteriormente, no Capítulo III, gera um elevado grau de instabilidade fiscal, e originou (origina) imensos conflitos judiciais entre os contribuintes e a AT, associados em particular à interpretação da norma.

Atualmente, estabelece assim o *artigo 73.º do CIRS — Taxa de tributação autónoma*[44]:

> *1 — As despesas não documentadas, efetuadas por sujeitos passivos que possuam ou devam possuir contabilidade organizada, no âmbito do exercício de atividades empresariais e profissionais, são tributadas autonomamente à taxa de 50%.* [Redação dada pela Lei n.º 67-A/2007, de 31 de dezembro — OE]
>
> *2 — São tributados autonomamente os seguintes encargos, suportados por sujeitos passivos que possuam, ou devam possuir, contabilidade organizada no âmbito do exercício de atividades empresariais ou profissionais, excluindo os veículos movidos exclusivamente a energia elétrica:* [Redação dada pela Lei n.º 64/2008, de 5 de dezembro]
>
> a) *Os encargos dedutíveis relativos a despesas de representação e a viaturas ligeiras de passageiros ou mistas, cujo custo de aquisição seja inferior a 20 000 €, motos e motociclos, à taxa de 10%;* [Redação dada pela Lei n.º 83-C/2013, de 31 de dezembro]
>
> b) *Os encargos dedutíveis relativos a automóveis ligeiros de passageiros ou mistos, cujo custo de aquisição seja igual ou superior a 20 000 €, à taxa de 20%.* [Redação dada pela Lei n.º 83-C/2013, de 31 de dezembro]
>
> *3 — Excluem-se do disposto no número anterior os encargos relacionados com viaturas ligeiras de passageiros ou mistas, motos e motociclos, afetos à exploração do serviço público de transportes, destinados a serem alugados no exercício da atividade normal do sujeito passivo,*

ção; pagamentos a entidades não residentes e sujeitas a um regime fiscal mais favorável; ajudas de custo e compensação pelo uso de viatura própria do trabalhador ao serviço da entidade patronal; lucros distribuídos a entidades que beneficiam de isenção, indemnizações, compensações ou bónus; e outras remunerações variáveis pagas a gestores, administradores ou gerentes. O Capítulo II procurará oferecer ao leitor uma descrição mais pormenorizada de cada uma das despesas e dos encargos sujeitos a tributação autónoma, complementada com uma análise à jurisprudência emanada pelos tribunais portugueses (em particular pelo CAAD), bem como às Informações Vinculativas emitidas pela AT.

[43] Uma referência completa a todos os desenvolvimentos legislativos, entre 1983 e 2022, pode ser confrontada nos Anexos 1 [A tributação autónoma das sociedades em Portugal (CIRC): evolução legislativa] e 2 [A tributação autónoma das despesas dos sujeitos passivos que possuam ou devam possuir contabilidade organizada em Portugal (CIRS): evolução legislativa].

[44] Alterado até à Lei n.º 42/2016, de 28 de dezembro.

bem como as reintegrações relacionadas com as viaturas relativamente às quais tenha sido celebrado o acordo previsto no n.º 9 da alínea b) *do n.º 3 do artigo 2.º.*[Redação dada pela Lei n.º 16-A/2002, de 31 de maio]

4 — Consideram-se despesas de representação, nomeadamente, os encargos suportados com receções, refeições, viagens, passeios e espetáculos oferecidos no país ou no estrangeiro a clientes ou a fornecedores, ou ainda a quaisquer outras pessoas ou entidades.

5 — Consideram-se encargos relacionados com viaturas ligeiras de passageiros, motos e motociclos, nomeadamente, as reintegrações, rendas ou alugueres, seguros, despesas com manutenção e conservação, combustíveis e impostos incidentes sobre a sua posse ou utilização.

6 — São sujeitas ao regime do n.º 1, sendo a taxa aplicável 35%, as despesas correspondentes a importâncias pagas ou devidas, a qualquer título, a pessoas singulares ou coletivas, residentes fora do território português e aí submetidas a um regime fiscal claramente mais favorável a que se refere o n.º 1 do artigo 63.º-D da Lei Geral Tributária, ou cujo pagamento seja efetuado em contas abertas em instituições financeiras aí residentes ou domiciliadas, salvo se o sujeito passivo puder provar que tais encargos correspondem a operações efetivamente realizadas e não têm um carácter anormal ou um montante exagerado. [Redação dada pela Lei n.º 42/2016, de 28 de dezembro]

7 — São ainda tributados autonomamente, à taxa de 5%, os encargos dedutíveis relativos a despesas com ajudas de custo e com compensação pela deslocação em viatura própria do trabalhador, ao serviço da entidade patronal, não faturadas a clientes, escrituradas a qualquer título, exceto na parte em que haja lugar a tributação em sede de IRS na esfera do respetivo beneficiário, bem como os encargos da mesma natureza, que não sejam dedutíveis nos termos da alínea f) *do n.º 1 do artigo 42.º do CIRC, suportados por sujeitos passivos que apresentem prejuízo fiscal no exercício a que os mesmos respeitam.* [Redação dada pela Lei n.º 55-B/2004, de 30 de dezembro — OE]

8 — Excluem-se do disposto nos n.ºs 2, 7, 10 e 11 os sujeitos passivos a quem seja aplicado o regime simplificado de determinação do lucro tributável previsto nos artigos 28.º e 31.º [Redação dada pela Lei n.º 82-D/2014, de 31 de dezembro]

9 — Nas situações de contitularidade de rendimentos abrangidas pelo artigo 19.º, o imposto apurado relativamente às despesas que, nos termos dos números anteriores estão sujeitas a tributação autónoma, é imputado a cada um dos contitulares na proporção das respetivas quotas. [Aditado pela Lei n.º 55-B/2004, de 30 de dezembro — OE]

10 — No caso de viaturas ligeiras de passageiros ou mistas híbridas plug-in, *as taxas referidas nas alíneas* a) *e* b) *do n.º 2 são, respetivamente, de 5% e 10%.* [Aditado pela Lei n.º 82-D/2014, de 31 de dezembro]

11 — No caso de viaturas ligeiras ou mistas de passageiros movidas a gases de petróleo liquefeito (GPL) ou gás natural veicular (GNV), as taxas referidas nas alíneas a) *e* b) *do n.º 2 são, respetivamente, de 7,5% e 15%.* [Aditado pela Lei n.º 82-D/2014, de 31 de dezembro].

Já o *artigo 88.º do CIRC — Taxas de tributação autónoma*[45] tem a seguinte redação:

1 — As despesas não documentadas são tributadas autonomamente à taxa de 50%, sem prejuízo da sua não consideração como gastos, nos termos da alínea b) *do n.º 1 do artigo 23.º-A.* [Redação dada pela Lei n.º 2/2014, de 16 de janeiro]

2 — A taxa referida no número anterior é elevada para 70% nos casos em que tais despesas sejam efetuadas por sujeitos passivos total ou parcialmente isentos, ou que não exerçam, a título principal, atividades de natureza comercial, industrial ou agrícola, e ainda por sujeitos passivos que aufiram rendimentos enquadráveis no artigo 7.º [Redação dada pela Lei n.º 64-B/2011, de 30 de dezembro — OE]

3 — São tributados autonomamente os encargos efetuados ou suportados por sujeitos passivos que não beneficiem de isenções subjetivas e que exerçam, a título principal, atividade de natureza comercial, industrial ou agrícola, relacionados com viaturas ligeiras de passageiros, viaturas ligeiras de mercadorias referidas na alínea b) *do n.º 1 do artigo 7.º do Código do Imposto sobre Veículos, motos ou motociclos, excluindo os veículos movidos exclusivamente a energia elétrica, às seguintes taxas:* [Redação dada pela Lei n.º 82-C/2014, de 31 de dezembro]

a) *10%, no caso de viaturas com um custo de aquisição inferior a 27 500 €;* [Redação dada pela Lei n.º 2/2020, de 31 de março]

b) *27,5%, no caso de viaturas com um custo de aquisição igual ou superior a 27 500 € e inferior a 35 000 €;* [Redação dada pela Lei n.º 2/2020, de 31 de março]

c) *35%, no caso de viaturas com um custo de aquisição igual ou superior a 35 000 €.* [Redação dada pela Lei n.º 2/2014, de 16 de janeiro]

4 — [Revogado pela Lei n.º 2/2014, de 16 de janeiro]

5 — Consideram-se encargos relacionados com viaturas ligeiras de passageiros, motos e motociclos, nomeadamente depreciações, rendas ou alugueres, seguros, manutenção e conservação, combustíveis e impostos incidentes sobre a sua posse ou utilização.

6 — Excluem-se do disposto no n.º 3 os encargos relacionados com: [Redação dada pela Lei n.º 2/2014, de 16 de janeiro]

[45] Artigo republicado pelo Decreto-Lei n.º 159/2009, de 13 de julho, aplicável aos períodos que se iniciem em, ou após, 1 de janeiro de 2010, e alterado até à Lei n.º 75-B/2020, de 31 de dezembro.

a) *Viaturas ligeiras de passageiros, motos e motociclos afetos à exploração de serviço público de transportes, destinados a serem alugados no exercício da atividade normal do sujeito passivo; e* [Redação dada pela Lei n.º 2/2014, de 16 de janeiro]

b) *Viaturas automóveis relativamente às quais tenha sido celebrado o acordo previsto no n.º 9 da alínea* b) *do n.º 3 do artigo 2.º do Código do IRS.* [Redação dada pela Lei n.º 2/2014, de 16 de janeiro]

7 — São tributados autonomamente à taxa de 10% os encargos efetuados ou suportados relativos a despesas de representação, considerando-se como tal, nomeadamente, as despesas suportadas com receções, refeições, viagens, passeios e espetáculos oferecidos no País ou no estrangeiro a clientes ou fornecedores ou ainda a quaisquer outras pessoas ou entidades. [Redação dada pela Lei n.º 42/2016, de 28 de dezembro]

8 — São sujeitas ao regime dos n.os 1 ou 2, consoante os casos, sendo as taxas aplicáveis, respetivamente, 35% ou 55%, as despesas correspondentes a importâncias pagas ou devidas, a qualquer título, a pessoas singulares ou coletivas residentes fora do território português e aí submetidas a um regime fiscal claramente mais favorável, a que se refere o n.º 1 do artigo 63.º-D da Lei Geral Tributária, ou cujo pagamento seja efetuado em contas abertas em instituições financeiras aí residentes ou domiciliadas, salvo se o sujeito passivo puder provar que correspondem a operações efetivamente realizadas e não têm um carácter anormal ou um montante exagerado. [Redação dada pela Lei n.º 42/2016, de 28 de dezembro]

9 — São ainda tributados autonomamente, à taxa de 5%, os encargos efetuados ou suportados relativos a ajudas de custo e à compensação pela deslocação em viatura própria do trabalhador, ao serviço da entidade patronal, não faturados a clientes, escriturados a qualquer título, exceto na parte em que haja lugar a tributação em sede de IRS na esfera do respetivo beneficiário. [Redação dada pela Lei n.º 42/2016, de 28 de dezembro]

10 — [Revogado pela Lei n.º 3-B/2010, de 28 de abril]

11 — São tributados autonomamente, à taxa de 23%, os lucros distribuídos por entidades sujeitas a IRC a sujeitos passivos que beneficiam de isenção total ou parcial, abrangendo, neste caso, os rendimentos de capitais, quando as partes sociais a que respeitam os lucros não tenham permanecido na titularidade do mesmo sujeito passivo, de modo ininterrupto, durante o ano anterior à data da sua colocação à disposição e não venham a ser mantidas durante o tempo necessário para completar esse período. [Redação dada pela Lei n.º 2/2014, de 16 de janeiro]

12 — Ao montante do imposto determinado, de acordo com o disposto no número anterior, é deduzido o imposto que eventualmente tenha sido retido na fonte, não podendo nesse caso o imposto retido ser deduzido ao abrigo do n.º 2 do artigo 90.º.

13 — São tributados autonomamente, à taxa de 35%: [Redação aditada pela Lei n.º 3-B/2010, de 28 de abril]

a) *Os gastos ou encargos relativos a indemnizações ou quaisquer compensações devidas não relacionadas com a concretização de objetivos de produtividade previamente definidos na relação contratual, quando se verifique a cessação de funções de gestor, administrador ou gerente, bem como os gastos relativos à parte que exceda o valor das remunerações que seriam auferidas pelo exercício daqueles cargos até ao final do contrato, quando se trate de rescisão de um contrato antes do termo, qualquer que seja a modalidade de pagamento, quer este seja efetuado diretamente pelo sujeito passivo quer haja transferência das responsabilidades inerentes para uma outra entidade;* [Redação aditada pela Lei n.º 3-B/2010, de 28 de abril]

b) *Os gastos ou encargos relativos a bónus e outras remunerações variáveis pagas a gestores, administradores ou gerentes quando estas representem uma parcela superior a 25% da remuneração anual e possuam valor superior a 27 500 €, salvo se o seu pagamento estiver subordinado ao diferimento de uma parte não inferior a 50% por um período mínimo de três anos e condicionado ao desempenho positivo da sociedade ao longo desse período.* [Redação aditada pela Lei n.º 3-B/2010, de 28 de abril]

14 — As taxas de tributação autónoma previstas no presente artigo são elevadas em dez pontos percentuais quanto aos sujeitos passivos que apresentem prejuízo fiscal no período a que respeitem quaisquer dos factos tributários referidos nos números anteriores relacionados com o exercício de uma atividade de natureza comercial, industrial ou agrícola não isenta de IRC. [Redação dada pela Lei n.º 2/2014, de 16 de janeiro]

15 — O disposto no número anterior não é aplicável no período de tributação de início de atividade e no seguinte. [Redação dada pela Lei n.º 2/2020, de 31 de março]

16 — As taxas de tributação autónoma previstas nos n.os 7, 9, 11 e 13, bem como o disposto no número anterior, não são aplicáveis aos sujeitos passivos a que se aplique o regime simplificado de determinação da matéria coletável. [anterior n.º 15; passou a n.º 16 pela Lei n.º 2/2020, de 31 de março]

17 — O disposto no presente artigo não é aplicável relativamente às despesas ou encargos de estabelecimento estável situado fora do território português e relativos à atividade exercida por seu intermédio. [anterior n.º 16; passou a n.º 17 pela Lei n.º 2/2020, de 31 de março]

18 — No caso de viaturas ligeiras de passageiros híbridas plug-in, *cuja bateria possa ser carregada através de ligação à rede elétrica e que tenham uma autonomia mínima, no modo elétrico, de 50 km e emissões oficiais inferiores a 50 g* CO_2*/km, as taxas referidas nas alíneas* a), b) *e* c) *do n.º 3 são, respetivamente, de 5%, 10% e 17,5%.* [Redação dada pela Lei n.º 75-B/2020, de 31 de dezembro]

19 — No caso de viaturas ligeiras de passageiros movidas a GNV, as taxas referidas nas alíneas a), b) *e* c) *do n.º 3 são, respetivamente, de 7,5%, 15% e 27,5%.* [Redação dada pela Lei n.º 2/2020, de 31 de março]

20 — No caso de se verificar o incumprimento de qualquer das condições previstas na parte final da alínea b) *do n.º 13, o montante correspondente à tributação autónoma que deveria ter sido liquidada é adicionado ao valor do IRC liquidado relativo ao período de tributação em que se verifique aquele incumprimento.* [anterior n.º 19; passou a n.º 20 pela Lei n.º 2/2020, de 31 de março]

21 — Para efeitos do disposto no n.º 14, quando seja aplicável o regime especial de tributação dos grupos de sociedades estabelecido no artigo 69.º, é considerado o prejuízo fiscal apurado nos termos do artigo 70.º. [anterior n.º 20; passou a n.º 21 pela Lei n.º 2/2020, de 31 de março]

22 — A liquidação das tributações autónomas em IRC é efetuada nos termos previstos no artigo 89.º e tem por base os valores e as taxas que resultem do disposto nos números anteriores, não sendo efetuadas quaisquer deduções ao montante global apurado, ainda que essas deduções resultem de legislação especial. [anterior n.º 21; passou a n.º 22 pela Lei n.º 2/2020, de 31 de março]

Um reparo desde logo deve ser feito, se compararmos a norma estabelecida no CIRS com a do CIRC, nomeadamente pelo facto de que, além da própria extensão do texto de cada norma em si, a última alteração legislativa prevista no artigo 73.º do CIRC resultou da Lei n.º 42/2016, de 28 de dezembro[46], mantendo-se a sua redação mais ou menos constante ao longo do tempo, ao passo que o artigo 88.º do CIRC tem sofrido inúmeras alterações legislativas [as últimas em 2020, com a Lei n.º 2/2020, de 31 de março[47], e a Lei n.º 75-B/2020, de 31 de dezembro[48]], o que veio fazer com que os problemas e conflitos judiciais associados à tributação autónoma se avolumassem no seio empresarial, afetando, claramente, a segurança jurídica aos contribuintes.

O problema surgiu de uma forma mais acentuada com a Lei n.º 64/2008, de 5 de dezembro[49], que alterou as taxas de tributação autónoma relativas às despesas de representação e às viaturas ligeiras (quer em sede de IRS quer em

[46] Aprovou o Orçamento do Estado para 2017.

[47] Aprovou o Orçamento do Estado para 2020.

[48] Aprovou o Orçamento do Estado para 2021. Além da alteração ao artigo 88.º do CIRC, tinha também uma disposição transitória operada pelo artigo 375.º da Lei n.º 75-B/2020, de 31 de dezembro, para a não aplicação do disposto no n.º 14 do artigo 88.º do Código do IRC, nos períodos de tributação de 2020 e 2021.

[49] Que aprovou medidas fiscais anticíclicas e criou uma taxa de tributação autónoma para empresas de fabricação e de distribuição de produtos petrolíferos refinados.

sede de IRC)[50], agravando-as e produzindo efeitos a 1 de janeiro de 2008[51], e, mais recentemente, com a Lei n.º 7-A/2016, de 30 de março[52], e a Lei n.º 114/2017, de 29 de dezembro[53], que aditaram e alteraram em IRC[54] a norma relativa à tributação autónoma, atribuindo-lhe natureza interpretativa[53].

[50] Na versão anterior à Lei n.º 64/2008, de 5 de dezembro, o artigo 73.º do CIRS (anterior 75.º-A) *previa* no seu n.º 2 que fossem «tributados autonomamente, à taxa correspondente a 20% da taxa normal mais elevada do IRC, os encargos dedutíveis relativos a despesas de representação e a viaturas ligeiras de passageiros ou mistas, motos e motociclos, suportados por sujeitos passivos que possuam ou devam possuir contabilidade organizada no âmbito do exercício de atividades empresariais ou profissionais.» Já o *artigo 81.º do CIRC* (atual artigo 88.º) *previa* no seu n.º 3 que fossem «tributados autonomamente, à taxa de 5%, os encargos dedutíveis relativos a despesas de representação e os relacionados com viaturas ligeiras de passageiros ou mistas, motos ou motociclos, efetuados ou suportados por sujeitos passivos não isentos subjetivamente e que exerçam, a título principal, atividade de natureza comercial, industrial ou agrícola»; e no seu n.º 4, que fossem «tributados autonomamente, à taxa de 15%, os encargos dedutíveis respeitantes a viaturas ligeiras de passageiros ou mistas, cujo custo de aquisição seja superior a 40 000 €, quando suportados pelos sujeitos passivos mencionados no número anterior que apresentem prejuízos fiscais nos dois exercícios anteriores àquele a que os referidos encargos digam respeito.» Nos Anexos 1 [A tributação autónoma das sociedades em Portugal (CIRC): evolução legislativa] e 2 [A tributação autónoma das despesas dos sujeitos passivos que possuam ou devam possuir contabilidade organizada em Portugal (CIRS): evolução legislativa] podem ser analisadas pelas *alterações operadas quer pelo artigo 1.º quer pelo artigo 1.º-A, da Lei n.º 64/2008, de 5 de dezembro.*

[51] Previa o artigo 5.º — Produção de efeitos, da Lei n.º 64/2008, de 5 de dezembro que: «1 — As alterações introduzidas pela presente lei aos artigos 73.º... do Código do IRS... 81.º ... do Código do IRC ... produzem efeitos desde 1 de janeiro de 2008 (...).»

[52] Aprovou o Orçamento do Estado para 2016.

[53] Aprovou o Orçamento do Estado para 2018.

[54] O artigo 88.º do CIRC *passou a prever*, com a alteração da *Lei n.º 7-A/2016, de 30 de março*, que «(...) **n.º 19** — No caso de se verificar o incumprimento de qualquer das condições previstas na parte final da alínea *b)* do n.º 13, o montante correspondente à tributação autónoma que deveria ter sido liquidada é adicionado ao valor do IRC liquidado relativo ao período de tributação em que se verifique aquele incumprimento; **n.º 20** — Para efeitos do disposto no n.º 14, quando seja aplicável o regime especial de tributação dos grupos de sociedades estabelecido no artigo 69.º, é considerado o prejuízo fiscal apurado nos termos do artigo 70.º; **n.º 21** — A liquidação das tributações autónomas em IRC é efetuada nos termos previstos no artigo 89.º e tem por base os valores e as taxas que resultem do disposto nos números anteriores, não sendo efetuadas quaisquer deduções ao montante global apurado.» Posteriormente, a *Lei n.º 114/2017, de 29 de dezembro*, veio alterar a redação do n.º 21 do artigo 88.º do CIRC, considerando que: «A liquidação das tributações autónomas em IRC é efetuada nos termos previstos no artigo 89.º e tem por base os valores e as taxas que resultem do dis-

Com estas alterações surgiram, pois, entre outras, muitas questões associadas à retroatividade (não permitida) da norma[56], e sobre a qual se debruçou, e continua a debruçar, a jurisprudência portuguesa e o Tribunal Constitucional[57]/[58]) (à qual se dará maior ênfase no Capítulo III). Não sendo objetivo desta obra explorar esta temática, há a apontar que este problema não é novo[59], especialmente a propósito das constantes alterações na lei fiscal, sendo, portanto, um problema intrínseco do direito fiscal em geral.

posto nos números anteriores, não sendo efetuadas quaisquer deduções ao montante global apurado, *ainda que essas deduções resultem de legislação especial.*»

[55] Estabeleceu então o artigo 135.º — Norma interpretativa, da *Lei n.º 7-A/2016, de 30 de março*, «A redação dada pela presente lei ... aos n.ºs 20 e 21 do artigo 88.º ... do IRC tem natureza interpretativa.» Igualmente, o artigo 233.º — Norma interpretativa no âmbito do Código do Imposto sobre o Rendimento de Pessoas Coletivas, da *Lei n.º 114/2017, de 29 de dezembro*, instituiu que «A redação dada pela presente lei ao n.º 21 do artigo 88.º do Código do IRC tem natureza interpretativa.»

[56] Problema que será mais tarde abordado, no Capítulo III, a propósito da complexidade fiscal da norma da tributação autónoma.

[57] Veja-se, por exemplo, o **Acórdão do Tribunal Constitucional n.º 18/2011, Processo n.º 204/2010**, 12 de janeiro de 2011, Relator: conselheiro Carlos Fernandes Cadilha; o **Acórdão do Tribunal Constitucional n.º 310/2012, Processo n.º 150/12**, 20 de junho de 2012, Relator: conselheiro João Cura Mariano; o **Acórdão do Tribunal Constitucional n.º 617/2012, Processo n.º 150/12,** de 19 de dezembro de 2012, Relator: conselheiro João Cura Mariano; o **Acórdão do Tribunal Constitucional n.º 85/2013, Processo n.º 212/2012**, 5 de fevereiro de 2013, Relator: conselheiro José da Cunha Barbosa; e o **Acórdão do Tribunal Constitucional n.º 197/2016, Processo n.º 465/2015,** de 13 de abril de 2016, Relator: conselheiro Carlos Fernandes Cadilha. As decisões foram no sentido de decidir que «Não pode a lei agravar o valor da taxa de tributação autónoma, relativamente a despesas já efetuadas aquando da sua entrada em vigor, incorrendo a norma do artigo 5.º, n.º 1, da Lei n.º 64/2008, de 5 de dezembro, ao determinar a retroação de efeitos, a 1 de janeiro de 2008, da alteração do artigo 81.º, n.º 3, do CIRC, em inconstitucionalidade por violação da proibição imposta no artigo 103.º, n.º 3, da Constituição.»
Acórdãos disponíveis no Tribunal Constitucional em: https://www.tribunalconstitucional.pt/tc/acordaos.

[58] Veja-se da unanimidade da Jurisprudência do Supremo Tribunal Administrativo sobre esta matéria, apoiada na Jurisprudência do Tribunal Constitucional, vertida no **Acórdão do Tribunal Central Administrativo Sul, Processo 1615/10.4BELRS**, de 16 de dezembro de 2020, Relator: Lurdes Toscano.

[59] Note-se que, já em 1985, o professor Saldanha Sanches discutia as questões da segurança jurídica e a retroatividade no direito fiscal. Cfr. Sanches, S. (1985). A segurança jurídica no Estado Social de Direito: Conceitos indeterminados, analogia e retroatividade no direito tributário. *Cadernos de Ciência e Técnica Fiscal*, 140, 275–368.

Atente-se, também, que a Lei n.º 2/2020, de 31 de março[60], ao ter retirado as taxas reduzidas de tributação autónoma que incidiam sobre as despesas com veículos movidos a GPL, só o fez em sede de IRC (mantendo a redução para efeitos de IRS). Esta modificação enfatiza, por um lado, o tratamento discriminatório que se verifica no que toca às tributações autónomas em termos de IRS[61], que é, portanto, menos pronunciado do que em sede de IRC, nomeadamente no que se refere àquelas viaturas. Por outro lado, ficam eventualmente defraudadas as expectativas das empresas, pois ao terem adquirido essa tipologia de viaturas antes da entrada em vigor da Lei n.º 2/2020, de 31 de março, as quais estariam sujeitas a tributação reduzida, em face da tributação normal, veem-se agora confrontadas com o aumento da tributação autónoma[62].

Uma vez que a problemática sobre a tributação autónoma deste tipo de despesas é maior em sede de IRC, é sobre este que nos debruçaremos essencialmente daqui em diante.

1.3.2. Alargamento da tributação autónoma das despesas e o seu impacto nas receitas fiscais: Uma fonte indispensável de receita fiscal?

Santos e Martins (2009) defendem que a expansão da tributação autónoma é uma séria preocupação porque vai contra os princípios fundamentais da tributação dos rendimentos. No entanto, como se verá, uma alternativa válida

[60] Aprovou o Orçamento do Estado para 2020.

[61] Que se explorará mais pormenorizadamente na secção 2.5.

[62] Entende-se que a lei possa ter sido alterada pelo facto de a AT ter emitido a **Informação Vinculativa**, identificada pelo **Processo** 1427/2017, sancionado pelo despacho de 26-09-20176, da diretora de Serviços, que reforçava que «a aplicação das taxas reduzidas de tributação autónoma só se aplica em viaturas movidas ***exclusivamente*** a GPL», sendo que, contudo, «as viaturas *bifuel* nunca serão movidas exclusivamente a GPL, já que a ignição inicial é, necessariamente, feita com recurso a gasolina» [Cfr. Santos, A. Ordem dos Contabilistas Certificados (2020). Fiscalidade automóvel OE 2020. *Turbo Frotas*. Fevereiro, 30-31).
Pode-se, pois, discutir o facto de que a legislação permite alguma discriminação. Antes da alteração pela Lei n.º 2/2020, de 31 de março, em parte alguma a norma da tributação autónoma referia o termo *exclusivamente*. Depois, um veículo movido a GPL, mesmo combinando sempre gasolina/*diesel* com GPL (nunca podendo ser exclusivamente a...), como se sabe, é menos poluente do que uma viatura movida exclusivamente a combustível fóssil. Por fim, os veículos híbridos *plug-in* também possuem dois motores, um elétrico e outro a combustão (gasolina), podendo operar exclusivamente a combustível fóssil, e, no entanto, beneficiam da redução da taxa de tributação autónoma. Não se entende, portanto, esta alteração da Lei.

para a sua substituição imediata não é provavelmente uma boa opção, devido a restrições orçamentais.

O Quadro 4-A apresenta dados sobre a evolução da coleta de IRC (ou seja, o imposto sobre o rendimento que incide sobre os lucros tributáveis das sociedades) e também sobre a receita de tributação autónoma (que incide sobre as despesas das sociedades), no período de 2005 a 2020.

Quadro 4-A — IRC e receita fiscal de tributação autónoma — Portugal (2005–2020)

(em milhões de euros)

Ano	2005	2007	2009	2011	2012	2014	2015	2017	2018	2019	2020
Coleta de IRC	3.103	4.504	3.846	3.132	3.224	3.673	3.733	4.543	4.977	5.074	4.338
Variação anual (IRC liquidado)	–	+19%	–6%	–6%	+3%	+7%	+2%	+6%	+9,6%	+2,0%	–14,5%
Tributação autónoma (TA)	198	220	371	534	491	551	507	510	541	568	487
TA/ Coleta de IRC	6,4%	4,9%	9,6%	17%	15,2%	15%	13,6%	11,2%	10,9%	11,2%	11,2%

Quadro 4-B — Declarações de rendimentos Modelo 22 – 2017–2020

	2017	2018	2019	2020	Var. (%) 2017–2018	Var. (%) 2018–2019	Var. (%) 2019–2020
Número de declarações de rendimentos Modelo 22	475 119	492 935	510 158	521 985	**+3,75%**	**+3,49%**	**2,32%**
Número de declarações de rendimentos Modelo 22 com tributação autónoma	179 439	193 158	204 453	203 448	**+7,65%**	**+5,85%**	**–0,49%**
% de declarações de rendimentos Modelo 22 com tributação autónoma	**37,77%**	**39,19%**	**40,08%**	**38,98%**	–	–	–
Valores totais das despesas declaradas sujeitas a tributação autónoma (milhões de euros)	3.266	3.716	3.955	3.482	**+13,76%**	**+6,45%**	**–11,96%**
Tributação autónoma (milhões de euros)	510	541	568	487	**+6,1%**	**+5,1%**	**–14,3%**

Fonte: Adaptado de AT (2022): https://info.portaldasfinancas.gov.pt/pt/dgci/divulgacao/estatisticas/

O Quadro 4-A ilustra um aumento da carga fiscal da tributação autónoma, de 198 milhões de euros, em 2005, para 568 milhões de euros, em 2019 (e mesmo com o impacto da pandemia provocada pela covid-19, a receita de tributação autónoma cifrou-se nos 487 milhões). A resiliência das receitas da tributação autónoma destaca-se, pois, mesmo em 2009 (ano da crise financeira) e posteriormente. Como esperado, o IRC reflete uma queda concentrada após 2007; mas a tributação autónoma cresce. Em 2017, segue-se a recuperação das receitas do IRC, atingindo-se os níveis pré-crise financeira: a tributação autónoma cresceu de 6,4% (em 2005) para 11,2% da coleta de IRC, mantendo-se a percentagem de tributação autónoma elevada (chegando aos 17%, no ano 2011), em face de uma coleta de IRC que foi aumentando também (em 2005, era de 3 103 milhões de euros, e passou a ser de 5 074 milhões de euros em 2019). E mesmo em 2020, com uma descida de 14,5% da coleta de IRC em face do ano anterior, a tributação autónoma manteve-se nos 11,2%, evidenciando a relevância do peso da tributação autónoma nas receitas fiscais.

Como se pode deduzir também da leitura do Quadro 4-B, e no período de 2017 a 2020, as declarações de rendimentos Modelo 22 com despesas sujeitas a tributação autónoma eram, em 2019, de mais de 204 000 declarações (tendo reduzido ligeiramente no ano seguinte), representando 40,08% das declarações de rendimentos Modelo 22 entregues (em 2020, foram de 38,98%), num valor de despesa sujeita a tributação autónoma de 3 955 milhões de euros (e em 2020, de 3 482 milhões de euros).

Diante dos dados apresentados, será de se concluir que a política fiscal dirigida ao sector empresarial, que parte da premissa de que a tributação autónoma é uma *anomalia fiscal* e deve ser eliminada, tem de ponderar como substituir uma fonte de receitas fiscais tão relevante. É certo que a alteração do cálculo das amortizações ou a redução dos benefícios fiscais são exemplos de outras potenciais vias para o mesmo efeito, mas que irão dar origem, com certeza, a uma resistência feroz por parte dos contribuintes.

Além disso, e como já se afirmava no Relatório da Comissão para a Reforma do IRC (2013), as PME representam mais de 99% do sector empresarial português, e à data do Relatório, os dados indicavam que, em 2011, 74% das quase 420 000 sociedades existentes não pagaram IRC[63]. A tributação autónoma sempre foi (e é), por esse motivo, vista como um tipo de carga

[63] Ainda assim, essa tendência melhorou, já que, apesar de o número de entidades com IRC liquidado nulo ser elevado (61,8% em **2018**; 57,4% em **2019**; e 60,4% em **2020**), a percentagem de contribuintes que não efetuou qualquer pagamento a título de Imposto sobre o Rendimento é menor, representando cerca de 29,3% em **2018**; 39,5% em **2019**; e 43,1% em

fiscal de substituição para contrariar comportamentos evasivos que se pensa acontecer neste segmento empresarial[64]; por conseguinte, explorar o papel da tributação autónoma como medida para combater a evasão fiscal é uma linha de investigação interessante.[65] Dado que se pensa que a evasão fiscal está significativamente ligada à economia paralela, o Quadro 5 apresenta a evolução da Economia Não-Registada (ENO) em Portugal.

Quadro 5 — Economia Não-Registada (ENO) em Portugal, em % do PIB, 2005–2015

Ano	2005	2006	2007	2008	2009	2010	2011	2012	2015
PIB (dólares americanos/ capita)	18 469	19 430	20 466	20 386	19 719	20 551	20 321	20 097	29 685
modelo NOE MIMIC[66]	19,47%	19,23%	19,07%	19,13%	19,90%	19,60%	19,32%	18,96%	19,30%

Fonte: OCDE. (2019). *Gross domestic product* (GDP) (indicator); Soares e Afonso. (2019; 2016). The Non--Observed Economy in Portugal: the monetary model and the MIMIC model.

Os dados do estudo de Soares e Afonso (2019; 2016) revelam que, de 2005 a 2015, em Portugal, a ENO assumia um nível constante e elevado, cerca de 20% do PIB. No entanto, como se viu acima, no Quadro 5, as receitas fiscais das sociedades portuguesas não diminuíram nos últimos anos. Assim,

2020. Ver as Estatísticas do IRC no Portal das Finanças em: https://info.portaldasfinancas.gov.pt/pt/dgci/estatístic/estatísticas/

[64] A este propósito, note-se que, em 2020, relativamente ao número de declarações com e sem pagamento, verifica-se que, neste período de tributação, apenas 39,6% dos sujeitos passivos apresentam IRC Liquidado, cerca de 56,9% dos sujeitos passivos efetuam pagamentos de IRC por via de outras componentes positivas do imposto, designadamente tributação autónoma, etc. Veja-se também o estudo de Dinis, A., Martins, A. (2021). Country Note: Portuguese Chartered Accountants' Perceptions of SME Tax Compliance: The Role of Taxing Expenses. *Intertax*, *49*(3), 292–300.

[65] Nesse sentido, Dinis, A., Martins, A. e Lopes, C. (2019). The Autonomous Taxation of Corporate Expenses in Portugal: Empirical evidence of the Portuguese chartered accountants' perceptions of corporate taxation. *Accounting, Economics, and Law: A Convivium.*

[66] O modelo MIMIC acrescenta os últimos avanços na literatura geral sobre a extensão da Economia Não-Registada (também chamada Economia Sombra). Cit. Adam e Ginsburhg, 1985; Asea, 1996; Giles e Tedds, 2002. *In* Soares e Afonso. (2016; 2019). The Non-Observed Economy in Portugal: the monetary model and the MIMIC model.

a relação entre a tributação autónoma e a ENO pode ser uma questão pertinente adicional a se considerar ao nível do cumprimento fiscal das sociedades, justificando-se, deste modo, a importância crescente da tributação autónoma em termos de receitas fiscais, o que torna, evidentemente, a sua substituição uma escolha difícil.

Ainda que muitos autores continuem a defender que a tributação autónoma devesse ser abolida (Xavier, 2022), é bastante provável que, num futuro previsível, o que começou como exceção em 1990, formalmente fora do CIRC, seja, presentemente, e num futuro próximo, um elemento estrutural da tributação das sociedades em Portugal.

1.3.3. O princípio da tributação pelo rendimento real e a tributação autónoma das despesas

A questão abordada nesta secção relaciona-se com o impacto da extensão da tributação autónoma na consistência interna do IRC. Em primeiro lugar, concentremo-nos no que pode ser dito em defesa da tributação autónoma.

Ao nível doutrinário, a justificação da tributação autónoma baseia-se, segundo Sanches (2007), no facto de o sistema fiscal poder impor taxas mais elevadas sobre certas despesas que devem ser desencorajadas. Existe para o autor, pois, uma *presunção* implícita de que estas despesas não têm um objetivo comercial claro e, por conseguinte, devem ser sujeitas a penalizações fiscais. A jurisprudência portuguesa aceita geralmente a ideia de desencorajar (através da tributação excessiva) as práticas empresariais que possam envolver situações de «ilegalidade» ou de «menor transparência fiscal».

O Supremo Tribunal Administrativo decidiu que a tributação autónoma, sendo uma espécie de imposto indireto, visa determinados custos registados que revelam capacidade fiscal (ou capacidade de pagamento). Cada despesa é um facto tributável autónomo único, ao qual o contribuinte está sujeito, mesmo que no final do ano não seja alcançado nenhum rendimento tributável. Além disso, a uniformização de Jurisprudência do Supremo Tribunal Administrativo[67] surgiu no sentido de evidenciar que a norma da tributação autónoma tem implícita a ideia de desmotivar a prática empresarial de realização de determinadas despesas para, por um lado, diminuir a vantagem

[67] **Acórdão Pleno da 2.ª secção do Supremo Tribunal Administrativo n.º 1/2021, Processo 21/20.7BALSB**, de 24 de março de 2021. Relator: Paula Cadilhe Ribeiro. (disponível em https://www.dgsi.pt/)

fiscal das empresas (que pelas despesas possa afetar negativamente a receita fiscal) e, por outro, conduzir os sujeitos passivos a orientar as suas opções no sentido pretendido pelo legislador, eliminando completamente ou reduzindo em grande medida a tributação autónoma (considerando a preocupação do legislador do ponto de vista ambiental, já que existe uma exclusão da tributação autónoma relativamente aos veículos elétricos e são favorecidas com a redução de taxas as viaturas menos poluentes).

Um corpo forte da doutrina em Portugal é ainda altamente crítico em relação à tributação autónoma. Uma visão cética postula que, quando o clima económico é favorável, as sociedades têm lucros e, portanto, pagam impostos; quando o ambiente económico é desfavorável, as sociedades suportam perdas e não devem pagar impostos. O IRC é — como deveria ser — um imposto cíclico. Isso não acontece com a tributação autónoma porque as sociedades a pagam, independentemente de terem lucros ou perdas (os Quadros 4-A e 6 não deixam dúvidas sobre esta característica inerente à tributação das sociedades).

Esta linha de raciocínio afirma também que a forma adequada de penalizar algumas despesas, encontrada na grande maioria dos países que adotaram o IRC, é negando a sua dedutibilidade fiscal, ou seja, representando custos contabilísticos, mas não encargos dedutíveis, porque não são considerados como estando inteiramente relacionados com a atividade empresarial, não devendo por isso ser tributados autonomamente. E ainda que alguns autores pudessem também defender que a própria tributação autónoma, como gasto, seria dedutível fiscalmente, essa solução não colheu junto dos Tribunais, nem quando o CIRC não previa o atual artigo 23.º-A — Encargos não dedutíveis para efeitos fiscais[68]. Especialmente porque, ao se admitir «a dedutibilidade

[68] Na redação que foi dada pela Lei n.º 2/2014, de 16 de janeiro, que aditou o artigo, vem estabelecer que «1 — **Não são dedutíveis para efeitos da determinação do lucro tributável** os seguintes encargos, mesmo quando contabilizados como gastos do período de tributação: *a)* O IRC, *incluindo as tributações autónomas*, e quaisquer outros impostos que direta ou indiretamente incidam sobre os lucros (...).» Existiu a interpretação de que a tributação autónoma seria dedutível ao lucro tributável por incidir sobre despesas, e ao não estar prevista diretamente na norma de exclusão do anterior artigo 45.º, n.º 1, al. *a)* do CIRC (na redação e numeração em vigor até 2013, que previa que «não fossem dedutíveis para efeitos da determinação do lucro tributável os encargos, mesmo quando contabilizados como gastos do período de tributação, relativos a IRC e quaisquer outros impostos que direta ou indiretamente incidam sobre os lucros»). Também foi feita interpretação de que, ao ter sido aditado o artigo 23.º-A do CIRC, com a Lei n.º 2/2014, de 16 de janeiro, a equiparação aí efetuada das tributações autónomas ao IRC se aplicaria apenas aos exercícios fiscais posteriores a 2014,

das tributações autónomas sobre despesas não dedutíveis, estar-se-ia a admitir a dedutibilidade de um encargo não indispensável para a realização dos rendimentos sujeitos a imposto ou para a manutenção da fonte produtora», e «quanto às tributações autónomas que incidem sobre despesas dedutíveis, as mesmas visam compensar, por essa via, a perda de receita fiscal que a realização e dedução de tais despesas ocasionaria na sua ausência»[69].

É por esse motivo que Nabais (2013) argumenta que o IRC está lenta, mas gradualmente a perder algumas das suas características típicas, tais como ser um imposto sobre o rendimento das sociedades. O aumento do âmbito da tributação autónoma implica, portanto, um imposto sobre as atividades das sociedades, desconectado da realização de lucros. Também Martins (2013) defende que a tributação autónoma implica um desvio dos princípios subjacentes à tributação dos rendimentos. As despesas, que são elementos subtrativos do rendimento líquido, não deveriam ser uma base fiscal na esfera da tributação do rendimento. No mesmo sentido, Cunha (2007) estabelece que não existe uma justificação real para a tributação autónoma, uma vez que não tem nada que ver com o sistema do imposto sobre o rendimento.

Já Santos (2003) discute se a tributação autónoma pode conduzir a um problema constitucional porque se desvia do princípio da capacidade contributiva, dado que o artigo 104.º da Constituição da República Portuguesa (CRP) estabelece que as sociedades devem ser fundamentalmente tributadas sobre os rendimentos reais.

com a entrada em vigor da Lei. Em paralelo, também foi dada a explicação de que a dedutibilidade fiscal dos encargos suportados com tributações autónomas caberia na regra geral da dedutibilidade de encargos fiscais prevista na al. *f)* do n.º 1 do artigo 23.º-A do CIRC, por se tratar de impostos que o sujeito passivo esteja legalmente obrigado a suportar. Veja-se o **Acórdão do Supremo Tribunal Administrativo n.º 0781/14**, de 1 de julho de 2015. Relator: Pedro Delgado (disponível em https://www.dgsi.pt/).

[69] Como se pode analisar na decisão arbitral do **CAAD**, **Processo n.º 255/2013-T**, de 12 de maio de 2014 (disponível em https://caad.org.pt/ecisõeso/ecisões/), de onde se podem retirar «duas ilações de princípio: (i) A primeira é a de que as tributações autónomas incidem quer sobre encargos dedutíveis, quer sobre encargos não dedutíveis; (ii) A segunda é a de que as tributações autónomas não servem apenas um objetivo, mas sim dois: — Umas, visam evitar a erosão da base tributável em sede de IRC, fazendo incidir a tributação sobre os encargos que podem ser deduzidos pelos sujeitos passivos de IRC, mas que, sendo-o, se transformam num agravamento da tributação, pretendendo, portanto, servir como desincentivo à despesa com tais encargos; — Outras, visam penalizar comportamentos presuntivamente evasivos ou fraudulentos.»

Em paralelo, Silva (2015) e Santos e Palma (2013) sustentam que, em tempos de crise económica, a crescente base da tributação autónoma induz num aumento da carga fiscal das sociedades, acabando por aumentar a evasão e a fraude fiscais.

Dúvidas sobre a inserção da norma da tributação autónoma no CIRC também sobejam: A tributação autónoma é formalmente uma componente do IRC? Podem os benefícios fiscais ser deduzidos à receita de tributação autónoma? Ou, embora formalmente inseridas no CIRC, a tributação autónoma é uma figura jurídica específica, sem uma ligação económica e formal ao IRC? Vários casos de litígio surgiram na sequência de questões tão intrincadas.

Os juízes e árbitros têm lidado com questões jurídicas altamente complexas, porque a tributação autónoma é preenchida e paga na mesma declaração de impostos do IRC; mas, formalmente, a tributação autónoma não é coleta de IRC.[70] A linha divisória não é clara, mas, pelo menos, não deve existir dúvidas de que a base da tributação autónoma não deve ser aumentada.

Não se iria ao ponto de se argumentar que o IRC já perdeu a sua consistência interna por causa da tributação autónoma. No entanto, existe o perigo de, como fonte relativamente certa de receitas, a base de despesas a que são aplicadas as suas taxas poder ser ainda mais alargada. Futuramente, a sua redução até deverá, portanto, ser considerada, ponderando ao mesmo tempo fontes alternativas de receita fiscal. Caso contrário, e a certa altura, o IRC pode claramente tornar-se um imposto duplo, ou seja, parte dele será um imposto sobre os lucros, e uma parte altamente significativa das receitas relacionadas com o IRC será retirada de tributação autónoma (como se pode comprovar nos Quadros 4-A e 6).

O que se pergunta, pois, é se a tributação autónoma das despesas é constitucional?

Ora, a CRP, nos seus artigos 103.º[71] e 104.º[70], estabelece as regras gerais que o legislador fiscal português deve seguir, e dois princípios gerais são de

[70] Veja-se o **Acórdão do Supremo Tribunal Administrativo n.º 098/19.8BALSB**, de 30 de junho de 2021. Relator: Gustavo Lopes Courinha; o **Acórdão do Supremo Tribunal Administrativo n.º 0964/14**, de 25 de fevereiro de 2015. Relator: Casimiro Gonçalves; e o **Acórdão do Supremo Tribunal Administrativo n.º 0470/14**, de 21 de maio de 2015. Relator: Aragão Seia (disponíveis em https://www.dgsi.pt/).

[71] Artigo 103.º da CRP — Sistema fiscal: «1. O sistema fiscal visa a satisfação das necessidades financeiras do Estado e outras entidades públicas e uma repartição justa dos rendimentos e da

relevância significativa para esta análise. Em primeiro lugar, o artigo 103.º decreta que o sistema fiscal tem dois objetivos: gerar receitas para apoiar as despesas públicas e contribuir para uma distribuição justa do rendimento e da riqueza. Em segundo lugar, o artigo 104.º determina que o rendimento, o consumo e a riqueza são as bases tributáveis legalmente admissíveis; mais especificamente, o seu n.º 2 aponta que a tributação das sociedades será *fundamentalmente* baseada nos seus *rendimentos reais* (*real* significa que a base tributável não pode ser um rendimento presumido arbitrariamente.)

Assim, dado este conjunto de regras constitucionais, e o facto de o CIRC ter incluído a tributação autónoma, será uma violação do princípio do *rendimento real*, no que diz respeito às sociedades? Este tipo especial de tributação visa as despesas ou os custos, e não as receitas. Nesta perspetiva, como é que os tribunais portugueses, em particular o Tribunal Constitucional, decidiram, quando confrontados com questões legais relacionadas com a tributação autónoma?

As decisões do Tribunal Constitucional sobre a tributação autónoma não estão diretamente relacionadas com as questões da sua admissibilidade, dado o que está estabelecido no artigo 104.º, n.º 2 da CRP. Contudo, em vários acórdãos[73], relacionados com as consequências da alteração da lei fiscal no final do ano (como abordado anteriormente, a propósito da Lei n.º 64/2008, de 5 de dezembro) e a sua consequente natureza prospetiva ou retroativa, o Tri-

riqueza. 2. Os impostos são criados por lei, que determina a incidência, a taxa, os benefícios fiscais e as garantias dos contribuintes. 3. Ninguém pode ser obrigado a pagar impostos que não hajam sido criados nos termos da Constituição, que tenham natureza retroativa ou cuja liquidação e cobrança se não façam nos termos da lei.»

[72] Artigo 104.º da CRP — Impostos: «1. O imposto sobre o rendimento pessoal visa a diminuição das desigualdades e será único e progressivo, tendo em conta as necessidades e os rendimentos do agregado familiar. 2. A tributação das empresas incide fundamentalmente sobre o seu rendimento real. 3. A tributação do património deve contribuir para a igualdade entre os cidadãos. 4. A tributação do consumo visa adaptar a estrutura do consumo à evolução das necessidades do desenvolvimento económico e da justiça social, devendo onerar os consumos de luxo.»

[73] Veja-se, por exemplo, o **Acórdão do Tribunal Constitucional n.º 18/2011, Processo n.º 204/2010**, de 12 de janeiro de 2011. Relator: conselheiro Carlos Fernandes Cadilha; e o **Acórdão do Tribunal Constitucional n.º 310/2012, Processo n.º 150/12**, 20 de junho de 2012. Relator: conselheiro João Cura Mariano. Acórdãos disponíveis no *website* do Tribunal Constitucional, em: https://www.tribunalconstitucional.pt/tc/acordaos.

bunal tratou da natureza da tributação autónoma. Com base nestas decisões, pode concluir-se que esta solução fiscal não foi considerada inconstitucional.

No Acórdão do Tribunal Constitucional n.º 18/2011, o Tribunal declara que a tributação autónoma tem como finalidade combater a evasão fiscal. Além disso, este Tribunal decidiu que algumas despesas tributadas são um substituto dos rendimentos não tributados recebidos por terceiros (por exemplo, uma despesa não documentada de uma sociedade poderia estar ligada aos rendimentos de outras entidades que não registassem devidamente as receitas), e a tributação autónoma pode contribuir para uma distribuição mais justa da carga fiscal.

Este último objetivo significa que, uma vez que muitas sociedades de pequena dimensão exibem persistentemente rendimentos contabilísticos e tributáveis negativos, a tributação autónoma atua como um imposto mínimo, aumentando o nível de justiça do sistema. O artigo 103.º da CRP é, pois, uma âncora legal para basear a tributação autónoma em alguns tipos de despesas, particularmente as que se situam na fronteira entre o domínio empresarial e o pessoal, ou com um carácter indistinto (por exemplo, despesas com veículos).

Contrariamente, há uma discussão doutrinal sobre a tributação autónoma ser caracterizada como um imposto sobre o consumo. O argumento é o seguinte: a capacidade de pagar a tributação autónoma das despesas não se revela pelos rendimentos, mas pela realização de despesas, o que significa o consumo de bens ou serviços por parte das sociedades. Um parecer divergente (voto de vencido) previsto no Acórdão do Tribunal Constitucional n.º 18/2011 segue esta linha de raciocínio. Este argumento sustenta igualmente que a natureza da tributação dos rendimentos está relacionada com um fluxo económico regular que só pode ser revelado no final do período económico (geralmente o ano fiscal); pelo contrário, a tributação autónoma tem origem em todas as decisões económicas para suportar estas despesas. A tributação do rendimento é global ou unitária, aguardando o fim do período económico para calcular a base tributável derivada do total das operações; já a tributação autónoma das despesas é específica e orientada para o consumo, uma vez que cada despesa origina a tributação consequente.

No entanto, alguns autores salientam o facto de os impostos sobre o consumo [como o Imposto sobre o Valor Acrescentado (IVA) ou os impostos especiais de consumo] terem uma consequência económica: o imposto é uma parte do preço final pago pelo consumidor. Tal não é o caso da tributação autónoma, o que impede a sua classificação como tributação das despesas ou do consumo.

No Acórdão do Tribunal Constitucional n.º 310/2012, o Tribunal declarou, mais uma vez, que pelo menos em alguns casos a tributação autónoma tenta ir além do véu de certas decisões económicas das empresas (por exemplo, camuflando a distribuição de lucros com despesas não documentadas, ou despesas pessoais suportadas por sociedades). No mesmo Acórdão, o Tribunal declarou que a tributação autónoma funciona como se houvesse uma *presunção* de que algumas despesas têm uma causa não-empresarial ou empresarial, e devem ser desencorajadas por uma tributação mais severa[74].

Pode, portanto, concluir-se no sentido de que o Tribunal Constitucional valoriza o aumento da equidade e a luta contra a evasão fiscal como razões aceitáveis para a inserção da tributação autónoma no CIRC[75]. Além disso, a redação do artigo 104.º da CRP (baseado *fundamentalmente*, mas não *exclusivamente*...) dá ao Tribunal alguma liberdade para admitir alguns desvios do

[74] No mesmo sentido, como bem evidencia a decisão arbitral do **CAAD, Processo n.º 108/2021-T**, de 15 de dezembro de 2021 (disponível em https://caad.org.pt/ecisõeso/ecisões/): «Pelo que se terá como certo de que "as tributações autónomas não constituem IRC em sentido estrito, mas encontram-se a este (IRC) imbricadas, devendo conter-se nos "outros impostos" de que nos dá conta a parte final da alínea *a)* do n.º 1 do artigo 23.º-A, do CIRC.»

[75] Do mesmo modo, o **Acórdão do Supremo Tribunal Administrativo n.º 0505/15**, de 31 de março de 2016, Relator: Ana Paula Lobo, (disponível em https://www.dgsi.pt/), ao admitir que, sendo «a finalidade da tributação autónoma apontada pela recorrente — reduzir a despesa fiscal evitando a fraude e a evasão fiscais — seja um dos elementos considerados pelo legislador no estabelecimento desta regulamentação, essa finalidade não pode permitir, como aquela pretende que a interpretação do normativo em questão seja efetuada, de molde a nele inserir um pressuposto legal sem qualquer assento no texto da lei, o que seria manifestamente desconforme com o disposto no artigo 9.º do Código Civil.» Pois, o artigo 81.º do CIRC, na redação vigente à data da tributação [atualmente 88.º do CIRC], «definia as diversas taxas que seriam utilizadas para tributação dos tipos de despesas ali enunciadas, sem haver qualquer dispositivo legal que determinasse que essa tributação só ocorreria se estas despesas houvessem sido tidas como custos fiscais da empresa para a determinação do seu lucro tributável.» Pelo que as «despesas em questão são tributadas apenas porque são efetuadas, havendo mesmo a cargo do contribuinte a obrigação de as tornar aparentes na sua declaração de rendimentos. Se todas, ou parte delas, poderiam ter sido consideradas como custos da empresa para efeitos da determinação do seu lucro tributável, aumentando a despesa fiscal com a consequente diminuição do lucro tributável, e a empresa por decisão consciente, ou esquecimento, não as considerou desse modo na sua declaração de rendimentos, nem por isso elas perdem a sua natureza de despesas tributáveis em sede de tributação autónoma, que, por definição é uma tributação destacável da tributação em sede de IRC.»

rendimento real como única base tributável, quando outros princípios fiscais igualmente importantes (como a *equidade fiscal*) estão em jogo.

No caso da tributação autónoma, é de notar que todas as sociedades pagam a mesma taxa de imposto independentemente da sua dimensão. Isto pode implicar um encargo regressivo para as sociedades de menor dimensão. No entanto, estas sociedades podem utilizar os mecanismos fiscais disponíveis para reduzir a carga fiscal da tributação autónoma. Por um lado, as microempresas em Portugal podem aplicar o regime fiscal simplificado[76], a fim de diminuir a tributação autónoma[77]; por outro, as grandes empresas, com um planeamento fiscal agressivo, podem utilizar algumas formas para reduzir a carga de tributação autónoma, utilizando, por exemplo, estabelecimentos permanentes noutros países sem tributação autónoma.

1.4. Notas conclusivas

A tributação autónoma de certas despesas empresariais é uma característica muito especial da tributação do rendimento empresarial, e em particular do CIRC. A sua implementação tem vindo a crescer desde 1990, quando a tributação autónoma foi introduzida. Também as suas taxas têm demonstrado uma tendência ascendente. Deste modo, as receitas cobradas pela tributação autónoma são bastante relevantes (atingindo, em 2020, a percentagem

[76] Previsto nos termos do artigo **Artigo 86.º-A** do CIRC — **Âmbito de aplicação**: «Podem optar pelo regime simplificado de determinação da matéria coletável os sujeitos passivos residentes, não isentos, nem sujeitos a um regime especial de tributação, que exerçam a título principal uma atividade de natureza comercial, industrial ou agrícola, e que verifiquem, cumulativamente, as seguintes condições: *a)* Tenham obtido, no período de tributação imediatamente anterior, um montante anual ilíquido de rendimentos não superior a 200 000 €; *b)* O total do seu balanço relativo ao período de tributação imediatamente anterior não exceda 500 000 €; *c)* Não estejam legalmente obrigados à revisão legal das contas; *d)* O respetivo capital social não seja detido em mais de 20%, direta ou indiretamente, nos termos do n.º 6 do artigo 69.º, por entidades que não preencham alguma das condições previstas nas alíneas anteriores, exceto quando sejam sociedades de capital de risco ou investidores de capital de risco; *e)* Adotem o regime de normalização contabilística para microentidades aprovado pelo Decreto-Lei n.º 36-A/2011, de 9 de março; *f)* Não tenham renunciado à aplicação do regime nos três anos anteriores, com referência à data em que se inicia a aplicação do regime (…).»

[77] Já que nos termos do n.º 16 do artigo 88.º do CIRC: «As taxas de tributação autónoma previstas nos n.os 7, 9, 11 e 13, bem como o disposto no número anterior, *não são aplicáveis* aos sujeitos passivos a que se aplique o regime simplificado de determinação da matéria coletável.»

de 11,2% da coleta de IRC). Como tal, a sua eliminação seria difícil, em face da situação complexa das finanças públicas portuguesas e da necessidade de selecionar fontes alternativas de receita fiscal.

Ao nível doutrinário, a justificação para a tributação autónoma baseia-se geralmente no facto de que uma taxa de tributação mais elevada pode ser imposta a certas situações especiais, que devem ser desencorajadas. Existe, portanto, uma presunção implícita de que estas despesas não têm um objetivo comercial evidente e que podem ser sujeitas a penalizações fiscais.

Ainda que o IRC seja um imposto cíclico, tal não acontece com a tributação autónoma, uma vez que as sociedades pagam a tributação autónoma independentemente de terem lucros ou perdas. Sobre um vasto conjunto de despesas empresariais incide, assim, uma tributação autónoma, quaisquer que sejam os resultados das sociedades (Nabais, 2018; Martins *et al.*, 2018; Morais, 2007). Desta forma, explorar o papel da tributação autónoma, como medida para combater a evasão fiscal, é fundamental, no contexto do cumprimento fiscal das sociedades.

Não se iria ao ponto de argumentar que o IRC perdeu a sua consistência interna por causa da tributação autónoma. No entanto, existe o perigo de, como fonte relativamente certa de receitas, a base de despesas a que é aplicada poder ser alargada. A certa altura, o IRC poderá ter uma dupla base tributável excessivamente superior, o que pode levar a aumentar a carga fiscal das empresas.

Contudo, o Tribunal Constitucional salienta o aumento da equidade e a luta contra a evasão fiscal como razões aceitáveis para a inserção da tributação autónoma no Código do IRC. Além disso, a redação do artigo 104.º da CRP (baseado *fundamentalmente*...) dá ao Tribunal alguma margem de manobra para admitir alguns desvios do rendimento real como única base tributável, quando outros princípios fiscais igualmente importantes (*equidade*) estão em jogo.

Capítulo II
A Tributação Autónoma das Despesas no Contexto das Tributações Avulsas das Empresas

2.1. Introdução

Como analisado anteriormente, o conceito de *tributação autónoma*[78] foi criado em Portugal em 1990[79]. Nessa altura, apenas as *despesas confidenciais ou não documentadas* eram tributadas autonomamente, a uma taxa de 10%.

Esta tributação avulsa tem vindo a crescer desmesuradamente e afeta bastante as empresas (Nabais, 2018), e no ano de 2000[80] foi alargada a diversas despesas, assim como as taxas foram extraordinariamente aumentadas.

Atualmente, e tal como prevê o artigo 88.º do CIRC[81], a base tributável da tributação autónoma é bastante extensa, incluindo despesas não documentadas, despesas relacionadas com veículos, despesas de representação, entre outras[82]. Além disso, as taxas da tributação autónoma podem aumentar dez

[78] Embora houvesse um *imposto extraordinário sobre certas despesas empresariais*, aprovado pelo Decreto-Lei n.º 119-A/83, de 28 de fevereiro de 1983, justificado com vista a obter as receitas necessárias, da forma mais equitativa possível, e como um instrumento de combate à evasão fiscal.

[79] Nos termos do artigo 4.º do Decreto-Lei n.º 192/90, de 9 de junho.

[80] Pela Lei 30-G/2000, de 29 de dezembro.

[81] Esta obra analisará em particular o artigo 88.º do CIRC. Contudo, uma nota para o seguinte artigo do CIRC — artigo **12.º do CIRC — Sociedades e outras entidades abrangidas pelo regime de transparência fiscal** —: «As sociedades e outras entidades a que, nos termos do artigo 6.º [do CIRC], seja aplicável o regime de transparência fiscal não são tributadas em IRC, salvo quanto às *tributações autónomas*».

[82] Em 2016, foi também criado um regime opcional para incentivar a reavaliação do ativo fixo corpóreo, com uma tributação autónoma especial de 14% sobre a Reserva de Reavaliação criada. Este montante foi pago apenas pelas sociedades que tinham optado por este Regime de Reavaliação, de 2016 a 2018. A análise do impacto orçamental da reavaliação de ativos efetuada pela Unidade Técnica de Apoio Orçamental (UTAO) revela que o

pontos percentuais se uma sociedade incorrer em perdas fiscais, nos termos do n.º 14 do referido artigo 88.º do CIRC.

Consequentemente, o peso da receita fiscal da tributação autónoma sobre a coleta de IRC tem vindo a crescer. O Quadro 6 mostra os valores da coleta de IRC e da tributação autónoma, no período de 2005 a 2020, e o impacto na taxa média efetiva em Portugal, considerando o ano 2005 como referência.

Quadro 6 — Receitas de IRC e TA e taxa média efetiva — Portugal (2005–2020) (em milhões de euros)

Ano	2005	2008	2009	2010	2011	2012	2017	2018	2019	2020
Coleta de IRC	3 103	4 111	3 846	3 320	3 132	3 224	4 543	4 977	5 074	4 338
Variação do IRC (%) (em comparação com o ano 2005)	–	+32,5	+23,9	+7	+0,9	+4	+46,4	+60,4	+63,5	+39,8
Tributação autónoma (TA)	198	366	371	360	534	491	510	541	568	487
Variação da TA (%) (em comparação com o ano 2005)	–	+84,8	+87,4	+81,8	+169,7	+147,9	+157,5	+173,2	+186,9	+145,96
TA / Coleta de IRC	6,4%	8,9%	9,6%	10,9%	17%	15,2%	11,2%	10,9%	11,2%	11,2%
Taxa normal de IRC	25%	25%	25%	25%	25%	25%	21%	21%	21%	21%
Taxa média efetiva[83]	17%	18%	19%	17%	17%	25%	20,1%	21%	19%	18%

Fonte: Adaptado de AT (2022): https://info.portaldasfinancas.gov.pt/pt/dgci/divulgacao/estatisticas/estatisticas_ir/

número de empresas que aderiram foi residual: apenas 183 (0,016% das empresas portuguesas); cinco empresas representaram cerca de dois terços do valor total reavaliado. O montante das reavaliações e a correspondente tributação autónoma especial está concentrada numa única empresa. Com base no relatório e nas contas dessas empresas em 2016, o relatório da UTAO indica também que o montante total das reavaliações foi de 1 185 milhões de euros, o que corresponde a um montante de tributação autónoma para o triénio 2016–2018 de «165 milhões de euros», e que o regime permitirá a estas empresas «acomodar uma dedução fiscal de 339 milhões de euros em anos futuros». Ver mais no *website* do Parlamento em: https://www.parlamento.pt/.

[83] Taxa Média Efetiva = (Σ IRC Liquidado Corrigido + Σ Reposição de Benefícios Fiscais + Σ Tributação Autónoma + Σ Resultado da Liquidação + Σ Derrama Estadual + Σ IRC de Exercícios Anteriores)/(Σ Matéria Coletável Total + Σ Benefícios por Dedução ao Rendimento).

Como podemos observar no Quadro 6, a taxa média efetiva de IRC sofreu um aumento exponencial em comparação com o ano de 2005, nomeadamente em 2011, que foi também o ano em que a receita de tributação autónoma apresentou uma subida abrupta, representando 17% da coleta de IRC (a percentagem mais elevada desde o ano 2005). Esta subida parece, pois, compensar a descida da coleta de IRC que se verificou a partir do ano 2009 (coincidente com a crise financeira), com o objetivo de se manter a receita fiscal, sendo que, no ano de 2012, a taxa média efetiva de IRC atingiu os 25% — a taxa mais alta no período em análise. De 2008 a 2011, a variação da receita de tributação autónoma foi bastante elevada, face a 2005, o que se deveu maioritariamente à entrada em vigor da diversificação extraordinária e ao aumento das taxas de tributação autónoma, que passaram a incidir sobre as viaturas ligeiras de passageiros[84]. Pode ainda verificar-se que, desde 2005, a percentagem da tributação autónoma na coleta de IRC subiu de 6,4% para 11,2%, em 2020, o que representou um aumento, desde o ano de referência, de 145,96%. Pelo menos desde 2017 até 2019, a receita fiscal com a tributação autónoma tem vindo a subir significativamente — um facto que terá abrandado em 2020 (devido à pandemia de covid-19), mantendo-se, contudo, a percentagem de 11,2% da coleta de IRC. A partir de 2018, a taxa média efetiva de IRC tem vindo a descer, mesmo com o efeito da tributação autónoma, tendo-se fixado nos 18% em 2020[85].

Ainda que esta análise evidencie um aumento da carga fiscal das empresas, até porque, como se sabe, as sociedades pagam tributação autónoma mesmo que apresentem prejuízos fiscais — considerando que, no ano de 2020, quase 39%[86] das empresas (percentagem que se tem mantido constante, pelo menos desde 2018) apresentaram declarações fiscais com tributação autónoma —, isto pode ser revelador de que a tributação autónoma poderá ser já pacifica-

[84] Esta diversificação pretendeu ser uma medida mais eficaz no combate à fraude e à evasão fiscais. Ministério das Finanças. (2012). *Relatório Combate à Fraude e Evasão Fiscais e Aduaneiras — Relatório de atividades desenvolvidas 2011.*

[85] Não pode ser esquecido que esta descida da taxa efetiva dever-se-á, sobretudo, ao aumento da despesa fiscal em IRC, que se deve em particular aos benefícios fiscais ao investimento. Ver as Estatísticas dos Benefícios Fiscais no Portal das Finanças em: https://info.portaldasfinancas.gov.pt/pt/dgci/estatístic/estatísticas/.

[86] Ver as Estatísticas do IRC no Portal das Finanças em: https://info.portaldasfinancas.gov.pt/pt/dgci/estatístic/estatísticas/.

mente aceite pelos contribuintes como fazendo parte da sua tributação intrínseca (ainda que relacionada com as despesas das sociedades).

No Quadro 7 podemos também atentar à evolução da receita fiscal do Estado português, considerando o grau de execução, resultante da relação entre o valor executado nos períodos em análise, para o IRC, e o correspondente valor da previsão ou dotação orçamental, no período de 2009 a 2020.

Quadro 7 — Portugal — Orçamentos do Estado e Execução Orçamental (IRC)

IRC	2009	2010	2011	2012	2013	2014	2015	2016	2017	2018	2019	2020
Orçamento (milhões €)	4 623,0	4 200,0	4 182,0	4 859,1	4 480,6	4 511,5	4 690,0	5 192,6	5 275,1	5 645,0	6 335,8	4 813,4
Execução acumulada (milhões €)	4 540,3	4 591,6	5 167,6	4 271,9	5 083,8	4 519,1	5 248,3	5 229,6	5 751,7	6 340,0	6 317,1	5 053,4
Grau de execução (%)	**98,2**	**109,3**	**123,6**	**87,9**	**113,5**	**100,1**	**111,9**	**100,7**	**109,0**	**112,3**	**99,7**	**104,8**

Fonte: Síntese da Execução Orçamental, em https://www.dgo.gov.pt/execucaoorcamental; Orçamentos do Estado (anos anteriores), em https://www.parlamento.pt/OrcamentoEstado/.

Conforme podemos observar, o grau de execução da receita fiscal de IRC tem-se situado acima dos 100%, com exceção dos orçamentos para os anos 2009, 2012 e 2019, que foram, respetivamente, de 98,2%, 87,9% e 99,7%. É, pois, importante evidenciar que a tributação autónoma poderá estar a contribuir para estes valores de execução[87], principalmente se se pensar que a tributação autónoma sobre as despesas das sociedades será um meio mais simples de cobrança das receitas fiscais. Acresce que a tributação autónoma, ao ser reduzida para os encargos com os veículos considerados mais eficientes ao nível energético e, consequentemente, menos poluentes, por força da Lei n.º 82-D/2014, de 31 de dezembro[88], traz em si também uma preocupação

[87] Indo ao encontro de Santos e Martins (2009), que refletem sobre a eventual substituição de uma fonte de receita fiscal tão relevante.

[88] Diploma da Fiscalidade Verde, que alterou significativamente a redação do artigo 88.º do CIRC, e cujo sumário citamos: «Procede à alteração das normas fiscais ambientais nos sectores da energia e emissões, transportes, água, resíduos, ordenamento do território, florestas e biodiversidade, introduzindo ainda um regime de tributação dos sacos de plástico e um

acrescida[89], pois «a questão ambiental tornou-se *a* mais relevante para a nossa civilização»[90].

Na verdade, as políticas internacionais têm visado a redução das emissões de gases com efeito de estufa para alcançar a neutralidade climática, sendo o sector dos transportes uma das áreas mais afetadas pelas *novas* políticas ambientais. É neste contexto que a tributação pode ser utilizada como um instrumento de proteção ambiental. Em particular, a tributação verde é percecionada como um dos apoios para um futuro mais sustentável, incluindo impostos sobre a energia, os transportes, a poluição e os recursos (Sikora, 2021).

Associada ao papel que a própria tributação pode desempenhar, portanto, na proteção do ambiente, e com uma finalidade extrafiscal, esta tributação será, pois, «direta e assente na capacidade de poluir e não na capacidade contributiva.» Contudo, aos contribuintes será permitido obter um benefício fiscal, por via da redução de taxa de tributação autónoma[91], se a sua preocupação pelo ambiente se manifestar na aquisição de viaturas menos poluentes.

Neste contexto, o objetivo deste capítulo é responder também à seguinte questão de investigação: Que papel tem a tributação autónoma na política fiscal ambiental?

regime de incentivo ao abate de veículos em fim de vida, no quadro de uma reforma da fiscalidade ambiental.»

[89] A preocupação não é nova. Já anteriormente Pimenta e Lopes (2006) trouxeram a debate «a contribuição possível que o sistema fiscal pode desempenhar na realização mais eficiente e eficaz dos objetivos ambientais.» Cfr. Pimenta, C., Lopes, C. (2006). Os limites da tributação ambiental: um estudo empírico do crédito fiscal à defesa e proteção ambiental em Portugal. *Fiscalidade* (25), 13, 65–123.

[90] Cfr. Lobo, C. (2019). *Finanças e Fiscalidade do Ambiente e da Energia*. Coimbra: Almedina, p. 27.

[91] Nesse sentido, Nabais (2008), ao referir-se aos tributos com fins ambientais, «tratando-se de utilizar o instrumento tributário com a finalidade de obter resultados em sede da proteção do meio ambiente, ou seja, *performances* ambientais, então estamos caídos no domínio da extrafiscalidade.» Aliás, como bem se entende do próprio conceito de benefício fiscal, estabelecido no **artigo 2.º** do **Estatuto dos Benefícios Fiscais (EBF) — Conceito de benefício fiscal e de despesa fiscal e respetivo controlo**: «1 — Consideram-se benefícios fiscais as medidas de *carácter excecional* instituídas para tutela de interesses públicos extrafiscais relevantes que sejam superiores aos da própria tributação que impedem. 2 — São benefícios fiscais as isenções, as *reduções de taxas*, as deduções à matéria coletável e à coleta, as amortizações e reintegrações aceleradas e outras medidas fiscais que obedeçam às características enunciadas no número anterior.»

A metodologia utilizada para tal é a análise normativa (relativamente às despesas sujeitas a tributação, constantes da norma), complementada com o estudo de caso (na utilização de dados estatísticos relativos aos valores de despesa sujeitos a tributação autónoma, e em particular no que respeita à tipologia de viatura cujos encargos são sujeitos a tributação autónoma).

Este capítulo apresenta as diversas despesas sujeitas a tributação autónoma, numa abordagem da norma fundamentada com base na jurisprudência e em contraposição com a informação provinda da AT (nomeadamente, sob a forma de informações vinculativas).

2.2. As despesas sujeitas a tributação autónoma em sede de IRC[92]

As seguintes despesas estão sujeitas a tributação autónoma: *despesas não documentadas*[93], *despesas relacionadas com veículos, motos ou motociclos*[94]; *despesas de representação*[95]; *pagamentos a entidades não residentes e sujeitas a um regime fiscal mais favorável*[96]; *ajudas de custo e compensação pelo uso de viatura própria do trabalhador ao serviço da entidade patronal*[97]; *lucros distribuídos a entidades que beneficiam*

[92] Note-se que o artigo 88.º do CIRC, tal como estabelece o n.º 17, «não é aplicável relativamente às despesas ou encargos de estabelecimento estável situado fora do território português e relativos à atividade exercida por seu intermédio».

[93] As despesas não documentadas são as despesas ou custos sem qualquer documento que os suporte, tais como uma fatura. Em 1990, quando a tributação autónoma foi introduzida no sistema fiscal português, as despesas não documentadas eram designadas como despesas confidenciais, i.e., despesas que o contribuinte empresarial não especifica ou mostra na sua contabilidade.

[94] As despesas relacionadas com veículos incluem algumas despesas relacionadas com viaturas ligeiras, que são utilizadas para fins comerciais, tais como depreciações, alugueres ou *leasing*, seguros, manutenção e reparação, combustível e impostos relacionados com a propriedade ou utilização. O objetivo do legislador português é tributar algumas despesas relacionadas com a posse/uso de veículos em que a sua utilização pode não se esgotar nos fins comerciais.

[95] As despesas de representação incluem todas as despesas de entretenimento, nomeadamente receções, refeições, viagens e festas oferecidas a clientes, fornecedores ou a quaisquer outras pessoas.

[96] A tributação autónoma aplica-se a montantes pagos ou devidos a indivíduos ou empresas residentes fora de Portugal e sujeitos a um regime fiscal mais favorável. A tributação autónoma funciona aqui como uma medida fiscal antiabuso, que tem como objetivo combater a evasão fiscal das sociedades.

[97] Ajudas de custos pagas a empregados e compensação por utilização de veículos próprios, para fins comerciais, e não cobrados diretamente aos clientes.

de isenção[98]; e *indemnizações, compensações ou bónus e outras remunerações variáveis pagas a gestores, administradores ou gerentes*[99].

2.2.1. Despesas não documentadas

Anteriormente denominadas despesas confidenciais[100], as despesas não documentadas foram as primeiras a serem sujeitas a tributação autónoma. Estas despesas, consubstanciando claramente uma medida de combate ao crescente fenómeno de evasão e fraude fiscais[101], podem definir-se como resultantes de uma saída de um recurso financeiro da empresa sem que haja um comprovativo que permita determinar a razão pela qual as mesmas se realizaram, e sem que seja possível identificar o seu beneficiário[102], e mesmo que exista um reflexo contabilístico na conta de gastos[101].

[98] A tributação autónoma tributa os lucros distribuídos a entidades isentas de IRC, o que significa lucros ou dividendos distribuídos a empresas que se encontram num regime fiscal especial ou privilegiado, geralmente com baixa tributação. Também neste caso a tributação autónoma funciona como uma medida fiscal antiabuso.

[99] As despesas incorridas com o pagamento de indemnizações pelo fim dos contratos estão sujeitas a tributação autónoma quando tais indemnizações não estão relacionadas com o cumprimento de um objetivo de produtividade previamente definido nos contratos de trabalho. Neste caso, a tributação autónoma também inclui despesas relacionadas com bónus e outras remunerações variáveis pagas a gestores e administradores, que são tributadas quando representam um montante superior a 25% do salário anual e têm um valor superior a 27 500 €. Neste caso, a tributação autónoma também funciona como uma medida fiscal antiabuso.

[100] Essa denominação foi suprimida com a Lei n.º 67-A/2007, de 31 de dezembro, continuando ainda a ser mencionada em alguma jurisprudência do Supremo Tribunal Administrativo [como é o caso do **Acórdão do Supremo Tribunal Administrativo n.º 02421/15.5BEPRT**, de 2 de fevereiro de 2022, Relator: Paula Cadilhe Ribeiro (disponível em https://www.dgsi.pt/)].

[101] Veja-se a decisão arbitral do **CAAD, Processo n.º 370/2020-T**, de 20 de maio de 2021, ao relevar que «a figura da tributação autónoma tem na sua génese o objetivo maior de evitar práticas de evasão e de fraude fiscal, através das suprarreferidas despesas confidenciais ou não documentadas.»

[102] Sobre este assunto deliberou o **Acórdão do Supremo Tribunal Administrativo n.º 0837/15**, de 22 de fevereiro de 2017, Relator: Ana Paula Lobo (disponível em https://www.dgsi.pt/), ao esclarecer que «despesas confidenciais são despesas não especificadas ou identificadas quanto à sua natureza, origem e finalidade», e «ainda que se possa admitir que a sua natureza está identificada, a verdade é que a Impugnante não logrou alegar e provar a origem e a finalidade destas despesas, elemento indispensável para afastar a sua qualificação como despesas confidenciais e, consequentemente, a sua tributação autónoma.» Pois, «como é sabido, recai sobre a Impugnante o ónus de alegação e prova dos factos alegados que inte-

A tributação autónoma das despesas não documentadas é, desta forma, estabelecida no n.º 1 do artigo 88.º do CIRC[104], no qual se prevê uma taxa de 50%, sem prejuízo da sua não consideração como gastos, nos termos da alínea *b)* do n.º 1 do artigo 23.º-A, quando contabilizadas como tal. Desde o seu surgimento que a tributação autónoma das despesas não documentadas sofreu uma evolução considerável nas taxas, passando de uma taxa de 10%, com a entrada em vigor do Decreto-Lei n.º 192/1990, de 9 de junho, para uma taxa 50%, com a Lei n.º 30-G/2000, de 29 de dezembro[105].

Também de acordo com o n.º 2 do referido artigo[106], se quando efetuadas por sujeitos passivos total ou parcialmente isentos, ou que não exerçam a título principal atividades de natureza comercial, industrial ou agrícola, ou ainda que aufiram de rendimentos enquadráveis no artigo 7.º do CIRC[107], as despesas não

gram a causa de pedir (cf. artigo 74.º, n.º 1, da Lei Geral Tributária, e artigo 342.º n.º 1 do Código Civil). Alegação e prova que não fez. (...).»

[103] Importa referir, também, que são os artigos 23.º e 23.º-A do CIRC que definem os gastos e as perdas dedutíveis para a determinação do lucro tributável e os encargos que não são dedutíveis para esse efeito, mesmo que contabilizados como gastos do período de tributação. A esse propósito, veja-se a decisão arbitral do **CAAD**, **Processo n.º 751/2020-T**, de 28 de outubro de 2021, que evidencia que «nos termos do artigo 17.º, n.º 3, e 123.º do CIRC, a contabilidade tem de estar assente em documentação que possibilite aferir da relevância fiscal dos registos contabilísticos para a determinação do lucro tributário», e que se não for cumprido o disposto no artigo 23.º do CIRC, não ficarão «reunidos os requisitos para a dedução das despesas.» Nesses termos, além de sofrerem uma tributação acrescida, as despesas não documentadas não são dedutíveis para efeitos de determinação do lucro tributável, nos termos definidos e no artigo 23.º-A, n.º 1, alínea *b)* do CIRC, ainda que contabilizadas como gasto no período de tributação. Desse modo, e como sustenta a decisão arbitral do **CAAD**, **Processo n.º 602/2020-T**, de 28 de junho de 2021, quando estão em causa «despesas que têm por base documentos justificativos ou de suporte contabilístico que permitem especificar a sua natureza, origem ou finalidade, tais despesas não podem ser tidas como não documentadas.» São, portanto, *gastos não devidamente documentados*, tal como definido nos termos do 23.º-A, n.º 1, alínea *c)* do CIRC, por se tratarem de «encargos cuja documentação não cumpra o disposto nos n.os 3 e 4 do artigo 23.º do CIRC, bem como os encargos evidenciados em documentos emitidos por sujeitos passivos com número de identificação fiscal inexistente ou inválido, ou por sujeitos passivos cuja cessação de atividade tenha sido declarada oficiosamente nos termos do n.º 6 do artigo 8.º.»

[104] Na redação dada pela Lei n.º 2/2014, de 16 de janeiro.

[105] Revogou o Decreto-Lei n.º 192/1990, de 9 de junho, e introduziu o conceito de «tributação autónoma» no CIRC.

[106] Na redação dada pela Lei n.º 64-B/2011, de 30 de dezembro.

[107] Artigo 7.º do CIRC — Rendimentos não sujeitos: «Não estão sujeitos a IRC os rendimentos diretamente resultantes do exercício de atividade sujeita ao imposto especial de jogo.»

documentadas serão sujeitas a uma taxa de tributação autónoma de 70%. Note-se que, aquando da Lei n.º 52-C/96, de 27 de dezembro, esta taxa era de 40%, e com a Lei n.º 30-G/2000, de 29 de dezembro, passou para 70%.

O Quadro 8 demonstra o número de declarações e os valores de despesas não documentadas sujeitas a tributação autónoma em sede de IRC e declarados no período de 2017 a 2020.

Quadro 8 — Despesas não documentadas sujeitas a tributação autónoma — número de declarações e valores declarados — 2017–2020 (IRC)

Quadros 13 e 13-A da declaração de rendimentos Modelo 22	2017	2018	2019	2020	Var. (%) 2018–2019	Var. (%) 2019–2020
Número de declarações com despesas não documentadas	94	105	214	222	**+103,8%**	**+3,7%**
Valores de despesa declarados com despesas não documentadas (euros)	35 762	46 325	454 036	189 447	**+880,1%**	**–58,3%**
% de declarações com despesas não documentadas s/ declarações com tributação autónoma	**0,052%**	**0,054%**	**0,105%**	**0,109%**	–	–

Fonte: Adaptado de AT (2022): https://info.portaldasfinancas.gov.pt/pt/dgci/divulgacao/estatisticas/

O Quadro 8 mostra-nos que, no período em análise, as declarações de rendimentos Modelo 22 com despesas não documentadas aumentaram consideravelmente de 2017 para 2018, e mais ainda de 2018 para 2019 (mantendo-se em 2020 acima das 200 declarações), representando em 2019 mais de 4 54 000 euros de despesa declarados (diminuindo drasticamente no ano seguinte, para quase 190 000 euros) e sujeitos a tributação autónoma (em face de 2017, em que o valor de despesas não documentadas era de quase 36 000 euros).

2.2.2. Despesas relacionadas com veículos, motos ou motociclos

Os sujeitos passivos que não beneficiem de isenções subjetivas e que exerçam, a título principal, uma atividade de natureza comercial, industrial ou agrícola, estão sujeitos a tributação autónoma, nos termos do disposto nos n.os 3, 18 e 19 do artigo 88.º do CIRC, sobre os encargos[108] relacionados com viaturas

[108] Importa evidenciar que os encargos devem ser efetuados ou suportados pelos sujeitos passivos. É nesse sentido que a AT versa o seu entendimento na **Informação Vinculativa**

ligeiras de passageiros[109], viaturas ligeiras de mercadorias — referidos na alínea *b)* do n.º 1 do artigo 7.º do Código do Imposto sobre Veículos (CISV)[110], motos ou motociclos.

No entanto, tomemos nota de que se *excluem de tributação autónoma*[111] «os encargos com os veículos movidos exclusivamente a energia elétrica», nos

identificada pelo **Processo 2021 1387**, sancionado por despacho, de 20 de abril de 2021, da subdiretora-geral do IR e das Relações Internacionais — IR PIV 19740, em que a AT vem esclarecer que «se o aluguer daquela viatura [no caso, híbrida *plug-in*] de substituição utilizada pela requerente é concretizado a coberto do contrato de seguro da viatura acidentada, este não é um encargo da requerente e, consequentemente, não está sujeito à tributação autónoma prevista no n.º 3 do artigo 88.º do CIRC.» De não menos importância, deve atender-se também ao facto de que, nos termos do artigo **23.º-A do CIRC — Encargos não dedutíveis para efeitos fiscais**, não são dedutíveis para efeitos da determinação do lucro tributável: «(...) *j)* Os encargos com combustíveis na parte em que o sujeito passivo não faça prova de que os mesmos respeitam a bens pertencentes ao seu ativo ou por ele utilizados em regime de locação e de que não são ultrapassados os consumos normais; (...).»

[109] São, nos termos do n.º 5 do artigo 88.º do CIRC, «considerados encargos relacionados com viaturas ligeiras de passageiros, motos e motociclos, nomeadamente, depreciações, rendas ou alugueres, seguros, manutenção e conservação, combustíveis e impostos incidentes sobre a sua posse ou utilização.» Veja-se que, no caso das viaturas ligeiras de passageiros, o **n.º 1, al. *e)* do artigo 34.º do CIRC — Depreciações e amortizações não dedutíveis para efeitos fiscais**, determina que «[as] depreciações das viaturas ligeiras de passageiros ou mistas, incluindo os veículos elétricos, na parte correspondente ao custo de aquisição ou ao valor revalorizado excedente ao montante *a definir por portaria do membro do Governo* responsável pela área das finanças, bem como dos barcos de recreio e aviões de turismo, desde que tais bens não estejam afetos ao serviço público de transportes, nem se destinem a ser alugados no exercício da atividade normal do sujeito passivo.» Veja-se a **Portaria n.º 467/2010, de 07/07**, atualizada pelo artigo 24.º da Lei n.º 82-D/2014, de 31/12 (Diploma da Fiscalidade Verde), e que define o custo de aquisição ou o valor de reavaliação das viaturas ligeiras de passageiros ou mistas.

[110] Na redação que foi dada ao artigo 88.º do CIRC, pela Lei n.º 82-C/2014, de 31 de dezembro, que passou a considerar sujeitas a tributação autónoma, e nos termos do **artigo 7.º do CISV — Taxas normais — automóveis**: *b)* «(...) automóveis ligeiros de utilização mista e automóveis ligeiros de mercadorias, que não sejam tributados pelas taxas reduzidas nem pela taxa intermédia (...).» Isso mesmo vem esclarecer a **Informação Vinculativa** identificada pelo **Processo 750/2015**, sancionado por despacho da AT.

[111] Note-se, novamente, a propósito do crescente número de decisões proferidas, que na demonstração da utilização exclusiva de veículos na atividade empresarial afastaram a aplicação da tributação autónoma (sem ligação ao próprio objetivo fiscal pretendido), com base no carácter empresarial dos gastos sujeitos a tributação autónoma, a uniformização de Jurisprudência, que acabou por surgir, estabeleceu a não consagração de qualquer presunção que seja passível de prova em contrário. **Acórdão Pleno da 2.ª secção do Supremo Tribunal**

termos do n.º 3 do artigo 88.º do CIRC, bem como nos termos do n.º 6, alínea *a)*: «os encargos relacionados com viaturas ligeiras de passageiros, motos e motociclos, afetos[112] à exploração de serviço público de transportes, destinados a serem alugados no exercício da atividade normal do sujeito passivo»[113]; e alínea *b)*: os encargos com «as viaturas automóveis relativamente às quais tenha sido celebrado o acordo previsto no n.º 9 da alínea *b)* do n.º 3 do artigo

Administrativo n.º 1/2021, Processo 21/20.7BALSB, de 24 de março de 2021, Relator: Paula Cadilhe Ribeiro (disponível em https://www.dgsi.pt/).

[112] De evidenciar a decisão arbitral do **CAAD**, **Processo n.º 262/2020-T**, de 6 de janeiro de 2021, ao determinar que «o artigo 88.º, n.º 3, do Código do IRC, ao sujeitar a tributação autónoma os encargos suportados pelos sujeitos passivos que exerçam uma atividade comercial relacionados com *motociclos* constitui uma norma de incidência tributária que não consagra qualquer presunção que seja passível de prova em contrário», nunca se podendo, portanto, entender que se encontra ilidida «a presunção implícita de tributação autónoma que decorre do disposto nos n.ºs 3, 6 e 9 do artigo 88.º do Código relativamente a encargos com motociclos», mesmo que os encargos suportados com motociclos que sejam integralmente imputáveis a atividade comercial e se encontram justificados pelo seu carácter empresarial. No mesmo sentido, as decisões arbitrais do **CAAD**, **Processo n.º 306/2020-T**, de 3 de junho de 2021, e **Processo n.º 323/2019-T**, de 17 de janeiro de 2020 (que decidem sobre a não contemplação de qualquer presunção suscetível de ser ilidida por prova em contrário, com base no carácter empresarial dos gastos sujeitos a tributação autónoma), em contraposição com as decisões arbitrais do **CAAD**, **Processo n.º 141/2019-T**, de 18 de novembro de 2019, e **Processo n.º 628/2014-T**, de 2 de fevereiro de 2015 (que decidem sobre a contemplação de presunção suscetível de ser ilidida por prova em contrário, com base no carácter empresarial dos gastos sujeitos a tributação autónoma). Foram, aliás, estas contradições de decisões que levaram à uniformização da Jurisprudência pelo **Acórdão Pleno da 2.ª secção do Supremo Tribunal Administrativo n.º 1/2021, Processo 21/20.7BALSB**, de 24 de março de 2021, Relator: Paula Cadilhe Ribeiro (disponível em https://www.dgsi.pt/).

[113] É nesse sentido que a AT entende que «à semelhança das viaturas ligeiras de passageiros afetas aos serviços de transferes e pequenos circuitos turísticos, prestados pelos hotéis e agências de viagens aos seus clientes, os quais faturam e cobram estes serviços aos seus clientes, as respetivas despesas [com viaturas ligeiras de passageiros relativas a *atividades de operador turístico e de transporte ocasional de passageiros-parceiro UBER*] estão abrangidas pela exceção prevista no n.º 6 do artigo 88.º do Código do IRC». Cfr. **Informação Vinculativa** identificada pelo **Processo 2017 2097**, sancionado por despacho, de 19 de outubro de 2017, da diretora de Serviços do IRC — PIV 12210. Em sentido contrário, a AT entende, pelo facto de que «a sociedade requerente não exerce a atividade de aluguer de viaturas ligeiras de passageiros», que não se aplica a exclusão da tributação autónoma prevista no citado n.º 6, havendo lugar a tributação autónoma nos termos do n.º 3 do artigo 88.º do CIRC», sobre os encargos com viaturas ligeiras de passageiros (usadas em atividade de mediação imobiliária), tal como consta da **Informação Vinculativa** identificada pelo **Processo 2019 4354**, sancionado por despacho, de 13 de novembro de 2019, da diretora de Serviços do IRC — PIV 16433.

2.º do Código do IRS» (resultando da utilização pessoal pelo trabalhador ou membro de órgão social de viatura automóvel que gere encargos para a entidade patronal).

As tributações autónomas passaram a incidir sobre os encargos com as viaturas ligeiras de passageiros através da Lei 3-B/2000, de 4 de abril[114], e aquando do seu surgimento era aplicada uma taxa de 6,4% para todos os tipos de viaturas, independentemente do seu valor de aquisição, tendo-se estendido às motos e aos motociclos com a Lei n.º 30-G/2000, de 29 de dezembro[115].

Importa ter presente, evidentemente, que a tributação autónoma deste tipo de encargos tem subjacente a consideração de que a utilização pelas empresas de veículos acima de determinado valor não tem uma justificação integralmente empresarial[116]. É nesse sentido que atualmente a taxa de tributação autónoma sobre estes encargos pode atingir os 35% (e agravada em dez pontos percentuais, em caso de prejuízo fiscal), dependendo do seu valor de aquisição. Sobretudo por força da aprovação do Diploma da Fiscalidade Verde, pela Lei n.º 82-D/2014, de 31 de dezembro, as taxas de tributação autónoma foram reduzidas sobre os encargos com os veículos que fossem considerados mais eficientes energeticamente.[117] Deste modo, as alterações

[114] Aprovou o Orçamento do Estado para 2000 e alterou o artigo 4.º do Decreto-Lei n.º 192/90, de 9 de junho, com a redação que lhe foi dada pelo artigo 31.º da Lei n.º 87-B/98, de 31 de dezembro.

[115] Note-se que a Lei 30-G/2000, de 29 de dezembro, que introduziu a tributação autónoma no CIRC, no artigo 69.º-A previa também a tributação autónoma sobre «encargos relacionados com barcos de recreio e aeronaves de turismo»; estes encargos deixaram de ser considerados aquando da publicação do Decreto-Lei n.º 198/01, de 3 de julho, que reviu o Código do Imposto sobre o Rendimento das Pessoas Singulares (CIRS), o Código do Imposto sobre o Rendimento das Pessoas Coletivas (CIRC) e o Estatuto dos Benefícios Fiscais (EBF) e legislação avulsa que dispõe sobre regimes de benefícios fiscais.

[116] A esse propósito, veja-se a decisão arbitral do **CAAD, Processo n.º 30/2021-T**, de 15 de setembro de 2021, já afirmado na decisão proferida na decisão arbitral do **CAAD, Processo n.º 57/2017-T**, de 28 de maio de 2017.

[117] Pereira, A. (2020). Benefícios Fiscais à Eficiência Energética. In Sérgio Vasques (coord.) (Ed.), *Fiscalidade da Energia* (pp. 16–30, p. 28). Coimbra, Almedina.
Aliás, foi com a Lei n.º 64/2008, de 5 de dezembro, que existiu a primeira grande divisão na tipologia de encargos com viaturas ligeiras de passageiros ou mistas, motos ou motociclos, sujeitos a tributação autónoma. Foi então introduzida uma taxa de tributação autónoma mais reduzida, de 5%, para as viaturas com níveis homologados de emissão de CO_2 (inferiores a 120 g/km, no caso de serem movidos a gasolina, e inferiores a 90 g/km, no caso de serem movidos a gasóleo, desde que, em ambos os casos, tenha sido emitido certificado de con-

efetuadas ao CIRC passaram a privilegiar a aquisição de viaturas consideradas mais respeitadoras do ambiente, respetivamente, e à data, as viaturas híbridas *plug-in* e os veículos movidos a GPL[118] e a GNV. Consequentemente, as taxas de tributação autónoma das viaturas ligeiras de passageiros ou mistas são mais reduzidas nesses casos, comparativamente às restantes tipologias de viaturas[119].

Deste modo, a taxa de tributação autónoma é, hoje, de 10% para viaturas ligeiras (incluindo as movidas a GPL) com valor de aquisição de 27 500 €[120]; de 27,50% para viaturas com valor de aquisição igual ou superior a 27 500 € e inferior a 35 000 €[121]; e de 35% se para viaturas com custo de aquisição superior a 35 000 €[122]. Para as viaturas ligeiras de passageiros híbridas *plug-in*, cuja bateria possa ser carregada através de ligação à rede elétrica, e que tenham uma autonomia mínima, no modo elétrico, de 50 km e emissões oficiais inferiores a 50 g CO_2/km[123], as taxas são, respetivamente, de 5%, 10% e 17,5%[124].

formidade), e uma taxa de tributação autónoma mais elevada, de 20%, para as viaturas com valor de aquisição superior a 40 000 €, e para as restantes uma taxa de 10% (sendo já à data excluídos de tributação autónoma os veículos movidos *exclusivamente a energia elétrica*). Já mais tarde, com a publicação da Lei n.º 2/2014, de 16 de janeiro, a tributação autónoma das viaturas ligeiras de passageiros ou mistas, motos ou motociclos sofreu outra alteração significativa, na medida em que os valores de delimitação de cada uma das taxas foram alterados tendo em conta se o valor de aquisição das viaturas fosse *i)* inferior a 25 000 €; *ii)* igual ou superior a 25 000 € e inferior a 35 000 €; ou *iii)* superior a 35 000 €, caso em que a taxa de tributação autónoma foi agravada. Por último, com a Lei n.º 2/2020, de 31 de março, o valor de delimitação que era de 25 000 € passou para 27 500 €.

118 De referir que, até à Lei n.º 2/2020, de 31 de março, as viaturas ligeiras de passageiros movidas a GPL, tal como as viaturas movidas a GNV, beneficiavam da mesma redução de taxa de tributação autónoma, sendo que, atualmente, se aplicam às viaturas movidas a GPL as taxas previstas de acordo com o n.º 3 do artigo 88.º do CIRC.

119 Para se perceber melhor esta diferenciação e impacto da tributação autónoma atendendo à tipologia de viaturas, veja-se os Quadros 16 e 18.

120 Nos termos do n.º 3, *a)* do artigo 88.º do CIRC, na redação dada pela Lei n.º 2/2020, de 31 de março.

121 Nos termos do n.º 3, *b)* do artigo 88.º do CIRC, na redação dada pela Lei n.º 2/2020, de 31 de março.

122 Nos termos do n.º 3, *c)* do artigo 88.º do CIRC, na redação dada pela Lei n.º 2/2014, de 16 de janeiro.

123 Nos termos do n.º 18 do artigo 88.º do CIRC, na redação dada pela Lei n.º 75-B/2020, de 31 de dezembro.

124 Note-se que a redação dada pela Lei n.º 75-B/2020, de 31 de dezembro, ao n.º 18 do artigo 88.º do CIRC, e que entrou em vigor em 1 de janeiro de 2021, levantou dúvidas acerca da sua aplicação. Veja-se a **Informação Vinculativa** identificada pelo **Processo**

Já para as viaturas ligeiras de passageiros movidas a GNV, as taxas são de 7,5%, 15% e 27,5%, respetivamente[125].

O Quadro 9 apresenta o número de declarações e os valores de despesas com viaturas sujeitos a tributação autónoma em sede de IRC, e declarados no período de 2017 a 2020.

Quadro 9 — Encargos com viaturas sujeitos a tributação autónoma — número de declarações e valores declarados — 2017–2020 (IRC)

Quadros 13 e 13-A da Declaração de Rendimentos Modelo 22	**2017**	**2018**	**2019**	**2020**	**Var. (%) 2018–2019**	**Var. (%) 2019–2020**
Número de declarações com encargos com viaturas ligeiras de passageiros e de mercadorias	136 936	148 522	150 784	148 745	**+1,52%**	**–1,35%**
Valores de despesa declarados com encargos com viaturas ligeiras de passageiros e de mercadorias (milhões de euros)	1 655	1 818	1 872	1 685	**+2,99%**	**–10,01%**
% de declarações com encargos com viaturas ligeiras de passageiros e de mercadorias s/ declarações com tributação autónoma	**76,31%**	**76,89%**	**73,75%**	**73,11%**	-	-
Número de declarações com encargos com viaturas ligeiras de passageiros híbridas *plug-in*	2 745	5 003	7 739	12 083	**+54,69%**	**+56,13%**
Valores de despesa declarados com encargos com viaturas ligeiras de passageiros híbridas *plug-in* (milhões de euros)	30	62	96	148	**+55,59%**	**+53,90%**
% de declarações com encargos com viaturas ligeiras de passageiros híbridas *plug-in* s/ declarações com tributação autónoma	**1,53%**	**2,59%**	**3,79%**	**5,94%**	-	-

497/21, sancionado por despacho, de 15 de fevereiro de 2021, da subdiretora-geral — PIV n.º 19 670, que veio esclarecer a posição da AT relativamente à aplicação de taxas àquele tipo de viaturas: «apesar de as viaturas terem sido adquiridas ou alugadas em períodos anteriores, os encargos são respeitantes ao período de 2021, aos quais se aplicam as taxas em vigor nesse período.»

[125] Nos termos do n.º 19 do artigo 88.º do CIRC, na redação dada pela Lei n.º 2/2020, de 31 de março.

Quadros 13 e 13-A da Declaração de Rendimentos Modelo 22	2017	2018	2019	2020	Var. (%) 2018-2019	Var. (%) 2019-2020
Número de declarações com encargos com viaturas ligeiras de passageiros movidas a GPL[126] ou GNV	443	526	576	440	**+9,51%**	**-23,61%**
Valores de despesa declarados com encargos com viaturas ligeiras de passageiros movidas a GPL ou GNV (milhões de euros)	3	3	3	3	**+9,10%**	**-8,72%**
% de declarações com encargos viaturas ligeiras de passageiros movidas a GPL ou GNV s/ declarações com tributação autónoma	**0,25%**	**0,27%**	**0,28%**	**-0,22%**	**-**	

Fonte: Adaptado de AT (2022): https://info.portaldasfinancas.gov.pt/pt/dgci/divulgacao/estatisticas/

Como se pode observar da leitura do Quadro 9, e no período em análise, as declarações de rendimentos Modelo 22 com viaturas ligeiras de passageiros e de mercadorias são aquelas que representam a maior percentagem de declarações, comparativamente às declarações com encargos com viaturas ligeiras de passageiros híbridas *plug-in*, e às declarações com viaturas ligeiras de passageiros movidas a GPL ou GNV. Em 2019, aquelas declarações correspondiam a quase 151 000 (tendo reduzido ligeiramente em 2020), representando 73,75% das declarações com tributação autónoma, num valor de despesa sujeita a tributação de 1 872 milhões de euros (e, em 2020, de 1 685 milhões de euros). Ainda assim, é de notar o aumento, em face de 2019, das declarações com encargos com viaturas ligeiras de passageiros híbridas *plug-in* e da respetiva despesa sujeita a tributação autónoma, que mesmo em tempo de pandemia aumentaram em 2020 em mais 56,13% (12 083 declarações entregues) e mais 53,90% (148 milhões de euros de despesa declarada), respetivamente.

2.2.3. Despesas de representação

A tributação autónoma sobre as despesas de representação surgiu também com a Lei 3-B/2000[127], de 4 de abril, que à data estabelecia uma taxa de

[126] Até à Lei n.º 2/2020, de 31 de março, as viaturas ligeiras de passageiros movidas GPL beneficiavam da redução de taxa de tributação autónoma.

[127] A Lei 3-B/2000, de 4 de abril, aprovou o Orçamento do Estado para 2000 e alterou o artigo 4.º do Decreto-Lei n.º 192/90, de 9 de junho, com a redação que lhe foi dada pelo artigo 31.º da Lei n.º 87-B/98, de 31 de dezembro, aditando o artigo 3.º.

6,4%[128] para este tipo de despesas. Atualmente, as despesas de representação, sendo «despesas suportadas com receções, refeições, viagens, passeios e espetáculos oferecidos no país ou no estrangeiro a clientes ou fornecedores ou ainda a quaisquer outras pessoas ou entidades», definidas nos termos do n.º 7 do artigo 88.º do CIRC, são tributadas autonomamente a uma taxa de 10%[129]. Note-se que para serem consideradas despesas de representação, deverão ter sempre associada uma representação dos sujeitos passivos junto de terceiros, caso contrário, serão consideradas despesas de deslocação, situação em que já não estarão sujeitas a tributação autónoma, nomeadamente por se referirem a despesas de transporte, refeições e alojamento suportadas com o pessoal ao serviço da empresa[130]. De modo contrário, se os sujeitos passivos não conseguirem *identificar claramente*[131] os beneficiários das despesas suportadas a título de viagens, alojamento, refeições, etc., para se permitir «criar uma relação entre o gasto suportado pela empresa, o beneficiário, e o fim empresarial suportado», jamais poderão ser consideradas despesas de desloca-

[128] Veja-se que, com a Lei 30-G/2000, de 29 de dezembro, que revogou o Decreto-Lei n.º 192/90, de 9 de junho, e introduziu o conceito de «tributação autónoma» no CIRC, a taxa de tributação autónoma que incidia sobre as despesas de representação correspondia a *20% da taxa normal mais elevada do IRC* (que era de 32%, pela Lei n.º 3-B/2000, de 4 de abril de 2000, e pelo Decreto-Lei n.º 198/01, de 3 de julho; e de 30% pela Lei 109-B/01, de 27 de dezembro), passando a ser de 6%, com a publicação da Lei n.º 107-B/2003, de 31 de dezembro.

[129] Tratando-se o sujeito passivo que incorre nessas despesas de uma *entidade que não exerce, a título principal, uma atividade de natureza comercial, industrial ou agrícola*, tem sido consensual o entendimento de que não haverá sujeição a tributação autónoma relativamente às referidas despesas, «exceto se as mesmas forem incorridas no âmbito de uma atividade comercial sujeita a tributação» (Cfr. **Informação Vinculativa** identificada pelo **Processo 2019 004228**, sancionado por despacho, de 29 de dezembro de 2020, da subdiretora-geral da Área de Gestão Tributária — IR PIV n.º 16404, no caso relativamente às entidades isentas de IRC ao abrigo do artigo 10.º do Código do IRC).

[130] A este propósito, a AT, na **Informação Vinculativa** identificada pelo **Processo 3506/2018** — PIV n.º 12 807, com despacho de 2019-05-09 da diretora de Serviços, entende que «as despesas suportadas no âmbito do contrato não são consideradas despesas de representação, porque não se trata de despesas oferecidas com viagens e estadas em representação da requerente junto de terceiros, mas de despesas com deslocações incorridas pelos respetivos prestadores de serviços», não estando, por conseguinte, sujeitas a tributação autónoma.

[131] Não confundir com as despesas não documentadas, que são, como abordado anteriormente, as despesas ou gastos sem qualquer fatura ou documento que os suporte.

ção[132], devendo ser requalificadas como de representação. Mais ainda, as despesas a que estejam *comprovadamente* associados eventos promocionais, como seja o lançamento de novos produtos, «revestem o cariz de despesas de publicidade e propaganda com vista a obter rendimentos futuros, e não despesas de representação»[133].

O Quadro 10 apresenta o número de declarações e os valores de despesas de representação sujeitos a tributação autónoma em sede de IRC, e declarados no período de 2017 a 2020.

Quadro 10 — Despesas de representação sujeitas a tributação autónoma — número de declarações e valores declarados — 2017-2020 (IRC)

Quadros 13 e 13-A da Declaração de Rendimentos Modelo 22	2017	2018	2019	2020	Var. (%) 2018-2019	Var. (%) 2019-2020
Número de declarações com despesas de representação	108 917	124 004	134 343	126 688	**+8,3%**	**-5,7%**
Valores de despesa declarados com despesas de representação (milhões de euros)	520	595	644	405	**+8,2%**	**-37,1%**
% de declarações com despesas de representação s/ declarações com tributação autónoma	**60,70%**	**64,20%**	**65,71%**	**62,27%**	-	-

Fonte: Adaptado de AT (2022). https://info.portaldasfinancas.gov.pt/pt/dgci/divulgacao/estatisticas/

[132] «Sob pena de não poderem ser consideradas como gasto dedutível ao abrigo do artigo 23.º do CIRC», tal como considerado na decisão arbitral do **CAAD**, **Processo n.º 423/2020-T**, de 13 de maio de 2021, cabendo ao contribuinte, tal como assente jurisprudencialmente, o ónus da prova, no que respeita à qualificação das verbas contabilizadas como gastos dedutíveis. No mesmo sentido, a decisão arbitral do **CAAD**, **Processo n.º 639/2019-T**, de 25 de maio de 2021, ao determinar que «resultando demonstrado que o gasto sindicado se relaciona com a atividade normal da empresa, sempre deveria ser considerado dedutível, nos termos do artigo 23.º do CIRC», equaciona-se a sujeição das despesas a tributação autónoma, «uma vez que estão em causa despesas suportadas com viagens oferecidas a clientes», tratando-se, pois, de despesas de representação.

[133] Veja-se a **Informação Vinculativa** identificada pelo **Processo 1519/17**, com despacho de 28-06-2017 da subdiretora-geral, que esclarece inclusivamente que «em termos fiscais, os gastos com eventos promocionais e o lançamento de novos produtos são dedutíveis desde que incorridos ou suportados pelo sujeito passivo para obter ou garantir os rendimentos sujeitos a IRC e desde que comprovados documentalmente, nos termos do n.º 3 do artigo 23.º do CIRC [Cfr. alínea *b)* do n.º 2 do artigo 23.º do CIRC].»

Para o período em análise, o Quadro 10 indica como as declarações de rendimentos Modelo 22 com despesas de representação aumentaram de 2017 para 2019 (diminuindo no ano 2020), sendo o valor de despesa sujeito a tributação de 644 milhões de euros em 2019 (405 milhões de euros em 2020), representando quase 66% das declarações com tributação autónoma (62% em 2020).

As despesas de representação, conjuntamente com as despesas com encargos com viaturas ligeiras e com ajudas de custo, representam a maioria das despesas declaradas sujeitas a tributação autónoma.

2.2.4. Pagamentos a entidades não residentes e sujeitas a um regime fiscal mais favorável

Segundo o n.º 8 do artigo 88.º do CIRC, este tipo de despesas, designadamente, pagamentos *a qualquer título*, a pessoas singulares ou coletivas residentes fora do território português e aí submetidas a um regime fiscal *claramente* mais favorável[134], ou cujo pagamento seja efetuado em contas abertas em instituições financeiras aí residentes ou domiciliadas, é tributado autonomamente à taxa de 35%. Se os pagamentos forem efetuados por sujeitos passivos total ou parcialmente isentos, ou que não exerçam, a título principal, atividades de natureza comercial, industrial ou agrícola, e ainda por sujeitos passivos

[134] A que se refere os n.ºs 1 e 5 do artigo 63.º-D da Lei Geral Tributária — Países, territórios ou regiões com um regime fiscal claramente mais favorável: «n.º 1 — O membro do Governo responsável pela área das finanças aprova, por portaria(*), após parecer prévio da Autoridade Tributária e Aduaneira, a lista dos países, territórios ou regiões com regime claramente mais favorável; (...) n.º 5 — São, igualmente, considerados países ou jurisdições com regime claramente mais favorável aqueles que, ainda que não constem da lista referida no n.º 1 deste artigo, não disponham de um imposto de natureza idêntica ou similar ao IRC ou, existindo, a taxa aplicável seja inferior a 60% da taxa de imposto prevista no n.º 1 do artigo 87.º do CIRC, sempre que, cumulativamente: (Redação dada pela Lei n.º 114/2017, de 29 de dezembro) *a)* Seja feita remissão expressa nos códigos e leis tributárias para este número do presente artigo (Redação dada pela Lei n.º 114/2017, de 29 de dezembro); *b)* Existam relações especiais, nos termos das alíneas *a)* a *g)* do n.º 4 do artigo 63.º do CIRC, entre as pessoas ou entidades envolvidas nas operações subjacentes às normas referidas na alínea anterior (Redação dada pela Lei n.º 114/2017, de 29 de dezembro).»

(*) Portaria n.º 309-A/2020, de 31 de dezembro de 2020 (altera a Portaria n.º 150/2004, de 13 de fevereiro, que aprova a lista dos países, territórios e regiões com regimes de tributação privilegiada, claramente mais favoráveis).

que aufiram rendimentos enquadráveis no artigo 7.º do CIRC[135], a taxa de tributação autónoma será de 55%.[136]

Sublinhe-se, no entanto, que haverá exclusão de tributação autónoma nos casos em que o sujeito passivo puder provar que os pagamentos efetuados correspondem a *operações efetivamente realizadas* e que não têm um *carácter anormal ou um montante exagerado*[137], de tal modo que o gasto será dedutível fiscalmente, nos termos da alínea *r)*, do n.º 1 do artigo 23.º-A do CIRC[138].

A prova das *operações efetivamente realizadas*, que se estabelece na primeira parte da alínea *r)* do n.º 1 do artigo 23.º-A do CIRC, «implica a inversão do ónus da prova, afastando-se a presunção estabelecida no artigo 75.º da LGT, segundo a qual se presumem verdadeiras e de boa-fé as declarações dos contribuintes e os dados e apuramentos que estes tenham inscritos na sua contabilidade ou escrita, conquanto o tenham efetuado nos termos previstos na lei»[139], competindo ao sujeito passivo cumprir o *ónus probatório*, nomeadamente para assegurar a dedutibilidade fiscal (e a eventual exclusão de tributação autónoma). Importa referir, contudo, que a lei *não impõe* «ao sujeito passivo a prova dos factos mediante um meio de prova em específico ou mediante o cumprimento de quaisquer formalismos, pelo que este poderá recorrer a todos os meios de prova admissíveis em direito», vigorando, pois, o sistema de prova livre, «bastando que os elementos de prova produzidos permitam

[135] Artigo 7.º do CIRC — Rendimentos não sujeitos: «Não estão sujeitos a IRC os rendimentos diretamente resultantes do exercício de atividade sujeita ao imposto especial de jogo».

[136] Note-se que, desde a Lei 30-G/00, de 29 de dezembro, que determinou a taxa de tributação autónoma para este tipo de despesas, que não há qualquer alteração das respetivas taxas.

[137] Na redação que foi dada ao n.º 8 do artigo 88.º do CIRC, pela Lei n.º 42/2016, de 28 de dezembro.

[138] Artigo 23.º-A do CIRC — Encargos não dedutíveis para efeitos fiscais: «1 — Não são dedutíveis para efeitos da determinação do lucro tributável os seguintes encargos, mesmo quando contabilizados como gastos do período de tributação: (...) *r)* As importâncias pagas ou devidas, a qualquer título, a pessoas singulares ou coletivas residentes fora do território português e aí submetidas a um regime fiscal a que se referem os n.ºs 1 ou 5 do *artigo 63.º-D* da Lei Geral Tributária, ou cujo pagamento seja efetuado em contas abertas em instituições financeiras aí residentes ou domiciliadas, *salvo se o sujeito passivo provar que tais encargos correspondem a operações efetivamente realizadas e não têm um carácter anormal ou um montante exagerado*» (Redação dada pela Lei n.º 42/2016, de 28 de dezembro).

[139] Veja-se a decisão arbitral do **CAAD**, **Processo n.º 350/2020-T**, de 8 de julho de 2021. Cfr. Saldanha Sanches, em *Os Limites do planeamento fiscal: substância e forma no Direito Fiscal Português, Comunitário e Internacional* (p. 202). Coimbra Editora, 2006.

certificar a veracidade e materialidade das operações realizadas»[140]. Quanto à prova da não existência do *carácter anormal ou de um montante exagerado*, a mesma «deve passar pela demonstração de que o contrato, cuja veracidade se provou, se apresenta equilibrado. Para esse efeito, o sujeito passivo deverá demonstrar qual a importância real das vantagens auferidas pelo contrato em causa, tal como fazer prova [de] que os encargos estabelecidos constituem a justa remuneração dessas vantagens, mormente por comparação com os custos de serviços análogos no mercado»[141].

O Quadro 11 exemplifica o número de declarações e os valores das importâncias pagas ou devidas a entidades não residentes, sujeitas a um regime fiscal privilegiado sujeitas a tributação autónoma em sede de IRC, declarados no período de 2017 a 2020.

Quadro 11 — Importâncias pagas ou devidas a entidades não residentes sujeitas a um regime fiscal privilegiado sujeitas a tributação autónoma — número de declarações e valores declarados — 2017–2020 (IRC)

Quadros 13 e 13-A da Declaração de Rendimentos Modelo 22	2017	2018	2019	2020	Var. (%) 2018–2019	Var. (%) 2019–2020
Número de declarações com importâncias pagas ou devidas a entidades não residentes sujeitas a um regime fiscal privilegiado	2	0	2	4	-	+100,0%

[140] Neste sentido, veja-se a decisão arbitral do **CAAD, Processo n.º 382/2018-T**, de 22 de fevereiro de 2019, referida na decisão arbitral do **CAAD, Processo n.º 350/2020-T**, de 8 de julho de 2021: «conforme resulta dos artigos 352.º, e seguintes do Código Civil e do artigo 115.º, n.º 1, do CPPT, aplicáveis *ex vi* artigo 29.º, n.º 1, alínea *a)*, do RJAT.» Veja-se também a decisão arbitral do **CAAD, Processo n.º 313/2019-T**, de 4 de maio de 2020, referida na mesma decisão arbitral do **CAAD, Processo n.º 350/2020-T**, que evidencia que, «desta forma, evita-se que o sujeito passivo fique submetido a restrições probatórias desproporcionadas ou irrazoáveis que tornassem inviável o exercício da cláusula de salvaguarda.» No caso, «o Documento Administrativo Único emitido pela alfândega era indispensável para provar a entrega efetiva dos bens no Reino Unido e, por conseguinte, a efetiva realização da operação.»

[141] Cfr. o Acórdão TCA Sul, proferido no âmbito do Processo n.º 08126/14 (referido na decisão arbitral do **CAAD, Processo n.º 350/2020-T**, de 8 de julho de 2021), que vem evidenciar que a AT não pode sustentar que «encargos da operação têm um montante exagerado com base num critério que não tem em conta as circunstâncias da operação em questão, isto é, com base num critério que compara situações que não são análogas e que não permitem firmar um desvio aos encargos normalmente praticados no mercado num contexto de plena concorrência».

Quadros 13 e 13-A da Declaração de Rendimentos Modelo 22	2017	2018	2019	2020	Var. (%) 2018-2019	Var. (%) 2019-2020
Valores de despesa declarados com importâncias pagas ou devidas a entidades não residentes sujeitas a um regime fiscal privilegiado (euros)	515	0	1 646	1 978	-	+20,2%
% de declarações com importâncias pagas ou devidas a entidades não residentes sujeitas a um regime fiscal privilegiado s/ declarações com tributação autónoma	0,001%	0,000%	0,001%	0,002%	-	-

Fonte: Adaptado de AT (2022). https://info.portaldasfinancas.gov.pt/pt/dgci/divulgacao/estatisticas/

Da leitura do Quadro 11, é possível verificar-se que, no período em análise, as declarações de rendimentos Modelo 22 com importâncias pagas ou devidas a entidades não residentes sujeitas a um regime fiscal privilegiado sujeitas a tributação autónoma, têm uma expressão pouco significativa (0,002%) relativamente ao total das declarações com tributação autónoma entregues pelos sujeitos passivos no período em análise. Em 2019, o valor da despesa sujeita a tributação foi de 1 646 euros, subindo este valor em 2020 para 1 978 euros.

2.2.5. Ajudas de custo e compensação pelo uso de viatura própria do trabalhador ao serviço da entidade patronal

As ajudas de custo e compensação pela deslocação em viatura própria do trabalhador podem ser entendidas como valores que são atribuídos pela entidade patronal aos seus trabalhadores como forma de compensá-los por encargos em que tenham incorrido em nome da entidade[142]. Contudo, as ajudas de custo serão apenas devidas quando o trabalhador é deslocado do seu local habitual de trabalho, atendendo-se, pois, ao conceito de *domicílio necessário*, «nos termos do qual se considera para efeitos de abono de ajudas de custo a localidade onde o funcionário aceitou o lugar ou cargo, se aí ficar a prestar serviço; a localidade onde exerce funções, se for colocado em localidade diversa da

[142] Não confundir com os conceitos de *despesas de representação* ou *deslocações*, tal como já referido anteriormente, a propósito do entendimento da AT, na **Informação Vinculativa** identificada pelo **Processo 3506/2018** — PIV n.º 12 807, com despacho de 2019/05/09 da diretora de Serviços, que sustenta que «as despesas suportadas no âmbito do contrato não são consideradas despesas de representação, porque não se trata de despesas oferecidas com viagens e estadas em representação da requerente junto de terceiros, mas de despesas com deslocações incorridas pelos respetivos prestadores de serviços.»

referida na alínea anterior, ou a localidade onde se situa o centro da sua atividade funcional, quando não haja local certo para o exercício de funções», podendo os montantes não ter, na verdade, natureza compensatória, mas sim remuneratória[143].

Desde 2005 — ano em que foi introduzida no CIRC, com a Lei 55-B/2004[144], de 30 de dezembro —, que a taxa de tributação autónoma sobre esses encargos efetuados ou suportados, relativos a ajudas de custo e à compensação pela deslocação em viatura própria do trabalhador ao serviço da entidade patronal, é de 5%, nos termos do artigo 88.º, n.º 9, do CIRC[145]. A norma alude também ao facto de que esses encargos apenas estão sujeitos a tributação autónoma se não forem *faturados a clientes*, escriturados a qualquer

[143] Veja-se o **Acórdão do Supremo Tribunal Administrativo, Processo 0544/15.0BE CBR 01234/17**, de 1 de julho de 2020, que substancia que: «II — Provado que está que os trabalhadores da recorrente foram contratados para trabalhar num país estrangeiro, sendo aí o seu local de trabalho, e que não houve mudança do local de trabalho contratualmente previsto, ou deslocações por força da prestação ocasional do trabalho fora do local habitual ou por força da transferência das instalações da sua entidade patronal, é forçoso concluir que as prestações auferidas por aqueles a título de ajudas de custo integravam a respetiva retribuição ou remuneração de trabalho, constituindo um complemento desta. III — Não é pelo facto de o trabalho ser prestado no estrangeiro, sem mais, que a entidade patronal pode suportar, a título de ajudas de custo, as despesas de alojamento e alimentação do trabalhador. IV — Relevante, para efeitos da atribuição de ajudas de custo, é que o trabalhador esteja deslocado relativamente ao seu local de trabalho fixado no contrato e que, por força dessa deslocação, incorra em despesas que devem ser suportadas pela entidade patronal porque efetuadas ao serviço e a favor desta. V — Sem embargo da designação «ajudas de custo por deslocação ao estrangeiro», em bom rigor, os montantes em causa não têm natureza compensatória, mas sim remuneratória (...).»

[144] Aprovou o Orçamento do Estado para 2005 e alterou o CIRC.

[145] Tratando-se o sujeito passivo que incorre nesses encargos de uma *entidade que não exerce, a título principal, uma atividade de natureza comercial, industrial ou agrícola*, tem sido consensual o entendimento de que não haverá sujeição a tributação autónoma relativamente aos referidos encargos, independentemente de se tratarem de gastos dedutíveis fiscalmente ou não, exceto se os mesmos «forem suportados no âmbito de uma atividade de natureza comercial, industrial ou agrícola desenvolvida a título acessório» (Cfr. **Informação Vinculativa** identificada pelo **Processo 529/05**, sancionado por despacho concordante, de 16 de novembro de 2005, do senhor subdiretor-geral, em substituição do Exmo. diretor-geral, e **Informação Vinculativa** identificada pelo **Processo 2019 004228**, sancionado por despacho, de 29 de dezembro de 2020, da subdiretora-geral da Área de Gestão Tributária — IR PIV n.º 16404, no caso relativamente às entidades isentas de IRC ao abrigo do artigo 10.º do Código do IRC, conforme já referido aquando da tributação autónoma das despesas de representação suportadas por este tipo de sujeitos passivos).

título, exceto na parte em que haja lugar a *tributação em sede de IRS* na esfera do respetivo beneficiário[146], sob pena de não serem aceites como custo fiscal em sede de IRC, nos termos definidos na al. *h)* do n.º 1 do artigo 23.º-A do CIRC[147]. De modo que, da conjugação da al. *h)* do n.º 1 do artigo 23.º-A do CIRC com o n.º 9 do artigo 88.º do CIRC, vem que os encargos relativos a ajudas de custo e à compensação pela deslocação em viatura própria do trabalhador serão sempre excluídos de tributação autónoma se *faturados a clientes* ou se *tributados em sede de IRS* na esfera do respetivo trabalhador[148].

[146] Não pode ser esquecido que a tributação autónoma apenas opera sobre despesas que não excedam os limites legais e que hajam observado os pressupostos da sua atribuição aos servidores do Estado (nos termos da Portaria n.º 1553-D/2008, de 31 de dezembro, com as alterações introduzidas pelo Decreto-Lei n.º 137/2010, de 28 de dezembro, e Lei n.º 66-B/2012, de 31 de dezembro), «já que, noutros casos, por força do disposto na al. *d)* do n.º 3 do artigo 2.º do CIRS, as ajudas de custo e compensações por utilização de viatura própria do trabalhador serão sujeitas a IRS e, como tal, não sujeitas à tributação autónoma», tal como sustenta a decisão arbitral do **CAAD**, **Processo n.º 910/2019-T**, de 10 de agosto de 2021.

[147] Artigo 23.º-A — Encargos não dedutíveis para efeitos fiscais: «1 — Não são dedutíveis para efeitos da determinação do lucro tributável os seguintes encargos, mesmo quando contabilizados como gastos do período de tributação: (...) *h)* As ajudas de custo e os encargos com compensação pela deslocação em viatura própria do trabalhador, ao serviço da entidade patronal, não faturados a clientes, escriturados a qualquer título, sempre que a entidade patronal não possua, por cada pagamento efetuado, um mapa através do qual seja possível efetuar o controlo das deslocações a que se referem aqueles encargos, designadamente os respetivos locais, tempo de permanência, objetivo e, no caso de deslocação em viatura própria do trabalhador, identificação da viatura e do respetivo proprietário, bem como o número de quilómetros percorridos, exceto na parte em que haja lugar a tributação em sede de IRS na esfera do respetivo beneficiário (...).» Assim, temos despesas faturadas a clientes, despesas não faturadas a clientes, sem mapas itinerários justificativos, mas tributadas em sede de IRS do trabalhador, e despesas não faturadas a clientes nem tributadas em sede de IRS do respetivo trabalhador, mas para as quais se apresentem mapas itinerários justificativos, que são aceites fiscalmente em sede de IRC. Apenas as despesas não faturadas a clientes, não tributadas em sede de IRS na esfera do trabalhador e sem mapas itinerários justificativos não são fiscalmente dedutíveis. Nesse sentido, Sarmento. J, Nunes, R. e Pinto, M. (2021). *Manual Teórico-Prático de IRC* (p. 68). 4.ª edição. Coimbra: Almedina.

[148] Sobre esta matéria entende também a AT que «se os encargos com as ajudas de custo e com a compensação pela deslocação em viatura própria do trabalhador constituírem rendimento do trabalho dependente e implicarem tributação em sede de IRS na esfera dos respetivos beneficiários, não se levantam quaisquer dúvidas quanto à sua dedutibilidade e não há lugar a tributação autónoma» (Cfr. **Informação Vinculativa** identificada pelo **Processo 71/08**, sancionado por despacho da diretora de Serviços do IRC, por delegação de competências). Contudo, e de acordo com a **Informação Vinculativa** identificada pelo **Processo**

Resumindo: tais encargos não serão sujeitos a tributação autónoma desde que os mesmos sejam *faturados a clientes* [e desde que se assegure a «comprovação necessária da respetiva efetividade»[149]], e estando sujeitos a *tributação em sede de IRS* na esfera do respetivo beneficiário não serão tributados autonomamente. Note-se, portanto, que «a tributação autónoma sobre gastos dedutíveis relativos a ajudas de custo e a compensações por utilização de viatura própria do trabalhador incide sobre encargos relativamente aos quais: *a)* não se tenham excedido os limites legais da sua atribuição aos servidores do Estado; *b)* se tenham observado os pressupostos da sua atribuição aos servidores do Estado; e *c)* o sujeito passivo possua, por cada pagamento efetuado, um mapa através do qual seja possível efetuar o controlo das deslocações a que se

2019 2490 — PIV 15957, sancionado por despacho de 25 de junho de 2019 da diretora de Serviços do IRC, é entendimento, *superiormente sancionado*, que, no caso das *empresas transportadoras de mercadorias*, dada a natureza da respetiva atividade, os encargos relativos a ajudas de custo pagas aos motoristas são fiscalmente dedutíveis, ainda que os mesmos não sejam expressamente evidenciados nas faturas emitidas aos clientes. Foi também igualmente sancionado que essas empresas estão obrigadas a possuir elementos que permitam conhecer o nome do beneficiário, o local para onde se deslocou e a respetiva data, o montante diário que lhe foi atribuído e o valor faturado, com menção do serviço a que tais gastos vão ser imputados. Sendo tais gastos efetivamente faturados aos clientes (ainda que por inclusão no montante total debitado), não ficam sujeitos à tributação autónoma prevista no n.º 9 do artigo 88.º do CIRC.

[149] Não existindo a necessidade de menção expressa na faturação, nem se exigindo qualquer discriminação de valor ou formalidade na sua escrituração, já que a «faturação para efeitos de IRC é menos exigente do que para o IVA», pelo que «não será de presumir que o legislador fiscal tenha pretendido adicionar ao já complexo emaranhado de obrigações e deveres contabilísticos e declarativos dos sujeitos passivos abrangidos pelo regime de contabilidade organizada, a imposição de especificar na fatura o montante das ajudas de custo», como afirmado na decisão arbitral do **CAAD, Processo n.º 910/2019-T**, de 10 de agosto de 2021 (ainda que esse não venha sendo o entendimento da AT sobre esta matéria). No mesmo sentido, a decisão arbitral do **CAAD, Processo n.º 906/2019-T**, de 14 de janeiro de 2021, ao reforçar que «os encargos com ajudas de custo suportados pela Exponente em 2012 foram integralmente debitados aos clientes das empreitadas em que as mesmas foram imputadas» e que, «de facto, todas as ajudas de custo pagas a colaboradores ao serviço da Exponente foram efetivamente debitadas aos respetivos clientes, pela sua inclusão nos montantes faturados», não existindo, por isso, «motivo para afastar a dedutibilidade como gastos das despesas suportadas pela Requerente com ajustas de custo e transportes, designadamente não havendo qualquer razão para duvidar da sua natureza empresarial e, por isso, para as considerar necessárias para a obtenção dos proveitos, para a efeitos do artigo 23.º, n.º 1, do CIRC, pois a realização de obras de longa duração em locais muito distantes da sede da empresa implicará para esta, naturalmente, despesas com deslocações de trabalhadores, como resulta da prova produzida.»

referem as despesas, designadamente os respetivos locais, o tempo de permanência, o objetivo e, no caso de deslocação em viatura própria do trabalhador, a identificação da viatura e do respetivo proprietário, bem como o número de quilómetros percorridos»[150].

O Quadro 12 apresenta o número de declarações de rendimentos e os valores de encargos efetuados ou suportados com ajudas de custo e de compensação pela deslocação em viatura própria do trabalhador, sujeitos a tributação autónoma em sede de IRC, declarados no período de 2017 a 2020.

Quadro 12 — Encargos efetuados ou suportados com ajudas de custo e de compensação pela deslocação em viatura própria do trabalhador, sujeitos a tributação autónoma — número de declarações e valores declarados — 2017–2020 (IRC)

Quadros 13 e 13-A da Declaração de Rendimentos Modelo 22	**2017**	**2018**	**2019**	**2020**	**Var. (%) 2018–2019**	**Var. (%) 2019–2020**
Número de declarações com encargos efetuados ou suportados com ajudas de custo e de compensação pela deslocação em viatura própria do trabalhador	54 089	64 331	70 253	70 979	**+9,2%**	**+1,0%**
Valores de despesa declarados com encargos efetuados ou suportados com ajudas de custo e de compensação pela deslocação em viatura própria do trabalhador (milhões de euros)	1 001	1 179	1 283	1 182	**+8,8%**	**-7,9%**
% de declarações com encargos efetuados ou suportados com ajudas de custo e de compensação pela deslocação em viatura própria do trabalhador / declarações com tributação autónoma	**30,14%**	**33,30%**	**34,36%**	**34,89%**	-	-

Fonte: Adaptado de AT (2022). https://info.portaldasfinancas.gov.pt/pt/dgci/divulgacao/estatisticas/.

Da análise do Quadro 12 é possível observar-se que as declarações de rendimentos Modelo 22 com encargos efetuados ou suportados com ajudas de custo e de compensação pela deslocação em viatura própria do trabalhador

[150] Nesse sentido, a decisão arbitral do **CAAD**, **Processo n.º 910/2019-T**, de 10 de agosto de 2021.

aumentaram consideravelmente, atendendo ao período definido, sendo em 2019 o valor de despesa sujeito a tributação de 1 283 milhões de euros, representando mais de 34% das declarações com tributação autónoma entregues (valores e percentagem que se mantiveram relativamente constantes em 2020; apesar do ligeiro aumento no número de declarações, o valor da despesa diminuiu em face do ano anterior).

Depois dos encargos com viaturas sujeitos a tributação autónoma, os encargos efetuados ou suportados com ajudas de custo e de compensação pela deslocação em viatura própria do trabalhador são aqueles que representam a despesa mais elevada sujeita a tributação autónoma[151].

2.2.6. Lucros distribuídos a entidades que beneficiam de isenção

A taxa de tributação autónoma sobre lucros distribuídos por entidades sujeitas a IRC[152] a entidades que beneficiam de isenção (total ou parcial) — que era de 20% —, com a publicação do Decreto-Lei n.º 192/2005, de 7 de novembro, quando foi estabelecida pela primeira vez no ordenamento jurídico, é atualmente de 23%, nos termos do n.º 11 do artigo 88.º do CIRC. Segundo o referido artigo, a tributação autónoma abrange os rendimentos de capitais, nomeadamente quando as partes sociais a que respeitam os lucros não tenham permanecido na titularidade do mesmo sujeito passivo, ininterruptamente, durante o ano anterior à data da sua colocação à disposição e não venham a ser mantidas ao longo do tempo necessário para completar esse período. É importante referir que o montante de tributação autónoma determinado é deduzido ao imposto que eventualmente tenha sido retido na fonte, não

[151] Já assim concluiu Dinis (2020), no seu estudo.

[152] Uma nota para o regime aplicável aos Organismos de Investimento Coletivo (OIC) — (fundos de investimento mobiliário, fundos de investimento imobiliário, sociedades de investimento mobiliário e sociedades de investimento imobiliário que se constituam e operem de acordo com a legislação nacional), previsto no artigo 22.º do EBF (atenta-se também à Lei n.º 16/2015, de 24 de fevereiro — alterada até à Lei n.º 99-A/2021, de 31 de dezembro, que aprovou o Regime Geral dos Organismos de Investimento Coletivo). O referido artigo prevê também no seu n.º 8 que «as taxas de tributação autónoma previstas no artigo 88.º do Código do IRC têm aplicação, com as necessárias adaptações.» Todavia, se aos OIC for distribuído qualquer dividendo, a tributação autónoma não será de aplicar, já que não serão de incluir os OIC, «por não se tratar de entidades isentas de IRC, pois a única isenção prevista na legislação fiscal é a da derrama estadual e municipal» (nesse sentido, a decisão arbitral do **CAAD, Processo n.º 11/2020-T**, de 6 de novembro de 2020 que vem reforçar a decisão arbitral do **CAAD, Processo n.º 96/2019-T**, de 29 de outubro de 2019).

podendo, nesse caso, o imposto retido ser deduzido ao abrigo do n.º 2 do artigo 90.º do CIRC[153], tal como estabelece o n.º 12 do artigo 88.º do CIRC.

O Quadro 13 apresenta o número de declarações de rendimentos e os valores de lucros distribuídos por entidades sujeitas a IRC a sujeitos passivos que beneficiem de isenção total ou parcial, sujeitos a tributação autónoma em sede de IRC, declarados no período de 2017 a 2020.

Quadro 13 — Lucros distribuídos por entidades sujeitas a IRC a sujeitos passivos que beneficiem de isenção total ou parcial, sujeitos a tributação autónoma — número de declarações e valores declarados — 2017–2020 (IRC)

Quadros 13 e 13-A da Declaração de Rendimentos Modelo 22	2017	2018	2019	2020	Var. (%) 2018–2019	Var. (%) 2019–2020
Número de declarações com lucros distribuídos por entidades sujeitas a IRC a sujeitos passivos que beneficiem de isenção total ou parcial	47	66	67	56	**+1,5%**	**–16,4%**
Valores de despesa declarados com lucros distribuídos por entidades sujeitas a IRC a sujeitos passivos que beneficiem de isenção total ou parcial (euros)	565 028	906 810	1 361 311	627 440	**+50,1%**	**–53,9%**
% de declarações com lucros distribuídos por entidades sujeitas a IRC a sujeitos passivos que beneficiem de isenção total ou parcial s/ declarações com tributação autónoma	**0,03%**	**0,03%**	**0,03%**	**0,03%**	**-**	**-**

Fonte: Adaptado de AT (2022). https://info.portaldasfinancas.gov.pt/pt/dgci/divulgacao/estatisticas/.

[153] Artigo 90.º do CIRC — Procedimento e forma de liquidação: «1 — A liquidação do IRC processa-se nos seguintes termos: *a)* Quando a liquidação deva ser feita pelo sujeito passivo nas declarações a que se referem os artigos 120.º e 122.º tem por base a matéria coletável que delas conste; (...) 2 — Ao montante apurado nos termos do número anterior são efetuadas as seguintes deduções, pela ordem indicada: *a)* A correspondente à dupla tributação jurídica internacional; *b)* A correspondente à dupla tributação económica internacional; *c)* A relativa a benefícios fiscais; *d)* A relativa ao pagamento especial por conta a que se refere o artigo 106.º; *e)* A relativa a retenções na fonte não suscetíveis de compensação ou reembolso nos termos da legislação aplicável (...).»

O Quadro 13 mostra que, no período de 2017 a 2020, e apesar da expressão pouco significativa do número de declarações entregues com este tipo de despesa (67 declarações em 2019, e 56 em 2020) sob as declarações de rendimentos Modelo 22 entregues com tributação autónoma (0,03%, percentagem que se manteve ao longo do período em análise), os valores de despesa declarados com lucros distribuídos por entidades sujeitas a IRC a sujeitos passivos que beneficiem de isenção total ou parcial, foi, em 2019, de mais de 1,3 milhões de euros, diminuindo em quase 54% em 2020, equivalendo a quase 630 000 euros.

2.2.7. Indemnizações, compensações ou bónus e outras remunerações variáveis pagas a gestores, administradores ou gerentes

Desde 2009 — ano em que foi introduzida, no CIRC, com a publicação da Lei 100/2009, de 07 de setembro —, que a taxa de tributação autónoma sobre *gastos ou encargos relativos a indemnizações, compensações* ou *bónus* e *outras remunerações variáveis*, pagos a gestores, administradores ou gerentes é de 35%, nos termos previstos nas alíneas *a)* e *b)* do n.º 13 do artigo 88.º do CIRC[154].

Ora, é relevante mencionar que a esta tributação autónoma está subjacente a dedução de pagamentos efetuados aos gestores, administradores ou gerentes durante o exercício das suas funções, ou até mesmo na sua cessação, e que podem ser considerados de algum modo excessivos, criando efeitos viciosos na política de remunerações a praticar, não se tributando, dessa forma, «as despesas que se mantêm dentro de certos parâmetros de razoabilidade.»[155] Assim, para que estes gastos ou encargos sejam sujeitos a tributação autónoma, é necessário antes de mais que verifiquem determinados «requisitos».

Desde logo, e nos termos da alínea *a)* do artigo 88.º do CIRC, quanto aos gastos ou encargos relativos a *indemnizações ou quaisquer compensações* pagas,

[154] Note-se que o artigo 88.º do CIRC (anterior artigo 81.º do CIRC) foi republicado pelo Decreto-Lei n.º 159/2009, de 13 de julho, tendo-lhe sido conferida a redação atual com a Lei n.º 3-B/2010, de 28 de abril, que aprovou o Orçamento do Estado para 2010.

[155] Tal como se pronunciou o Tribunal Constitucional (TC), no **Acórdão do Tribunal Constitucional n.º 197/2016, Processo n.º 465/2015,** de 13 de abril de 2016, Relator: conselheiro Carlos Fernandes Cadilha (disponível no *website* do Tribunal Constitucional, em https://www.tribunalconstitucional.pt/tc/acordaos), não estando, obviamente, as empresas «impedidas de atribuir aos seus trabalhadores indemnizações ou remunerações acessórias, ainda que estas possam parecer ser desproporcionadas e não se revelem indispensáveis à obtenção de resultados económicos.»

que só serão tributados autonomamente se as mesmas não estiverem relacionadas com a concretização de *objetivos de produtividade*, clarificados no contrato como resultado da cessação de funções de gestor, administrador ou gerente, bem como no caso dos gastos relativos à *parte que exceda o valor das remunerações* que seriam auferidas pelo exercício desses cargos até ao final do contrato[156], no caso da sua rescisão antes do termo, independentemente da modalidade de pagamento, quer este seja efetuado diretamente pelo sujeito passivo quer haja transferência das responsabilidades inerentes para uma outra entidade.

Já no que se refere a *bónus e outras remunerações variáveis* pagas a gestores, administradores ou gerentes, a tributação autónoma dependerá da verificação cumulativa de duas condições, nomeadamente se aquelas representarem uma *parcela superior a 25% da remuneração anual*[157] e se possuírem um *valor superior a 27 500 €*. Todavia, é admissível a possibilidade de não se aplicar aquela taxa

[156] Evidencia-se a **Informação Vinculativa** identificada pelo **Processo 2018 002360**, sancionado por despacho, de 7 de dezembro de 2018, da subdiretora-geral do IR — PIV 14062, em que a AT refere que se considera «sujeita apenas a tributação autónoma a compensação/indemnização na parte (proporcional) correspondente ao período temporal em que exerceu funções de administrador», por, no caso em análise, não ter ocorrido «para efeitos de cálculo da compensação/indemnização, segregação entre o período em que desempenhou apenas funções de engenheiro e o período em que acumulou as funções de engenheiro e de administrador.» Reforça ainda a AT que «os encargos suportados pela entidade respeitantes às contribuições para a segurança social», por estarem «diretamente relacionados com o facto tributário sujeito a tributação autónoma (pagamento de indemnização/compensação), também eles deverão ser tributados autonomamente.»

[157] Importa esclarecer que, para a determinação da *remuneração anual*, serão consideradas as remunerações variáveis, já que assim faz sentido, pois é «a própria letra da lei, ao fazer referência às remunerações variáveis como "uma parcela superior a 25% da remuneração anual", que revela manifestamente que elas são consideradas para determinar esta remuneração anual, pois só assim elas são "uma parcela" desta», assim se pode ler na decisão arbitral do **CAAD**, **Processo n.º 459/2020-T**, de 5 de fevereiro de 2021, não havendo por isso «qualquer suporte legal nem lógico para afastar as remunerações "instáveis" a que alude a Administração Tributária que sejam parcela dessa remuneração anual. Aliás, a natureza variável das remunerações implicará necessariamente alguma instabilidade, pelo que nem se justificaria que a sua inexistente estabilidade fosse um requisito exigido por lei para serem consideradas no cálculo.» A referida decisão arbitral alude, aliás, ao ponto três da Circular 8/2000, de 11 de maio, em que a Direção de Serviços de IRC esclarece o conceito de remuneração, «onde "deverão ser incluídas todas as importâncias que, nos termos do contrato, das normas que o regem ou dos usos, o membro do órgão de administração tem direito como contrapartida do seu trabalho, sendo esse o caso das remunerações variáveis que preencham aqueles requisitos"».

de tributação autónoma se o respetivo pagamento estiver subordinado ao *diferimento de uma parte, não inferior a 50%*[158], *por um período mínimo de três anos*[159], e condicionado ao *desempenho positivo*[160] da sociedade ao longo desse período, nos termos da alínea *b)* do referido n.º 13 do artigo 88.º do CIRC[161].

[158] São, pois, «requisitos cumulativos para a exclusão tributária dos gastos ou encargos relativos a bónus e outras remunerações variáveis pagas a gestores, administradores ou gerentes quando estas representem uma parcela superior a 25% da remuneração anual e possuam valor superior a 27 500 €, exceto se se verificarem dois requisitos cumulativos, indicados na segunda parte da norma: *a)* O pagamento estar subordinado ao diferimento de uma parte não inferior a 50% por um período mínimo de 3 anos; *b)* O pagamento estar condicionado ao desempenho positivo da sociedade, ao longo desse período», como se afirma na decisão arbitral do **CAAD, Processo n.º 108/2021-T**, de 15 de dezembro de 2021, «sendo totalmente infundada a pretensão de se considerar que a tributação autónoma se encontra excluída em relação a 50% das remunerações variáveis», porque, tal como se esclarece na decisão arbitral, «em primeiro lugar (...) a tributação é aplicável em relação à totalidade das remunerações que excedam o limite de 25% da remuneração anual, e não apenas quanto a uma parte dela. Em segundo lugar, porque a condição estabelecida na segunda parte da norma respeita ao diferimento do pagamento de uma parte não inferior a 50% por um período de três anos, a que acresce, para que se verifique a exclusão da incidência do imposto, que se verifique no mesmo período um desempenho positivo.»

[159] No que respeita à determinação do que deva entender-se por «período de deferimento por 3 anos», já se pronunciou o **Supremo Tribunal Administrativo (STA)** por Acórdão para uniformização de jurisprudência, no **Processo 02/20.0BALSB**, entendendo-se, por isso, na decisão arbitral do **CAAD, Processo n.º 108/2021-T**, de 15 de dezembro de 2021 que «o pagamento das remunerações variáveis pode ser feito de forma proporcional ao longo de três anos, mas estas apenas ficarão excluídas de tributação cumprido o requisito cumulativo de desempenho positivo da sociedade ao longo desse período.»

[160] E, tal como reforça na decisão arbitral do **CAAD, Processo n.º 108/2021-T**, de 15 de dezembro de 2021, e ainda que a AT tenha vindo a entender que «para efeitos fiscais, desempenho económico da sociedade há de ser, forçosamente, aferido com base na contabilidade, por ser nesta que assenta a determinação do lucro fiscal, e ainda que a lei fiscal contenha divergências parciais e pontuais, para salvaguarda do interesse fiscal, o apuramento do lucro tributável parte do resultado líquido do exercício, extraído da contabilidade. Portanto, o desempenho será ou não positivo se apurado, no final, um lucro fiscal ou um prejuízo fiscal, e não um lucro económico ou um prejuízo económico», o que faz sentido é que o desempenho positivo seja reflexo do resultado contabilístico e não do resultado fiscal, pois se «a norma sob exegese uma norma de direito fiscal», será de considerar o «elemento sistemático e à dependência do apuramento de prejuízo ou de lucro em sede de IRC da contabilidade e, por conseguinte, ao resultado líquido do exercício.»

[161] Note-se que nos termos do n.º 20, do artigo 88.º do CIRC, «No caso de se verificar o incumprimento de qualquer das condições previstas na parte final da alínea *b)* do n.º 13, o montante correspondente à tributação autónoma que deveria ter sido liquidada é adicio-

O Quadro 14 exibe o número de declarações de rendimentos e os valores de gastos ou encargos relativos a indemnizações, compensações ou bónus e outras remunerações variáveis pagas a gestores, administradores ou gerentes, sujeitos a tributação autónoma em sede de IRC, declarados no período de 2017 a 2020.

Quadro 14 — Indemnizações, compensações ou bónus e outras remunerações variáveis pagas a gestores, administradores ou gerentes, sujeitos a tributação autónoma — número de declarações e valores declarados — 2017–2020 (IRC)

Quadros 13 e 13-A da Declaração de Rendimentos Modelo 22	2017	2018	2019	2020	Var. (%) 2018–2019	Var. (%) 2019–2020
Número de declarações com indemnizações por cessação de funções e gastos ou encargos relativos a bónus e outras remunerações variáveis pagas a gestores, administradores ou gerentes	351	411	427	481	**+3,89%**	**+12,65%**
Valores de despesa declarados com indemnizações por cessação de funções e gastos ou encargos relativos a bónus e outras remunerações variáveis pagas a gestores, administradores ou gerentes (milhões de euros)	56	58	55	58	**-5,28%**	**+6,32%**
% de declarações com indemnizações por cessação de funções e gastos ou encargos relativos a bónus e outras remunerações variáveis pagas a gestores, administradores ou gerentes s/ declarações com tributação autónoma	**0,20%**	**0,21%**	**0,21%**	**0,24%**	**-**	**-**

Fonte: Adaptado de AT (2022). https://info.portaldasfinancas.gov.pt/pt/dgci/divulgacao/estatisticas/

Da análise do Quadro 14 é possível deduzir que as declarações de rendimentos Modelo 22 com gastos ou encargos relativos a indemnizações, compensações ou bónus e outras remunerações variáveis pagas a gestores, administradores ou gerentes, no período em análise, aumentaram ligeiramente, correspondendo ao ano de 2019 o valor de despesa sujeito a tributação de 55

nado ao valor do IRC liquidado relativo ao período de tributação em que se verifique aquele incumprimento.»

milhões de euros, igualando 0,21% das declarações com tributação autónoma (percentagem que cresceu no ano de 2020, traduzindo-se em valores de despesa declarados de 58 milhões de euros).

Resumidamente, o Quadro 15 representa a situação atual (2022) no que toca ao enquadramento jurídico da tributação autónoma, indicando as despesas efetuadas pelas entidades sujeitas a IRC e que estão sujeitas a tributação autónoma e às respetivas taxas. Um ponto a salientar: conforme já evidenciado, trata-se de um aumento muito significativo da base tributável da tributação autónoma e, também, das taxas aplicadas.

Quadro 15 — Despesas específicas e taxas de tributação autónoma 2022[162]

Despesas	Taxa de tributação autónoma (%)
Despesas não documentadas	50 / 70
Despesas relacionadas com viaturas ligeiras de passageiros, viaturas ligeiras de mercadorias e motociclos (*ver também Quadro 16*)	10 / 27,5 / 35
Despesas de representação	10
Pagamentos a entidades não residentes e sujeitas a um regime fiscal mais favorável	35 / 55

[162] Nos termos definidos nos artigos 2.º e 3.º do Decreto Legislativo Regional n.º 2/2001/M, de 20 de fevereiro, com a redação conferida até à publicação da Lei do Orçamento do Estado para o ano de 2022, pelo Decreto Legislativo Regional n.º 28-A/2021/M — DR n.º 252/2021, 1.º Supl. Série I de 30-12-2021, as taxas de tributação autónoma a aplicar às entidades sediadas na *Região Autónoma da Madeira* são as mesmas aplicáveis às entidades sediadas no Continente. Todavia, e nos termos do n.º 14 do artigo 36.º-A do EBF, as entidades licenciadas na *Zona Franca da Madeira* ficam sujeitas às tributações autónomas (incluindo o agravamento de taxa previsto nos termos do n.º 14 do artigo 88.º do CIRC) apenas *na proporção da taxa de IRC aplicável*. Excetuam-se: *(i)* as tributações autónomas referentes a despesas não documentadas, previstas no n.º 1 do artigo 88.º do CIRC; *(ii)* as tributações autónomas referentes a despesas correspondentes a importâncias pagas ou devidas, a qualquer título, a pessoas singulares ou coletivas residentes fora do território português e aí submetidas a um regime fiscal claramente mais favorável, salvo se o sujeito passivo puder provar que correspondem a operações efetivamente realizadas e não têm um carácter anormal ou um montante exagerado, previstas no n.º 8 do artigo 88.º do CIRC. Note-se que nos termos do n.º 1 do artigo 36.º-A do EBF, «os rendimentos das entidades licenciadas para operar na Zona Franca da Madeira a partir de 1 de janeiro de 2015 e até 31 de dezembro de 2021 são tributados em IRC, até 31 de dezembro de 2027, à taxa de 5%.» Quanto às entidades residentes na *Região Autónoma dos Açores*, às taxas de tributação autónoma é-lhes aplicada, em termos gerais, uma *redução de 30%*, nos termos do artigo 5.º do Decreto Legislativo Regional n.º 2/99/A, de 20 de janeiro, com a redação dada pelo Decreto Legislativo Regional n.º 15-A/2021/A, de 31 de maio de 2021.

Despesas	Taxa de tributação autónoma (%)
Ajudas de custo e compensação pelo uso de viatura própria do trabalhador, ao serviço da entidade patronal	5
Lucros distribuídos a entidades total ou parcialmente isentas de IRC	23
Indemnizações, compensações ou bónus e outras remunerações variáveis pagas a gestores, administradores ou gerentes	35

O Quadro 15 confirma, pois, a extensão das despesas sujeitas a tributação autónoma, bem como a diversidade das taxas de imposto (de 5% para 70%)[163]. A partir de um único tipo de despesas, em 1990, a tributação autónoma cresceu para englobar, em 2022, um número significativo de despesas registadas pelas sociedades. O aumento contínuo das receitas de tributação autónoma é, portanto, uma consequência lógica do alargamento da base de incidência tributária. Tendo em conta que, em 2022, a taxa normal de IRC é de 21%, a grande maioria das taxas de tributação autónoma que se apresentam no Quadro 15 são, pois, bastante onerosas, impondo uma carga fiscal considerável à base de despesas sujeitas a tributação autónoma, em particular as relacionadas com veículos.

Efetivamente, o imposto sobre o rendimento das sociedades influencia a gestão das sociedades de várias maneiras — por exemplo, políticas de investimento e financiamento, o período das transações, auditoria fiscal e procedimentos litigiosos —, e são os contabilistas[164] os profissionais-chave na aplicação do imposto sobre o rendimento das sociedades. E no caso das regras da tributação autónoma, as mesmas são geralmente interpretadas e aplicadas às despesas empresariais pelos Contabilistas Certificados (CC) em Portugal; concretamente, são os CC que procedem ao cálculo da tributação autónoma e cumprem as obrigações fiscais, preenchendo em particular as declarações fiscais subjacentes. A natureza dupla do IRC (tributar não só os lucros, mas também certas despesas) permitiu, pois, a investigação levada a cabo por Dinis *et al.* (2019), para avaliar a forma como os CC percebem o impacto que a tributação autónoma tem na gestão do imposto sobre as sociedades. E mais em

[163] Dando-se nota de que as empresas pagam tributação autónoma mesmo com prejuízos fiscais, e as taxas de tributação autónoma aumentam dez pontos percentuais, nos termos do n.º 14 do artigo 88.º do CIRC. Abordar-se-á mais em pormenor esta penalização na secção 2.4. deste capítulo.

[164] Também referidos na literatura internacional como fiscalistas ou consultores fiscais.

particular no caso das micro, pequenas e médias empresas (MPME), tal como concluíram Dinis e Martins (2021).

Todavia, e numa perspetiva de gestão fiscal, é preciso evidenciar que a tributação autónoma tem sido também utilizada como um instrumento de política fiscal ambiental nas decisões de aquisição de veículos.

2.3. A tributação autónoma como política fiscal para a proteção ambiental

Para reduzir as emissões de CO_2 dos veículos de passageiros, muitos países implementaram instrumentos de comando e de controlo, e as normas tornaram-se mais rigorosas, tendo-se registado uma mudança para instrumentos baseados no mercado, tais como impostos sobre a compra e propriedade de veículos (Meireles *et al.*, 2021). De facto, em Portugal, sobretudo a partir de janeiro de 2015, com a Lei n.º 82-D/2014, de 31 de dezembro, diferenciaram-se ainda mais as taxas de tributação autónoma aplicadas às despesas relacionadas com viaturas ligeiras de passageiros e de mercadorias, dependendo da sua tipologia e do seu valor de aquisição, sendo atualmente conforme se apresenta no Quadro 16:

Quadro 16 — Taxas de tributação autónoma para despesas relacionadas com viaturas, em 2022

Tributação autónoma	Viaturas ligeiras de passageiros híbridas *plug-in*	Viaturas ligeiras de passageiros movidas a GNV	Outras viaturas ligeiras de passageiros [incluindo as viaturas movidas a GPL[165], desde 2020]	Veículos elétricos
Preço de aquisição inferior a 27 500 €[166]	5%	7,5%	10%	
Preço de aquisição entre 27 500 e 35 000 €	10%	15%	27,5%	0%
Preço de aquisição igual ou superior a 35 000 €	17,5%	27,5%	35%	

[165] De referir que, até à Lei n.º 2/2020, de 31 de março, as viaturas ligeiras de passageiros movidas a GPL, tal como as viaturas movidas a GNV, beneficiavam da redução de taxa de tributação autónoma, sendo que atualmente se aplicam às viaturas movidas a GPL as taxas previstas de acordo com o n.º 3 do artigo 88.º do CIRC.

[166] É importante referir que foi com a Lei n.º 2/2020, de 31 de março, que o valor de delimitação, que era de 25 000 €, passou para 27 500 €, mas como os dados que se apresentam, e

De acordo com o exposto acima, depreende-se, claramente, porque é que a tributação autónoma das despesas das empresas, sendo utilizada como um instrumento de política fiscal ambiental na aquisição e utilização de automóveis, penaliza a utilização de automóveis mais poluentes (Dinis *et al.*, 2017). Especificamente, as taxas de tributação autónomas são aplicadas a despesas diferenciadas, de acordo com o tipo de veículo: viaturas ligeiras de passageiros a gasolina, a *diesel* ou a gás de petróleo liquefeito (GPL), com as taxas mais elevadas (que podem ir até de 35% do valor a ser tributado); viaturas ligeiras de passageiros a gás natural veicular (GNV); viaturas ligeiras de passageiros híbridas *plug-in* (com taxas mais baixas em comparação com as normais, com uma taxa máxima de 27,5%); e veículos elétricos (totalmente isentos de tributação autónoma).

Para se melhor analisar esta diferenciação, o Quadro 17 apresenta dados sobre o número de declarações de IRC entregues no período de 2017 a 2020, considerando a tributação autónoma por tipo de viatura e custo de aquisição.

Quadro 17 — Tributação autónoma de encargos com viaturas — número de declarações por tipo de viatura — 2017–2020

Quadros 13 e 13-A da Declaração de Rendimentos Modelo 22	2017	2018	2019	2020	Var. (%) 2018–2019	Var. (%) 2019–2020
Encargos com viaturas ligeiras de passageiros e de mercadorias — se custo de aquisição < 25 000 €[167]	94 910	105 546	108 845	110 622	**+3,1%**	**+1,6%**
Encargos com viaturas ligeiras de passageiros e de mercadorias — se custo de aquisição ≥ 25 000 € e < 35 000 €	19 571	20 292	20 135	17 151	**–0,8%**	**–14,8%**
Encargos com viaturas ligeiras de passageiros e de mercadorias — se custo de aquisição ≥ 35 000 €	22 455	22 684	21 804	20 972	**–3,9%**	**–3,8%**

que estão disponíveis, ainda se referem ao período de 2019, mantém-se essa menção, para os diversos escalões de custo de aquisição das viaturas.

[167] É importante referir que foi com a Lei n.º 2/2020, de 31 de março, que o valor de delimitação, que era de 25 000 €, passou para 27 500 €, mas como os dados que se apresentam, e que estão disponíveis, ainda se referem ao período de 2019, mantém-se essa menção, para os diversos escalões de custo de aquisição das viaturas.

Quadros 13 e 13-A da Declaração de Rendimentos Modelo 22	2017	2018	2019	2020	Var. (%) 2018-2019	Var. (%) 2019-2020
Encargos com viaturas ligeiras de passageiros híbridas *plug-in* — se custo de aquisição < 25 000 €	417	784	1186	1934	**+51,3%**	**+63,1%**
Encargos com viaturas ligeiras de passageiros híbridas *plug-in* — se custo de aquisição ≥ 25 000 € e < 35 000 €	631	1225	2094	3253	**+70,9%**	**+55,3%**
Encargos com viaturas ligeiras de passageiros híbridas *plug-in* — se custo de aquisição ≥ 35 000 €	1697	2994	4459	6896	**+48,9%**	**+54,7%**
Encargos com viaturas ligeiras de passageiros movidas a GPL ou GNV — se custo de aquisição < 25 000 €	348	433	466	322	**+7,6%**	**-30,9%**
Encargos com viaturas ligeiras de passageiros movidas a GPL[168] ou GNV — se custo de aquisição ≥ 25 000 € e < 35 000 €	40	35	44	45	**+25,7%**	**+2,3%**
Encargos com viaturas ligeiras de passageiros movidas a GPL ou GNV — se custo de aquisição ≥ 35 000 €	55	58	66	73	**+13,8%**	**+10,6%**

Fonte: Adaptado de AT (2022). https://info.portaldasfinancas.gov.pt/pt/dgci/divulgacao/estatisticas/.

As informações do Quadro 17 permitem reconhecer que o maior número de declarações entregue com encargos relacionados com as viaturas corresponde a viaturas ligeiras de passageiros e de mercadorias, com custo de aquisição inferior a 25 000 € (ou na redação atual de 27 500 €). Contudo, se se comparar a variação entre os anos, e no que diz respeito às viaturas ligeiras de passageiros híbridas *plug-in*, quase 71% das sociedades entregaram declarações com despesas com este tipo de viaturas (com valor de aquisição entre 25 000 € e 35 000 €, no período de 2019, e em face do ano 2018), e mais de 63% das sociedades entregaram declarações com despesas com este tipo de viaturas (com valor de aquisição até 25 000 €, no período de 2020, e em face do ano 2019). Esta comparação é ainda mais pertinente se se compararem aquelas percentagens com as relativas às declarações entregues com despesas com viaturas ligeiras de passageiros e de mercadorias (consideradas como tendo maior

[168] Até à Lei n.º 2/2020, de 31 de março, as viaturas ligeiras de passageiros movidas GPL beneficiavam da redução de taxa de tributação autónoma.

impacto ambiental), paras as quais as empresas apresentaram quase menos de 4% das declarações, quer em 2019 quer em 2020, e comparativamente ao ano anterior, respetivamente (no caso das viaturas ligeiras com valor de aquisição superior a 35 000 €).

O Quadro 18 apresenta os valores que constam das declarações de IRC entregues no período de 2017 a 2019, considerando os valores de despesa declarados e sujeitos a tributação autónoma, por tipo de viatura e custo de aquisição.

Quadro 18 — Tributação autónoma de encargos com viaturas — valores declarados por tipo de viatura — 2017–2020 (milhões de euros)

Quadros 13 e 13-A da Declaração de Rendimentos Modelo 22	2017	2018	2019	2020	Var. (%) 2018–2019	Var. (%) 2019–2020
Encargos com viaturas ligeiras de passageiros e de mercadorias — se custo de aquisição < 25 000 €[169]	1 056,66	1 193,43	1 244,90	1 154,64	**+4,3%**	**-7,3%**
Encargos com viaturas ligeiras de passageiros e de mercadorias — se custo de aquisição ≥ 25 000 € e < 35 000 €	223,36	230,70	237,79	187,61	**+3,1%**	**-21,1%**
Encargos com viaturas ligeiras de passageiros e de mercadorias — se custo de aquisição ≥ 35 000 €	375,06	393,50	389,26	342,38	**-1,1%**	**-12,0%**
Encargos com viaturas ligeiras de passageiros híbridas *plug-in* — se custo de aquisição < 25 000 €	2,80	6,38	9,33	15,58	**+46,3%**	**+67,0%**
Encargos com viaturas ligeiras de passageiros híbridas *plug-in* — se custo de aquisição ≥ 25 000 € e < 35 000 €	5,85	11,76	20,85	32,22	**+77,3%**	**+54,5%**
Encargos com viaturas ligeiras de passageiros híbridas *plug-in* — se custo de aquisição ≥ 35 000 €	21,74	43,82	66,22	100,56	**+51,1%**	**+51,9%**

[169] É importante referir que foi com a Lei n.º 2/2020, de 31 de março, que o valor de delimitação, que era de 25 000 €, passou para 27 500 €, mas como os dados que se apresentam, e que estão disponíveis, ainda se referem ao período de 2019, mantém-se essa menção, para os diversos escalões de custo de aquisição das viaturas.

Quadros 13 e 13-A da Declaração de Rendimentos Modelo 22	2017	2018	2019	2020	Var. (%) 2018-2019	Var. (%) 2019-2020
Encargos com viaturas ligeiras de passageiros movidas a GPL ou GNV — se custo de aquisição < 25 000 €	2,10	2,49	2,62	2,12	+5,4%	-19,3%
Encargos com viaturas ligeiras de passageiros movidas a GPL[170] ou GNV — se custo de aquisição ≥ 25 000 € e < 35 000 €	0,34	0,21	0,28	0,36	+38,0%	+27,1%
Encargos com viaturas ligeiras de passageiros movidas a GPL ou GNV — se custo de aquisição ≥ 35 000 €	0,52	0,44	0,51	0,64	+16,6%	+25,9%

Fonte: Adaptado de AT (2022). https://info.portaldasfinancas.gov.pt/pt/dgci/divulgacao/estatisticas/.

O Quadro 18 mostra que o valor mais elevado de despesa sujeita a tributação autónoma, e relativa às viaturas, se centra nas viaturas ligeiras de passageiros e de mercadorias, com custo de aquisição inferior a 25 000 euros (ou na redação atual de 27 500 euros), cujo montante ascendeu, em 2020, a 1 154,64 milhões de euros (ainda assim, há a registar uma quebra desse valor, em face de 2019, de mais de 7%). Todavia, na comparação entre os anos, são os encargos que respeitam às viaturas ligeiras de passageiros híbridas *plug-in* (com valor de aquisição inferior a 25 000 €), que registam a maior subida, representando 15,58 milhões de euros em 2020 (uma subida de 67% em face de 2019). No geral, o que se verifica é que, em relação às despesas declaradas com viaturas ligeiras de passageiros e de mercadorias, os encargos declarados e sujeitos a tributação autónoma apresentam uma descida pronunciada, comparativamente com as despesas com viaturas ligeiras de passageiros híbridas *plug-in*, cuja tendência é para subir (e também dos encargos com viaturas ligeiras de passageiros movidas a GPL e GNV, com valores superiores a 25 000 €).

Os resultados permitem aferir que, de uma forma genérica (não obstante os problemas que a tributação autónoma tenha vindo a gerar ao longo do tempo, relacionados em particular com a elaboração da lei e com alguns aspetos que geram discriminação na tributação), o efeito pretendido com a redução das taxas de tributação autónoma sobre os encargos com os veículos que são considerados mais eficientes energeticamente estará convictamente a ser

[170] Até à Lei n.º 2/2020, de 31 de março, as viaturas ligeiras de passageiros movidas GPL beneficiavam da redução de taxa de tributação autónoma.

alcançado. Isto porque, em face das viaturas ligeiras de passageiros e de mercadorias, as viaturas ligeiras de passageiros híbridas *plug-in* (cuja bateria possa ser carregada através de ligação à rede elétrica e que tenham uma autonomia mínima, no modo elétrico, de 50 km e emissões oficiais inferiores a 50 g CO_2/km) serão menos poluentes, e a tributação autónoma parece estar a promover mudanças nos comportamentos das empresas ao escolherem estas viaturas e a diminuir, em simultâneo, a carga fiscal[171].

2.4. A penalização e o agravamento da tributação autónoma das despesas em caso de prejuízo fiscal

As taxas de tributação autónoma podem aumentar mais dez pontos percentuais se uma sociedade tiver prejuízos fiscais, tal como previsto no n.º 14 do artigo 88.º do CIRC, originando taxas de tributação autónoma até 80% das despesas sujeitas (considerando a taxa de tributação autónoma mais elevada, que é de 70%, nos termos definidos no artigo 88.º, n.º 2 do CIRC), não sendo aplicável, nos termos do n.º 15 do referido artigo 88.º do CIRC, «no período de tributação de início de atividade e no seguinte»[172].

Este agravamento das taxas de tributação autónoma (n.º 14) foi aditado pela Lei n.º 55-A/2010, de 31 de dezembro[173], que, à data, previa que o agravamento das taxas de tributação autónoma previstas no artigo 88.º do CIRC se aplicaria caso os sujeitos passivos apresentassem «prejuízo fiscal no período de tributação a que respeitem quaisquer dos factos tributários referidos nos números anteriores.» Posteriormente, a Lei n.º 2/2014, de 16 de janeiro[174],

[171] Uma tendência que pode também ser confirmada nos dados sobre os *veículos rodoviários motorizados em circulação em Portugal* (informação disponível no *website* PORDATA, em: https://www.pordata.pt; consulta em 18–03–2022). É possível verificar-se que o número de veículos em circulação em Portugal aumentou de 2010 para 2020. No entanto, comprova-se que o número de veículos movidos a gasolina diminuiu, o número de veículos movidos a GPL aumentou consideravelmente, tal como os restantes veículos considerados menos poluentes para o ambiente (a *biodiesel*, elétrico puro, elétrico híbrido *plug-in*, elétrico híbrido não *plug-in*, por exemplo), e que o aumento do número de veículos movidos a gasóleo não foi tão elevado, em comparação com os anteriores.

[172] Aditado pela Lei n.º 2/2020, de 31 de março, que aprovou o Orçamento do Estado para 2020.

[173] Aprovou o Orçamento do Estado para 2011.

[174] Procedeu à reforma da tributação das sociedades, alterando o Código do Imposto sobre o Rendimento das Pessoas Coletivas, aprovado pelo Decreto-Lei n.º 442-B/88, de 30 de novembro, o Decreto Regulamentar n.º 25/2009, de 14 de setembro, e o Código do

conferiu-lhe nova redação, reforçando que o agravamento das taxas de tributação autónoma se aplicaria apenas aos sujeitos passivos que apresentassem prejuízo fiscal *no período a que respeitasse quaisquer dos factos tributários sujeitos a tributação autónoma*, «relacionados com o exercício de uma atividade de natureza comercial, industrial ou agrícola não isenta de IRC»[175].

Note-se que «este preceito determina que as taxas de tributação autónoma devem ter em consideração o facto de o sujeito passivo apresentar ou não prejuízo fiscal», enquadrando-se «na função das tributações autónomas de desincentivar e reprimir a realização, por parte das empresas, de despesas que o legislador considera como económica, social e fiscalmente anómalas e indesejáveis, à luz dos valores, princípios e regras do sistema fiscal»[176].

Resulta, pois, do artigo 88.º, n.º 14, do CIRC que «de forma inequívoca, a maior censurabilidade ético-jurídica da realização das despesas sujeitas a tributação autónoma quando os sujeitos passivos apresentam prejuízos fiscais, assim se justificando o respetivo agravamento em 10 pontos percentuais. Este conceito remete o operador jurídico para o princípio da tributação do lucro líquido, entendido este como o resultado líquido do exercício depois de adicionadas ou deduzidas as variações patrimoniais e as correções fiscais do IRC a que aludem os artigos 15.º a 17.º do CIRC, no quadro do princípio da dependência parcial entre contabilidade e fiscalidade. Estas normas visam, primacialmente, acautelar o equilíbrio do sistema fiscal, os equilíbrios específicos do IRC e a receita do próprio imposto, incidindo sobre determinados gastos que não estejam diretamente relacionados com a atividade da empresa, e consistem na aplicação de uma taxa de tributação específica a certas situações consideradas "especiais" nomeadamente, certos tipos de consumos ou gastos, lucros distribuídos, bem como certos rendimentos, tendo em vista desincentivar a realização das operações a que se referem»[177].

Imposto sobre o Rendimento das Pessoas Singulares, aprovado pelo Decreto-Lei n.º 442-A/88, de 30 de novembro.

[175] Evidencia-se, no entanto, que o agravamento das taxas de tributação autónoma não se aplica «aos sujeitos passivos a que se aplique o regime simplificado de determinação da matéria coletável», nos termos do n.º 16 do artigo 88.º do CIRC.

[176] Como bem afirma a decisão arbitral do **CAAD**, **Processo n.º 108/2021-T**, de 15 de dezembro de 2021.

[177] *Ibidem*.

Ora, a Lei n.º 7-A/2016, de 30 de março[178], veio aditar ao artigo 88.º do CIRC o n.º 20 [atual n.º 21[179]], dispondo que, «quando seja aplicável o regime especial de tributação dos grupos de sociedades estabelecido no artigo 69.º, é considerado o prejuízo fiscal apurado nos termos do artigo 70.º»[180].

Desta forma, para o agravamento das taxas de tributação autónoma em dez pontos percentuais, nos termos do n.º 14 do artigo 88.º do CIRC, quando aplicável o Regime Especial de Tributação do Grupo de Sociedades (RETGS), previsto no artigo 69.º do CIRC, releva o resultado fiscal do grupo. Logo, não é, portanto, considerado, para o agravamento das taxas de tributação autónoma, o prejuízo fiscal de cada uma das sociedades integrantes do grupo que realizaram as despesas sujeitas a tributação autónoma[181].

Ainda sobre esta matéria, importa referir que, quanto às *cooperativas* e às *micro, pequenas e médias empresas*, de acordo com os critérios definidos no artigo 2.º do anexo ao Decreto-Lei n.º 372/2007, de 6 de novembro[182], com a dispo-

[178] Aprovou o Orçamento do Estado para 2016. O artigo 135.º da Lei n.º 7-A/2016, de 30 de março, atribuiu natureza interpretativa à nova redação do n.º 20 do artigo 88.º do CIRC.

[179] Passou a n.º 21 pela Lei n.º 2/2020, de 31 de março.

[180] **Artigo 69.º do CIRC — Âmbito e condições de aplicação (na redação atual)**: «1 — Existindo um grupo de sociedades, a sociedade dominante pode optar pela aplicação do regime especial de determinação da matéria coletável em relação a todas as sociedades do grupo. 2 — Existe um grupo de sociedades quando uma sociedade, dita dominante, detém, direta ou indiretamente, pelo menos, 75% do capital de outra ou outras sociedades ditas dominadas, desde que tal participação lhe confira mais de 50% dos direitos de voto (...).»
Artigo 70.º do CIRC — Determinação do lucro tributável do grupo [na redação atual]: «1 — Relativamente a cada um dos períodos de tributação abrangidos pela aplicação do regime especial, o lucro tributável do grupo é calculado pela sociedade dominante, através da soma algébrica dos lucros tributáveis e dos prejuízos fiscais apurados nas declarações periódicas individuais de cada uma das sociedades pertencentes ao grupo, corrigido, sendo caso disso, do efeito da aplicação da opção prevista no n.º 5 do artigo 67.º (Limitação à dedutibilidade de gastos de financiamento)».

[181] Nesse sentido, a decisão do **Acórdão do Supremo Tribunal Administrativo n.º 02570/16.2BEPRT**, de 9 de março de 2022, Relator: José Gomes Correia (disponível em https://www.dgsi.pt/), ao reforçar a decisão do Tribunal Constitucional, no seu Acórdão n.º 395/2017, que «já se pronunciou no sentido de *"Não julgar inconstitucional a norma do artigo 88.º, n.º 14, do CIRC, interpretada no sentido de que o agravamento de dez pontos percentuais se aplica no caso de sociedades sujeitas ao RETGS, em que a sociedade tributada não apresente prejuízo fiscal no período a que as tributações respeitem, mas o apresente o grupo de sociedades que a mesma integra"*, juízo que reiterou nos Acórdãos n.os 267/2017 e 107/2008».

[182] Alterada até à Lei n.º 75-B/2020, de 31 de dezembro. Criou a certificação eletrónica do estatuto de micro, pequena e média empresas (PME).

sição transitória prevista no artigo 375.º da Lei n.º 75-B/2020, de 31 de dezembro[183], e com o contexto provocado pela pandemia[184], o agravamento de taxas de tributação autónoma deixou de ser aplicável «nos períodos de tributação de 2020 e 2021, *quando* o sujeito passivo tenha obtido lucro tributável em um dos três períodos de tributação anteriores *e* as obrigações declarativas previstas nos artigos 120.º e 121.º do CIRC, relativas aos dois períodos de tributação anteriores, tenham sido cumpridas nos termos neles previstos.»[185] Deixou de ser igualmente aplicável o agravamento das taxas de tributação autónoma «nos períodos de tributação de 2020 e 2021, quando estes correspondam ao período de tributação de início de atividade ou a um dos dois períodos seguintes».

2.5. O tratamento (discriminatório) da tributação autónoma das despesas empresariais em sede de IRS

À semelhança do previsto no CIRC, as taxas de tributação autónoma contempladas no artigo 73.º do CIRS visam penalizar determinados encargos na esfera dos sujeitos passivos que aufiram de rendimentos da categoria B[186].

[183] Aprovou o Orçamento do Estado para 2021.

[184] Dá-se nota de que a Proposta de Lei n.º 116/XIV/3.ª (Orçamento do Estado para 2022) prevê uma nova disposição transitória no quadro do período de recuperação dos efeitos económicos decorrentes da pandemia de covid-19, para que o disposto no n.º 14 do artigo 88.º do Código do IRC não seja aplicável, no período de tributação de 2022, mesmo quando esteja em causa o período de tributação de início de atividade ou um dos dois períodos seguintes.

[185] Citamos os referidos artigos: **Artigo 120.º do CIRC — Declaração periódica de rendimentos:** «1 — A declaração periódica de rendimentos a que se refere a alínea *b)* do n.º 1 do artigo 117.º deve ser enviada, anualmente, por transmissão eletrónica de dados, até ao último dia do mês de maio, independentemente de esse dia ser útil ou não útil. (...)».
Artigo 121.º do CIRC — Declaração anual de informação contabilística e fiscal: «1 — A declaração anual de informação contabilística e fiscal a que se refere a alínea *c)* do n.º 1 do artigo 117.º deve ser enviada nos termos e com os anexos que para o efeito sejam mencionados no respetivo modelo. 2 — A declaração deve ser enviada, por transmissão eletrónica de dados, até ao dia 15 de julho, independentemente de esse dia ser útil ou não útil. (...)».

[186] **Artigo 3.º do CIRS — Rendimentos da Categoria B:** «1 — Consideram-se rendimentos empresariais e profissionais: *a)* Os decorrentes do exercício de qualquer atividade comercial, industrial, agrícola, silvícola ou pecuária; *b)* Os auferidos no exercício, por conta própria, de qualquer atividade de prestação de serviços, incluindo as de carácter científico, artístico ou técnico, qualquer que seja a sua natureza, ainda que conexa com atividades mencionadas na alínea anterior; *c)* Os provenientes da propriedade intelectual ou industrial ou da prestação de informações respeitantes a uma experiência adquirida no sector industrial, comercial ou científico, quando auferidos pelo seu titular originário.(...)».

Deste modo, e à semelhança das taxas previstas em sede de IRC, para os sujeitos passivos que possuam ou devam possuir contabilidade organizada, e no âmbito do exercício de atividades empresariais e profissionais em sede de IRS, as *despesas não documentadas* são tributadas à taxa de 50% (nos termos do n.º 1 do artigo 73.º do CIRS); os encargos dedutíveis relativos a *despesas de representação*[187] à taxa de 10% [nos termos do n.º 2, *a)* do artigo 73.º do CIRS]; os *encargos dedutíveis relativos a motos e motociclos* a 10%[188] [nos termos do n.º 2, *a)* do artigo 73.º do CIRS] e a 5% os *encargos dedutíveis relativos a despesas com ajudas de custo e com compensação pela deslocação em viatura própria do trabalhador*[189]. Também quanto aos *pagamentos a entidades não residentes e sujeitas a um regime fiscal mais favorável* é aplicada uma taxa de tributação autónoma de 35%[190].

[187] O n.º 4 do artigo 73.º do CIRS define como despesas de representação, «nomeadamente, os encargos suportados com receções, refeições, viagens, passeios e espetáculos oferecidos no país ou no estrangeiro a clientes ou a fornecedores ou ainda a quaisquer outras pessoas ou entidades».

[188] Excluem-se de tributação autónoma, tal como em sede de IRC, os veículos movidos exclusivamente a energia elétrica, nos termos do n.º 2 do artigo 73.º do CIRS. Também não são considerados para efeitos de tributação autónoma se «afetos à exploração do serviço público de transportes, destinados a serem alugados no exercício da atividade normal do sujeito passivo, bem como as reintegrações relacionadas com as viaturas relativamente às quais tenha sido celebrado o acordo previsto no n.º 9 da alínea *b)* do n.º 3 do artigo 2.º do CIRS». Consideram-se, nos termos do n.º 5, do artigo 73.º do CIRS, encargos relacionados com motos e motociclos, «nomeadamente, as reintegrações, rendas ou alugueres, seguros, despesas com manutenção e conservação, combustíveis e impostos incidentes sobre a sua posse ou utilização».

[189] Despesas ao serviço da entidade patronal, não faturadas a clientes, escrituradas a qualquer título, exceto na parte em que haja lugar a tributação em sede de IRS na esfera do respetivo beneficiário, bem como os encargos da mesma natureza, que não sejam dedutíveis e suportados por sujeitos passivos que apresentem prejuízo fiscal no exercício a que os mesmos respeitam, na redação dada pela Lei n.º 55-B/2004, de 30 de dezembro. Note-se que o artigo 73.º do CIRS faz ainda a remissão para o artigo 45.º do CIRC — **Encargos não dedutíveis para efeitos fiscais**, que foi revogado pela Lei n.º 2/2014, de 16 de janeiro, pelo que se deverá considerar que o artigo 73.º se refere ao artigo 23.º-A do CIRC — **Encargos não dedutíveis para efeitos fiscais** (norma a vigorar com a Lei n.º 2/2014, de 16 de janeiro).

[190] Refere-se o n.º 6 do artigo 73.º do CIRS ao «regime do n.º 1» (despesas não documentadas), «as despesas correspondentes a importâncias pagas ou devidas, a qualquer título, (…) ou cujo pagamento seja efetuado em contas abertas em instituições financeiras aí residentes ou domiciliadas, salvo se o sujeito passivo puder provar que tais encargos correspondem a operações efetivamente realizadas e não têm um carácter anormal ou um montante exagerado.» Sobre este conceito, veja-se a secção 2.2.4.

Contudo, como abordado anteriormente, é sobretudo na tributação autónoma de viaturas ligeiras de passageiros ou mistas que se acentua o tratamento discriminatório dado às tributações autónomas em IRS, comparativamente à sujeição em IRC.

Demonstremos. A tributação autónoma em IRS, relativa aos encargos dedutíveis com viaturas ligeiras[191] não se subdivide em três categorias de custo de aquisição, como previsto no CIRC, mas sim em duas, ou seja: se o valor de aquisição das viaturas de passageiros ou mistas for inferior a 20 000 €, a taxa aplicada é de 10% [nos termos do n.º 2, *a)* do artigo 73.º do CIRS]; e se o valor das viaturas de passageiros ou mistas for igual ou superior a 20 000 €, aplica-se a taxa de tributação autónoma de 20% [nos termos do n.º 2, *b)* do artigo 73.º do CIRS].

Como podemos verificar, o tratamento dado às tributações autónomas sobre os encargos com viaturas em sede de IRS é menos agressivo do que em sede de IRC, sobretudo porque a taxa de tributação autónoma máxima em sede de IRS para as viaturas ligeiras é de 20%, enquanto em IRC, para a mesma tipologia de viaturas — e considerando ainda as viaturas ligeiras de mercadorias —, a taxa máxima será de 35%, podendo ainda ser agravada, em caso de prejuízo fiscal (o que também não está previsto ocorrer em sede de IRS).

Igualmente, no caso dos encargos com viaturas ligeiras de passageiros ou mistas híbridas *plug-in*, as taxas em IRS são, respetivamente, de 5% (se o valor de aquisição for inferior a 20 000 €) e de 10% (se o valor de aquisição for igual

[191] Excluem-se de tributação autónoma, tal como em sede de IRC, os veículos movidos exclusivamente a energia elétrica, nos termos do n.º 2 do artigo 73.º do CIRS. Também não são considerados para efeitos de tributação autónoma se «*afetos* à exploração do serviço público de transportes, destinados a serem alugados no exercício da atividade normal do sujeito passivo, bem como as reintegrações relacionadas com as viaturas relativamente às quais tenha sido celebrado o acordo previsto no n.º 9 da alínea *b)* do n.º 3 do artigo 2.º do CIRS». Sobre a *afetação à exploração do serviço público de transportes*, veja-se a **Informação Vinculativa** identificada pelo **Processo 732/2018**, sancionado por despacho da subdiretora-geral do IR, de 07-01-2019 — PIV 13312, que vem esclarecer que «o transporte de crianças que a requerente efetua não cumpre o requisito(...) quanto ao serviço público de transporte de passageiros, porquanto o transporte corresponde a um serviço exclusivo das crianças que frequentam o Centro de Estudos, propriedade da requerente, não sendo, desse modo, disponibilizado ao público em geral», não podendo, por esse motivo, ser excluídos de tributação autónoma. Consideram-se, nos termos do n.º 5, do artigo 73.º do CIRS, *encargos relacionados com viaturas ligeiras de passageiros*, «nomeadamente, as reintegrações, rendas ou alugueres, seguros, despesas com manutenção e conservação, combustíveis e impostos incidentes sobre a sua posse ou utilização.»

ou superior a 20 000 €). Ora, a taxa máxima em IRC poderá ser de 17,5% para a mesma tipologia de viaturas, existindo ainda a imposição legal de que a bateria possa ser carregada através de ligação à rede elétrica e que tenham uma autonomia mínima, no modo elétrico, de 50 km e emissões oficiais inferiores a 50 gCO2/km, podendo também a taxa de tributação autónoma ser agravada, em caso de prejuízo fiscal — condições que também não constam em sede de IRS.

O facto é ainda mais pertinente se considerarmos que, para os encargos com viaturas ligeiras de passageiros movidas a GPL ou GNV, as taxas de tributação autónoma correspondem, respetivamente, em IRS, a 7,5% (se o valor de aquisição for inferior a 20 000 €) e a 15% (se o valor de aquisição for igual ou superior a 20 000 €). Sucede que a taxa máxima em IRC poderá ser de 27,5%, podendo, em caso de prejuízo fiscal, ser agravada, ao que acresce, também, que a Lei n.º 2/2020, de 31 de março[192], eliminou a redução das taxas de tributação autónoma que incidiam sobre as despesas de veículos movidas a GPL, apenas em sede de IRC. Ainda que se compreenda que não se justificasse a manutenção desta redução da tributação autónoma para esta tipologia de viaturas, em face de outras consideradas mais sustentáveis do ponto de vista ambiental, não se entende, pois, qual o critério do legislador em a manter em sede de IRS. Certo é que esta situação parece vir acentuar aquele que é já, no ensinamento de Nabais (2018), «um tratamento discriminatório do rendimento empresarial dos empresários individuais em face do rendimento dos empresários coletivos ou societários».

Adicionalmente, porque para os sujeitos passivos a quem seja aplicado em IRS o regime simplificado de determinação do lucro tributável [nos termos do artigo 28.º[193] e 31.º[194] do CIRS], ocorre exclusão de tributação autónoma, tal como estabelece o n.º 8 do artigo 73.º do CIRS, relativamente às despesas com ajudas de custo e de compensação pela deslocação em viatura própria do trabalhador (como sucede também em sede de IRC), mas também no âmbito

[192] Aprovou o Orçamento do Estado para 2020.

[193] **Artigo 28.º do CIRS — Formas de determinação dos rendimentos empresariais e profissionais:** «1 — A determinação dos rendimentos empresariais e profissionais, salvo no caso da imputação prevista no artigo 20.º, faz-se: *a)* Com base na aplicação das regras decorrentes do regime simplificado; *b)* Com base na contabilidade (...).»

[194] **Artigo 31.º do CIRS — Regime simplificado**: «1 — No âmbito do regime simplificado, a determinação do rendimento tributável obtém-se através da aplicação (...) coeficientes (...).»

dos encargos com viaturas ligeiras ou mistas (independentemente do custo de aquisição e da tipologia de viatura), motos e motociclos, o que evidencia claramente a diferença de tratamento «por não haver lugar a tributações autónomas em IRS, que, todavia, subsistem no IRC» (Nabais, 2018). Ainda que as empresas possam aplicar o regime simplificado de determinação da matéria coletável, previsto no artigo 86.º-A do CIRC, nunca por esse motivo serão excluídas de tributação autónoma no que às viaturas dirá respeito (salvo as situações previstas no artigo 88.º do CIRC, e que foram analisadas anteriormente). Tal poderá levar, evidentemente, à concorrência desleal no caso de empresas com o mesmo ramo de atividade, mas que optem por diferentes formas jurídicas de organização e prossecução da sua atividade.

Verifica-se, inclusivamente, que a redação da lei em sede de IRS se tem mantido mais constante ao longo do tempo (sem que as alterações que ocorreram fossem tão excessivas como as que vêm acontecendo em sede de IRC), e que, por esse motivo, se pode assumir que o seu carácter é mais pacífico, sendo naturalmente aceite pelos contribuintes e gerando menos conflitos judiciais (que, como sabemos, e conforme se abordará no Capítulo III, aumenta a complexidade fiscal).

Ainda assim, daqui se pode retirar um exemplo de como uma certa harmonia entre a simplicidade e a complexidade da lei pode ser atingida, na medida em que uma legislação fiscal mais simples e menos complexa pode permitir um nível aceitável de cumprimento fiscal.

2.6. Notas conclusivas

Atualmente, e tal como prevê o artigo 88.º do CIRC, a base tributável da tributação autónoma é bastante extensa (aumentando ainda em dez pontos percentuais se uma sociedade incorrer em perdas fiscais), e tem vindo a crescer desmesuradamente, afetando bastante as empresas. Consequentemente, o peso da receita fiscal da tributação autónoma sobre a coleta de IRC tem vindo a aumentar, sendo as despesas de representação, conjuntamente com as despesas com encargos com viaturas ligeiras e com ajudas de custo, as que representam a maioria das despesas declaradas sujeitas a tributação autónoma.

Deste modo, as decisões de gestão, nomeadamente quando incorrer em despesas não documentadas (que poderiam estar na fronteira dos custos lícitos e ilícitos), pagar dividendos a algumas entidades isentas, apoiar despesas recreativas (mais uma vez, na fronteira entre os verdadeiros custos empresariais e os benefícios pessoais), ou escolhas baseadas nos custos de aquisição de viaturas, têm sido claramente afetadas por um importante fator fiscal e financeiro: a tributação autónoma — que, também associada à proteção ambiental, pode desempenhar um papel na aquisição de viaturas menos poluentes.

Ainda assim, como se analisou neste capítulo, o tratamento dado às tributações autónomas em sede de IRS é menos agressivo do que em sede de IRC, o que vem acentuar um tratamento discriminatório do rendimento empresarial dos empresários individuais em face do rendimento dos empresários coletivos ou societários.

Capítulo III
A Tributação das Despesas das Sociedades em Portugal: Complexidade Interpretativa e Alterações da Lei Fiscal

3.1. Introdução

É bem sabido que existem sobre o direito fiscal diferentes interpretações dos agentes, tais como as sociedades, os contabilistas, os tribunais e os auditores fiscais. Estas perspetivas são divergentes, porque os diferentes agentes têm objetivos distintos: por exemplo, o propósito dos contribuintes é baixar a sua carga fiscal, enquanto as autoridades fiscais pretendem cobrar o maior montante possível em receitas fiscais (Hasseldine e Morris, 2013).

Tal como afirmado por Freedman (2010), é difícil compreender a lei fiscal quando, além da complexidade intrínseca, não é fácil prever como será interpretada pelas autoridades judiciais, e até que ponto os tribunais estarão preparados para analisar a natureza — muitas vezes intrincada — das operações comerciais subjacentes.

No caso da tributação autónoma das despesas (tal como referido anteriormente) — e tratando-se de uma característica especial do IRC em Portugal —, é extensa a controvérsia legislativa e jurisprudencial, e muitos dos conflitos entre os contribuintes e a AT emergiram da interpretação jurídica das cláusulas da tributação autónoma, demonstrando uma complexidade fiscal desnecessária. Na verdade, nos últimos anos, e como se abordou nos capítulos anteriores, surgiu em Portugal um elevado nível de incerteza do debate jurídico-fiscal, e subsequente litígio, centrado na discussão sobre se a tributação autónoma é formalmente equivalente ao IRC. Em particular, a litigância mais recente centrou-se maioritariamente em se compreender se os créditos fiscais previstos na legislação fiscal poderiam ou não ser imputados à receita de tributação autónoma, ou se o IRC seria a única base para a dedução desses créditos[195].

Estes tópicos muito importantes conduziram — e ainda o fazem — a muitos conflitos judiciais, discutidos nos Tribunais Fiscais Portugueses[196] e, em particular, no Centro de Arbitragem Administrativa e Fiscal (CAAD)[197]/[198]. O que importa aqui analisar, portanto, é o facto de que a litigância com esta temática da dedução de créditos fiscais à receita de tributação autónoma per-

[195] E, mais recentemente, a questão da consagração ou não de qualquer presunção, com base no carácter empresarial dos gastos sujeitos a tributação autónoma, que seja passível de prova em contrário. Veja-se o já referido **Acórdão Pleno da 2.ª secção do Supremo Tribunal Administrativo n.º 1/2021, Processo 21/20.7BALSB**, de 24 de março de 2021, Relator: Paula Cadilhe Ribeiro, com a uniformização da Jurisprudência a propósito da não consagração de qualquer presunção, com base no carácter empresarial dos gastos sujeitos a tributação autónoma, que seja passível de prova em contrário (disponível em https://www.dgsi.pt/).

[196] Veja-se, por exemplo, sobre a *constitucionalidade da tributação autónoma*, o **Acórdão do Tribunal Constitucional n.º 617/2012, Processo n.º 150/12,** de 19 de dezembro de 2012, Relator: conselheiro João Cura Mariano; o **Acórdão do Tribunal Constitucional n.º 197/2016, Processo n.º 465/2015,** de 13 de abril de 2016, Relator: conselheiro Carlos Fernandes Cadilha (disponíveis no *website* do Tribunal Constitucional, em: https://www.tribunalconstitucional.pt/tc/acordaos); o **Acórdão do Supremo Tribunal Administrativo n.º 0505/15**, de 31 de março de 2016, Relator: Ana Paula Lobo, sobre a *diferenciação das taxas de tributação autónoma* no tratamento do imposto sobre o rendimento das sociedades (disponível em https://www.dgsi.pt/); o **Acórdão do Tribunal Constitucional n.º 18/2011, Processo n.º 204/2010**, 12 de janeiro de 2011, Relator: conselheiro Carlos Fernandes Cadilha; o **Acórdão do Tribunal Constitucional n.º 310/2012, Processo n.º 150/12**, 20 de junho de 2012, Relator: conselheiro João Cura Mariano; o **Acórdão do Tribunal Constitucional n.º 617/2012, Processo n.º 150/12,** de 19 de dezembro de 2012, Relator: conselheiro João Cura Mariano; e o **Acórdão do Tribunal Constitucional n.º 197/2016, Processo n.º 465/2015,** de 13 de abril de 2016, Relator: conselheiro Carlos Fernandes Cadilha (disponíveis no *website* do Tribunal Constitucional, em: https://www.tribunalconstitucional.pt/tc/acordaos); e o **Acórdão do Supremo Tribunal Administrativo n.º 0757/11**, de 14 de junho de 2012, Relator: Pedro Delgado; o **Acórdão do Supremo Tribunal Administrativo n.º 0470/14**, de 21 de maio de 2015, Relator: Aragão Seia — todos *sobre a retroatividade da tributação autónoma* (disponíveis em https://www.dgsi.pt/).

[197] O CAAD foi introduzido na arbitragem do direito português em matéria fiscal como alternativa à resolução judicial de conflitos (Ministério das Finanças, 2012).

[198] Um papel muito importante do CAAD é evitar que os atrasos da justiça fiscal se tornem um desincentivo ao investimento em Portugal (Villa-Lobos, 2016).

durou — e perdura — ao longo do tempo[199], e saber que implicações tem para a política fiscal.

Reconhecidamente, o IRC é cobrado sobre a diferença entre os rendimentos e os gastos reconhecidos contabilisticamente, ajustada pelas regras fiscais. A divergência entre a contabilidade e a fiscalidade é bastante comum em áreas como depreciações, imparidades, justo valor ou fluxos internacionais de dividendos, exigindo-se conhecimentos especializados de âmbito contabilístico e fiscal (Breal *et al.*, 2014; Hanlon e Heitzman, 2010). Ora, as perceções dos contabilistas sobre o sistema fiscal foram investigadas por alguns autores, já que os contabilistas representam pessoas singulares ou coletivas no processo de cumprimento fiscal (Groen, 2017; Borrego *et al.*, 2016; Long e Basoglu, 2016; Dâmaso e Martins, 2015; Nwobu *et al.*, 2015; Hamid, 2013; Manaf *et al.*, 2013; Pedersen *et al.*, 2013; Yong e Lovich 2013; Coolidge e Ilic, 2009; Fatt e Ling, 2008; Singh e Sharma, 2007; Stephenson, 2006).

Tal como evidenciam Dinis *et al.* (2019), nos últimos anos, os CC têm sido confrontados com frequentes mudanças nas regras da lei fiscal — um indicador de complexidade. Além disso, a litigância atual mostra um nível significativo de conflitos relacionados com a tributação autónoma. Como muitos países enfrentam pressões orçamentais, a tributação autónoma pode, eventualmente, ser adotada por outras jurisdições, pelo que este estudo oferece provas relativas às consequências jurídico-económicas da tributação autónoma, através das perceções dos especialistas que lidam com um tipo particular de tributação empresarial. Os resultados encontrados são, pois, determinantes para os decisores políticos, autoridades fiscais, e para o sector empresarial.

Deste modo, o ponto de partida da investigação neste capítulo consiste na pergunta: A evolução das regras sobre a tributação autónoma mostra um processo eficiente de formulação da norma em sede de IRC?

Pretende-se, em primeiro lugar, analisar o processo de elaboração e alteração das regras da tributação autónoma e a forma como a complexidade interpretativa aumenta os conflitos entre a AT e os contribuintes. Em segundo lugar, pretende-se refletir sobre a importância da uniformização da jurisprudência, a propósito do crescente número de decisões arbitrais proferidas, em particular as relativas à temática da dedução dos créditos fiscais à receita da

[199] Pese embora a uniformização da Jurisprudência fixada pelo **Acórdão do Supremo Tribunal Administrativo n.º 5/2020, Processo 10/20.1BALSB — Pleno da 2.ª Secção**, de 8 de julho de 2020, Relator: Suzana Tavares da Silva (disponível em https://www.dgsi.pt/).

tributação autónoma. Este tópico de investigação é, pois, relevante para os diferentes agentes, e em particular para a profissão contabilística, que frequentemente trata de temas fiscais e das complexidades interpretativas que estes geram.

A metodologia utilizada é uma mistura entre o método de investigação jurídica (Chynoweth, 2008), nomeadamente a metodologia doutrinal, a análise das tendências jurisprudenciais e arbitrais das decisões judiciais sobre a tributação autónoma, e a avaliação do estudo de caso da tributação autónoma em Portugal. Este capítulo pretende, desta forma, mostrar que a experiência portuguesa é uma lição sobre como melhorar os processos de elaboração de leis fiscais, reduzindo tempo e custos para as sociedades, autoridades fiscais e tribunais. Além disso, a arbitragem como forma de resolução de litígios fiscais tem vindo a ganhar terreno em Portugal. A este respeito, este capítulo também contribui para uma melhor perceção do cenário da arbitragem fiscal num país da União Europeia (UE).

3.2. O processo de elaboração e interpretação das leis fiscais

Jones (1996) caracteriza o processo de conceção da lei fiscal como as «fases através das quais a lei fiscal passa; o relator parlamentar coloca a ideia desenvolvida numa forma legislativa; o parlamento debate-a, pelo menos em teoria, e aprova-a; os contribuintes, ajudados pelos seus conselheiros, atuam sobre ela e preenchem as declarações fiscais que são auditadas; finalmente, se as condições não forem acordadas, chegam aos tribunais».

De acordo com Morand (1994, *apud* Caupers *et al.*, 2014), o processo de elaboração de leis fiscais envolve diferentes fases, que podem ser observadas na Figura 1.

Figura 1 — Fases de elaboração da lei (Morand)

Fonte: Caupers, Almeida, e Guibentif (2014)

Na primeira fase — *identificação do problema a resolver* —, é crucial efetuar um exame completo da situação e identificar o problema, e ter também um conhecimento adequado dos dados sociais, políticos, culturais e económicos. Seguidamente, na fase de *determinação dos objetivos* (gerais e secundários), estes devem ser formulados independentemente da solução discutida com o legislador.

É na fase de *opções para a solução do problema* que deve ser dada ênfase ao papel da lei (e possíveis alternativas). Neste sentido, *a avaliação do impacto da legislação* (*ex-ante* e *ex-post*) é um instrumento extremamente importante para apoiar a tomada de decisões no início de um processo legislativo (*ex-ante*), assim como a avaliação dos efeitos das diferentes opções (*ex-post*) (Caupers *et al.*, 2014). Também a *participação pública na adoção da legislação* deve ser considerada uma questão fundamental, uma vez que ouvir os peritos e outros utilizadores da lei contribui para a sua aceitação e legitima o processo legislativo (Rose-Ackerman e Perroud, 2013; Pereira e Rodrigues, 2012; Elkins *et al.*, 2008).

Ao longo do tempo, tem havido um interesse crescente em se compreender a capacidade de vários atores ou grupos para influenciar os resultados políticos e a tomada de decisões de política fiscal. Wales e Wales (2012) afirmam, pois, que a elaboração de políticas é semelhante a um processo vivo.

No início de 2000, foi criado um *High Group Level* na União Europeia (UE) para a melhoria da legislação no Conselho Europeu, cujos resultados foram publicados no Relatório *Mandelkern* (Comissão Europeia, 2001). As diretrizes deste estudo podem ser resumidas como opções de aplicação de políticas, avaliação do impacto regulamentar, consulta pública, simplificação de procedimentos, acesso à legislação, e estruturas capazes de executar a legislação de forma eficaz.

O Quadro 19 indica alguns estudos relativos ao processo de elaboração das leis fiscais.

A UE (2016) e a OCDE (2011) atribuem grande importância aos seus programas de melhoria da redação de leis, a fim de reduzir os custos regulamentares. Neste contexto, Coglianese (2012), Radaelli e Fritsch (2012) e Parker e Kirkpatrick (2012) concluíram que o desenvolvimento pela OCDE de um quadro de avaliação de políticas regulamentares é bastante crucial para ajudar os países a avaliar a conceção e a implementação de políticas regulamentares, considerando, inclusivamente, os desafios políticos na obtenção de apoio popular para eventuais reformas fiscais (Limberg, 2022; Tran e Wende, 2021).

Quadro 19 — Estudos centrados no bom processo de elaboração de políticas fiscais

Estudos	País	Principais conclusões
Tran e Wende (2021)	Austrália	A análise do excesso de carga marginal é fundamental para a elaboração das políticas fiscais.
Coglianese (2012)	OCDE	Para saber se a regulamentação funciona, os governos precisam de indicadores fiáveis que meçam toda a gama de resultados, positivos e negativos, causados por essa regulamentação.
Parker e Kirkpatrick (2012)	OCDE	Os decisores políticos devem estar atentos aos perigos da adoção de uma abordagem de «tamanho único» para a reforma regulamentar, e devem reconhecer a necessidade de modificar e adaptar os processos de gestão regulamentar para satisfazer a dotação institucional e regulamentar de cada país.
OCDE (2011)	OCDE	Existe uma ligação entre o desempenho regulamentar, as reformas legislativas e o crescimento económico. Uma melhor regulamentação a todos os níveis de governo melhora a coordenação e evita a sobreposição de responsabilidades entre as autoridades reguladoras.
Limberg (2022)	Reino Unido	As democracias têm uma vantagem na elaboração de políticas fiscais no século XXI.
Wales e Wales (2012)	Reino Unido	Um bom processo de elaboração de políticas fiscais não conduz automaticamente a bons resultados no que toca à política fiscal, mas pode reduzir significativamente o risco de falhas evitáveis.
Heaton (2013)	Reino Unido	Uma boa lei não deve apenas fazer o trabalho em teoria; deve funcionar na prática.
Abdel-Kader e Mooij (2020)	Estados Unidos da América	A conceção fiscal da lei é fundamental para se alcançar um resultado eficiente e equitativo, variando de país para país.
Razin e Slemrod (2008); Mirrlees *et al.* (2011); Osterloh e Heinemann (2013)	Estados Unidos da América/ Reino Unido	É importante discutir a relevância da política fiscal num contexto de globalização.
Office of the Parliamentary Counsel (2013)	Reino Unido	Uma boa legislação deve ser necessária, clara, coerente, eficaz e acessível.

Fonte: Adaptado de Martins, Dinis e Lopes (2018)

Na área fiscal, surgiu uma grande preocupação, porque os impostos devem ser mantidos tão simples e estáveis quanto possível (Shaw *et al.*, 2011). Além disso, o sistema político e as estruturas de poder de cada país devem ser considerados (Abdel-Kader e Mooij, 2020), de forma que cada Estado possa expandir a sua capacidade fiscal. Para Saad (2014), a perceção dos contribuintes, dependendo dos níveis de conhecimento[200] fiscal, pode ser associada a uma maior ou menor complexidade da lei fiscal, o que constitui uma razão frequentemente invocada para o não cumprimento fiscal. Os contribuintes possuem geralmente um conhecimento técnico-fiscal inadequado; por exemplo, no Reino Unido, os *National Archives* publicaram um estudo que revela que a maior percentagem de leitores de legislação fiscal são os profissionais não qualificados (Bertlin, 2014). Assim, é bastante importante considerar a forma como o processo de elaboração da legislação fiscal pode induzir efetivamente um maior cumprimento fiscal, tal como afirmado por Murphy (2008).

O Quadro 20 destaca alguns estudos que apresentam os principais fatores que explicam a complexidade fiscal no processo de elaboração e interpretação da lei fiscal.

Quadro 20 — Fatores que explicam a complexidade fiscal no processo de elaboração e interpretação da lei fiscal

Estudos	País	Principais Conclusões
Hoppe *et al.* (2021)	Alemanha	A complexidade fiscal tem aumentado significativamente nos últimos anos. Este aumento pode ser atribuído a pelo menos dois fatores: o primeiro é a introdução e adaptação de medidas fiscais para assegurar condições equitativas para as empresas e para colmatar as lacunas fiscais, conduzindo a custos extraordinários e incerteza fiscal; o segundo é a implementação de incentivos e mecanismos fiscais para atrair investimentos e solucionar incertezas, reduzindo assim os custos e proporcionando oportunidades de planeamento fiscal.
Slemrod (2012)	Estados Unidos da América	Diferentes aspetos de complexidade são importantes para os diferentes participantes no sistema fiscal: previsibilidade (para o advogado fiscal), aplicabilidade (para a autoridade tributária), dificuldade e manipulação (para o contribuinte).
Barrios, d'Andria e Gesualdo (2020)	Espanha	À redução dos custos de cumprimento fiscal pode estar associada uma maior eficiência económica.
Basto (1994)	Portugal	O abuso dos benefícios fiscais, regulamentos e regimes de exceção são as principais fontes de complexidade e constituem frequentemente um incentivo à descoberta de novas formas de evasão fiscal.
Lopes (2010); McKerchar (2007)	Portugal/ Austrália	A complexidade do sistema fiscal depende do aumento da incerteza da legislação fiscal.

[200] Na Austrália, como declarado pelo *Parliamentary Counsel's Office WA* (2011), os utilizadores de impostos frequentemente «só leem a legislação porque procuram uma resposta a alguma

Estudos	País	Principais Conclusões
Office of the Parliamentary Counsel (2013)	Reino Unido	A legislação afeta todos os utilizadores, e o seu volume, estrutura, nível de pormenor e alterações frequentes, e interação com o direito internacional, podem produzir um nível de complexidade mais elevado e tornar a lei difícil de compreender e de cumprir.
Rumina *et al.* (2015)	Rússia	Um desafio importante devido às frequentes alterações na legislação fiscal é como superar a instabilidade legislativa.

Fonte: Adaptado de Martins, Dinis e Lopes (2018)

Em Portugal, os contribuintes acreditam firmemente em que existe um elevado grau de instabilidade fiscal, muito por força das constantes alterações da lei (Borrego *et al.*, 2015). A legislação fiscal portuguesa é, portanto, complexa e frequentemente modificada, aumentando os custos de cumprimento por parte dos contribuintes. Como salientado por Renda *et al.* (2013), uma vez que «as regras legais têm de ser controladas e aplicadas para serem eficazes», quando surgem controvérsias as despesas de aplicação surgem inevitavelmente. A introdução de uma cláusula de estabilidade fiscal poderia ser, pois, uma medida útil.

O Quadro 21 resume alguns estudos que abordam a questão dos custos legislativos identificados no processo de elaboração de leis fiscais.

Quadro 21 — Custos legislativos no processo de elaboração das leis fiscais

Estudos	País	Principais conclusões
Sullivan (2008 *apud* Emon, 2015)	Canadá	O significado de um texto legislativo é o significado pretendido pelo legislador. Na ausência de um motivo para o rejeitar, prevalece o significado comum.
Hasseldine e Morris (2013)	Estados Unidos da América	Os custos legislativos estão também associados ao problema relacionado com a existência de dois conceitos distintos: a «letra da lei» e o «espírito da lei». Isto pode levar a diferentes interpretações por parte dos contribuintes, autoridades fiscais e tribunais.
OCDE (2018)	OCDE	Um desafio para a política fiscal é assegurar que os encargos com o cumprimento fiscal sejam baixos.
OCDE (1994)	OCDE	As pequenas empresas suportam custos mais elevados no cumprimento da legislação fiscal.

questão, e não porque querem compreender a legislação. Exceto nas situações em que há uma simples pergunta, normalmente compreendem toda ou uma parte significativa da legislação em questão, ou outra legislação que tenha um efeito geral, para obterem uma resposta completa.»

Estudos	País	Principais conclusões
Lopes e Martins (2013)	Portugal	A complexidade do sistema fiscal e a incerteza na legislação fiscal podem aumentar os custos de cumprimento para os contribuintes, bem como alguma ansiedade no processo de pagamento de impostos.
Budd *et al.* (2003)	Reino Unido	Os custos legislativos estão muitas vezes relacionados com a natureza complexa das operações económicas, que têm de ser tributadas.
Zander (2015)	Reino Unido	O principal dever do legislador é expressar a sua intenção de uma forma compreensível.
Demin (2020)	Rússia	A incerteza na legislação fiscal produz custos significativos, materiais e temporais para todos os participantes no processo de tributação.

Fonte: Adaptado de Martins, Dinis e Lopes (2018)

Hoffman (2005 *apud* Hasseldine e Morris, 2013) argumenta que os legisladores devem justificar a razão pela qual um determinado imposto é exigido, expressando uma intenção (ou a motivação que sublinha a lei) ao elaborar regras legislativas. Dever-se-ia então esperar que os tribunais interpretassem corretamente a redação e o espírito das leis.

Alguns autores analisaram as perceções dos contabilistas sobre questões fiscais, uma vez que o papel dos profissionais proporciona também uma contribuição vital para o processo de cumprimento voluntário dos impostos (Groen, 2017; Borrego *et al.*, 2017; Biondi, 2017; Abreu, 2015; Nwobu *et al.*, 2015; Mustapha e Obid, 2015; Tan e Sawyer (2003) apud Faridy *et al.*, 2014; Manaf, *et al.*, 2013; Palil *et al.*, 2013; Berle, 2012; Erard, 1993; Hite e Mcgill, 1992; Ayres, *et al.*, 1989). Estes estudos centraram-se no impacto do papel do contabilista no cumprimento fiscal e chegaram a diferentes conclusões. Alguns concluíram que o recurso a contabilistas diminui o incumprimento fiscal, em que níveis mais elevados de conhecimento fiscal reduzem a propensão para o envolvimento em estratégias de prevenção de riscos. Por outro lado, outros deduzem que o recurso a contabilistas aumenta o não cumprimento fiscal; é o caso de Ayres *et al.* (1989), que argumentam que o conhecimento fiscal e a experiência profissional dos contabilistas dão origem a estratégias fiscais que favorecem os seus clientes.

Outras linhas de investigação destacam determinantes técnicos, tais como a complexidade fiscal, como questões importantes no contexto do cumprimento fiscal (Tran-Nam, 2015). Estes estudos sinalizam que os profissionais da área fiscal, quando em situações complexas e ambíguas, têm uma predisposição para planear agressivamente a redução da carga fiscal (Borrego *et al.*, 2017). Avi-Yonah (2011) e Tran-Nam e Evans (2014) salientaram, adicionalmente, que a perceção da complexidade fiscal tem várias consequências para o cumprimento fiscal. A complexidade está associada, portanto, a maiores níveis de não cumprimento, a maiores custos de cumprimento e a uma maior necessidade de se recorrer a profissionais da área fiscal.

Em muitos países, os contabilistas têm gradualmente substituído os contribuintes nas tarefas de cumprimento, e como resultado, as perceções e atitudes destes profissionais passaram a influenciar os níveis de cumprimento fiscal dos contribuintes (Martins, 2019; Tarmidi, 2019; Kang, 2018; Borrego *et al.*, 2017; Devos, 2012; Gutman, 2012).

Os autores tendem ainda a dividir a complexidade fiscal em duas dimensões: a legislativa (por exemplo, a extensão da lei fiscal, a frequência de alterações da lei, a incerteza interpretativa, etc.); e a administrativa (por exemplo, as inúmeras declarações fiscais, a frequência de pagamentos, a velocidade dos canais eletrónicos), tal como referem Borrego *et al.* (2017), Tran-Nam *et al.* (2016) e Rumina *et al.* (2015).

Para alguns autores, os profissionais da área da fiscalidade consideram os sistemas fiscais como dotados de um elevado nível de complexidade (Borrego *et al.*, 2017; Lopes, 2012; Mckerchar, 2005). A maioria dos estudos sobre a perceção da complexidade e o seu impacto no cumprimento fiscal por parte dos contabilistas evidencia que podem utilizar a complexidade fiscal e os seus conhecimentos sobre esquemas de evasão ou planeamento fiscal agressivo, a fim de beneficiar clientes empresariais ou individuais (Stephenson, 2007; Erard, 1993). Pelo contrário, em Portugal, Borrego *et al.* (2017) concluíram que, mesmo que a perceção de complexidade fiscal por parte dos CC seja elevada, os próprios preferem não se envolver em esquemas de planeamento fiscal agressivo devido ao receio de perda de clientes.

No que à temática abordada nesta obra diz respeito, os CC desempenham um papel fulcral na aplicação do IRC e na determinação da tributação autónoma. Os CC são, como sabemos, os responsáveis pelo registo das despesas, bem como pela aplicação de taxas corretas de tributação autónoma, o que pode ter impacto na complexidade fiscal e no cumprimento fiscal. Aliás, os resultados empíricos de Dinis et *al.* (2019) sugerem de forma evidente que a tributação autónoma é uma questão superior no planeamento fiscal das sociedades. Para os autores, embora a tributação autónoma tenha sido introduzida para combater a evasão fiscal, parece agora ser essencialmente um meio de obter receitas fiscais (não obstante o seu papel na política fiscal ambiental), com um problema de eficiência jurídica (associado à complexidade da lei fiscal). Tal pode desencadear, pois, efeitos perversos relativamente ao cumprimento fiscal, tais como o planeamento fiscal abusivo e o não cumprimento das sociedades.

A fim de se compreender a complexidade da formulação da lei fiscal em Portugal, no caso especial da tributação autónoma, é necessário apreender, antes de mais, o quadro que sublinha a aparente anomalia da tributação autónoma no contexto do IRC.

3.3. A tributação autónoma das despesas: uma visão geral sobre a sua crescente complexidade

O conceito de tributação autónoma foi criado em Portugal, como já evidenciado anteriormente[201], pelo artigo 4.º do Decreto-Lei n.º 192/90, de 9 de junho de 1990. Posteriormente, a Lei 30-G/2000, de 29 de dezembro de 2000, alargou o alcance da tributação autónoma e introduziu-a no CIRC, no seu artigo 88.º. Até à atual redação, o artigo do CIRC que estabelece a tributação autónoma sofreu constantes alterações, envolvendo emendas, aditamentos, revogações, renumerações e reformas fiscais.

Ora, a evolução da complexidade da lei fiscal pode ser entendida como uma consequência da sofisticação económica e das suas inevitáveis novas operações e transações subjacentes, como defendido por Martins (2015).

A primeira forma de medir a simplicidade ou complexidade do sistema legislativo fiscal, de acordo com Lopes (2010), é por meio da extensão da legislação. Portanto, para ilustrar a complexidade da tributação autónoma, o Quadro 22 mostra a evolução do número de palavras, parágrafos e alíneas do atual artigo 88.º do CIRC, entre 1990 e 2020.

Quadro 22 — Evolução do número de palavras, parágrafos e alíneas do artigo 88.º do CIRC (1990–2020)

Ano	Número de palavras	Número de parágrafos	Número de alíneas
1990	75	1	-
1995	67	1	-
1997	112	2	-
1999	112	2	-
2000	285	6	-

[201] Já estava em vigor um «imposto especial sobre certas despesas das empresas», aprovado pelo Decreto-Lei n.º 119-A/83, em 1983.

Ano	Número de palavras	Número de parágrafos	Número de alíneas
2001	379	8	–
2001b	364	8	–
2002	367	8	–
2003	426	9	–
2004	416	9	–
2005	502	10	–
2006	623	12	–
2008a	622	12	–
2008b	702	12	2
2009	810	13	2
2010a	716	12	2
2010b	885	13	4
2011	864	14	2
2012	877	14	2
2014	955	16	7
2015a	975	16	7
2015b	1043	18	7
2016	1170	21	7
2017	1180	21	7
2020	1486	22	7
2020b	1505	22	7

Fonte: Adaptado de Martins, Dinis e Lopes (2018)

Do Quadro 22 é possível observar o aumento imparável da complexidade legislativa da tributação autónoma desde 1990, associada ao crescimento do número de palavras e de parágrafos. Como é defendido por diversos autores[202], na maioria dos casos, isso pode, pois, traduzir-se numa crescente ambiguidade da norma (e no caso em estudo da tributação autónoma) e numa complexidade interpretativa. Alterações e correções frequentes geram um nível mais elevado de ambiguidade; sendo este o caso, pode ser, então, identificado um elevado

[202] Como, por exemplo, Hoppe, T., Schanz, D., Sturm, S., e Sureth-Sloane, C. (2021). The Tax Complexity Index–A Survey-Based Country Measure of Tax Code and Framework Complexity. *European Accounting Review*.

nível de complexidade da norma da tributação autónoma, o que legitima o crescente número de litígios fiscais e de custos de cumprimento mais elevados.

3.3.1. A complexidade jurídica da tributação autónoma das despesas em Portugal: um primeiro olhar

No CIRC há dois artigos que devem ser particularmente considerados quando se trata da tributação autónoma: o 88.º e o 90.º. O artigo 88.º estabelece a sua base tributária (como já se viu, vários tipos de despesas) e as taxas de imposto (que variam entre 5% e 70%). Já o artigo 90.º institui o procedimento para a liquidação do IRC e é de extrema importância, porque aponta os tipos de deduções (os créditos fiscais) que podem ser compensados com o *IRC liquidado*.

Deste modo, nos termos do artigo 90.º do CIRC, podem ser feitas as seguintes deduções ao IRC apurado:

- Dupla tributação internacional;
- Benefícios fiscais;
- Pagamento Especial por Conta[203]; *e*
- Imposto retido na fonte não suscetível de compensação ou reembolso.

As várias etapas do cálculo do IRC são as que se apresentam no Quadro 23.[204]

Quadro 23 — Etapas de cálculo do IRC em Portugal

Cálculo do imposto
Base tributável (Rendimento tributável — Perdas transitadas)
***A taxa mais baixa para os primeiros 25 000 € do valor tributável para PME** (17%, em 2022)
***Imposto à taxa normal** (21%, em 2022)
+ Derrama estadual, a pagar em lucros superiores a 1,5 milhões de euros (até 9%, em 2022)
= Coleta de IRC
– Dupla tributação jurídica e económica internacional

[203] O artigo 106.º do Código do IRC estabelece, *genericamente*, que os contribuintes são obrigados a efetuar um pagamento anual mínimo de 850 € e um máximo de 70 000 €, independentemente de terem realizado lucros ou perdas, a menos que estejam abrangidos pelo regime simplificado.

[204] E que permitem o preenchimento da declaração de rendimentos Modelo 22 de IRC.

Cálculo do imposto
– **Créditos fiscais** (por exemplo, benefícios fiscais ao investimento)
– **Pagamento Especial por Conta (PEC)**
- Total das deduções
= IRC liquidado
- Retenção de imposto
– Pagamentos por conta
– Pagamentos adicionais por conta
= IRC a pagar ou IRC a recuperar
+ Derrama municipal
+ Tributação autónoma
= Imposto total a pagar ou Imposto total a recuperar

Debrucemo-nos especificamente sobre as questões associadas à dedução de créditos à receita de tributação autónoma — motivo que gerou, e tem gerado, mais litigância no CAAD[205].

Muitas sociedades têm deduções e créditos a serem utilizados no processo de cálculo do IRC a pagar. Para exemplificar, nos últimos anos, as sociedades têm-se confrontado com a AT quanto a um aspeto relacionado com a probabilidade de se uma sociedade tiver um crédito fiscal relacionado com incentivos ao investimento: Será que o crédito total pode ser deduzido apenas ao IRC, deixando a tributação autónoma como uma componente única e externa da base normal do IRC, para que a sociedade tenha de pagar apenas tributação autónoma? Ou a sociedade pode também deduzir o crédito não só ao IRC, mas também à tributação autónoma? Neste último caso, e se o valor a compensar superar o somatório do IRC com a tributação autónoma, então nenhuma tributação autónoma é efetivamente paga, porque o crédito fiscal seria igualmente imputado a este tipo especial de tributação. Em suma, a tributação autónoma é uma componente do IRC quando são calculadas as deduções fiscais (por exemplo, créditos fiscais, Pagamentos Especiais por Conta)? Ou, sendo um imposto sobre despesas, está excluída do cálculo normal do IRC e não podem ser feitas deduções à receita de tributação autónoma?

[205] Veja-se o Anexo 4 — A tributação autónoma em Portugal: análise da jurisprudência arbitral, que mostra por tema as decisões relativas à temática da tributação autónoma, em IRC.

Uma sequência de decisões arbitrais foi decidida a favor dos contribuintes, com base no facto de a tributação autónoma ser calculada com base no mesmo artigo do CIRC (artigo 90.º), no que se refere ao procedimento e à forma de liquidação, e pretendiam, por isso, ver compensados os créditos fiscais à receita de tributação autónoma, por tal não ser permitido efetuar-se aquando do preenchimento da declaração de rendimentos de IRC, Modelo 22[206]. Temendo-se uma perda significativa de receitas, o Governo português foi pressionado para alterar a lei, o que acabou por acontecer. A Lei n.º 7-A/2016, de 30 de março (Lei do Orçamento do Estado para 2016), modificou o artigo 88.º do CIRC, e, aditando o n.º 21 (atual n.º 22) ao referido artigo, estabeleceu que não poderiam ser efetuadas *quaisquer deduções* à receita de tributação autónoma. Este aditamento veio esclarecer que a liquidação da tributação autónoma teria apenas por base o artigo 88.º do CIRC, e não o artigo 90.º. Acresce que a Lei n.º 114/2017, de 29 de dezembro (Lei do Orçamento do Estado para 2018), alterou novamente o artigo 88.º, na redação do n.º 21 (atual n.º 22 do CIRC), acrescentando que não poderiam ser efetuadas *quaisquer deduções* à receita de tributação autónoma, «ainda que essas deduções resultem de legislação especial.» Esta alteração serviu para clarificar que a lei especial (e em particular os benefícios fiscais) não prevaleceria sobre a norma da tributação autónoma.

Porém, a estas alterações legais foi atribuído um *carácter interpretativo*, o que significaria que um processo a partir de 2013 levado a tribunal apenas em 2016, ou posteriormente, deveria ser decidido de acordo com a nova versão da norma da tributação autónoma, estabelecida no artigo 88.º do CIRC. Como resultado, os contribuintes começaram (e continuam) a argumentar que a(s) nova(s) regra(s) da tributação autónoma não podiam ter um carácter interpretativo, porque as decisões judiciais anteriores, por serem tão favoráveis às sociedades, não deixavam dúvidas interpretativas. Para muitos fiscalistas, dada a proibição constitucional de leis fiscais retroativas, a *natureza interpretativa* foi, de facto, um subterfúgio para disfarçar a retroatividade da lei fiscal (Nabais, 2019b) — o que aumentou ainda mais a litigância.

[206] Veja-se o Quadro 23, que ilustra bem esta situação: os créditos fiscais surgem antes do apuramento de tributação autónoma, pelo que, do ponto de vista declarativo, nunca seria possível a dedução dos mesmos.

3.3.2. A tributação autónoma em Portugal: jurisprudência arbitral tributária no CAAD

As condições prevalecentes nos tribunais judiciais estaduais (onde os processos podem demorar muito tempo) defendiam mecanismos alternativos de resolução. Desse modo, o Decreto-Lei n.º 10/2011, de 20 de janeiro, veio introduzir no ordenamento jurídico português a arbitragem em matéria tributária, como forma alternativa de resolução jurisdicional de conflitos no domínio fiscal.

Uma breve comparação entre os tribunais judiciais fiscais e os tribunais arbitrais pode ser vista no Quadro 24.

Os tribunais arbitrais têm um âmbito mais limitado em termos de valores de reclamação e possibilidades de recurso mais restritas. Mas, segundo Câmara (2015), as vantagens dos tribunais arbitrais são o curto período de tempo em que uma decisão deve ser proferida; a composição do tribunal, onde pessoas legalmente formadas, como juízes reformados ou professores de direito fiscal, se juntam a contabilistas, economistas e auditores quando os casos têm vários ângulos e justificam um conjunto multidisciplinar de peritos. Contudo, o CAAD implica normalmente um custo mais elevado para os litigantes. Ainda assim, o potencial de arbitragem tributária é enorme, dada a grande diferença no número de casos decididos em tribunais judiciais e nos tribunais arbitrais. Especialmente para as sociedades que requerem uma resolução mais rápida de litígios fiscais (os árbitros do CAAD levam seis meses para chegar a uma decisão, enquanto nos tribunais estatais pode levar anos), a arbitragem é cada vez mais vista como uma alternativa adequada.

Quadro 24 — Uma comparação entre os tribunais fiscais judiciais e arbitrais em Portugal[207]

Principais tópicos	Tribunal judicial fiscal	Tribunal de arbitragem fiscal
Valor do crédito	Sem limite	10 milhões de euros (máx.)
Base para as decisões	Lei fiscal	Lei fiscal
Data-limite para a decisão	Vários anos — média de três anos em 1.ª instância	seis meses (máx.)

[207] Ver Câmara (2015), considerando a alteração pela Lei n.º 119/2019, de 18 de setembro (em vigor a partir de 1 de outubro, e que produziu efeitos a partir de 1 de janeiro de 2020), ao artigo 25.º do Regime Jurídico da Arbitragem em Matéria Tributária, aprovado pelo Decreto-Lei n.º 10/2011, de 20 de janeiro.

Principais tópicos	Tribunal judicial fiscal	Tribunal de arbitragem fiscal
Possibilidade de recurso	Sim	Sim, em certos casos
Número de juízes	Um (1.ª instância)	Um a três, em função do valor do crédito
Perícia de juízes/árbitros	Menos, *ab initio*; cresce com a prática	Sim, especialização em diferentes áreas
Número médio de casos por ano	Várias centenas	Até dez, exceto alguns presidentes
Independência	Sim, juízes de carreira	Sim, sob escrutínio do CAAD, dos contribuintes e das autoridades fiscais

Fonte: Adaptado de Martins, Dinis e Lopes (2018)

Atendendo às incoerências da lei, e sobretudo das constantes alterações legislativas, a tributação autónoma originou, evidentemente, muitos conflitos judiciais, em particular no CAAD[208], no período de 2012 a 2022, como nos mostra o Quadro 25.

Quadro 25 — Casos fiscais no CAAD por área de impostos — 2012–2022[209]

Área de impostos	Total de casos	Total %
Imposto sobre o rendimento das sociedades (IRC)	**1 499**	**25,58**
Imposto sobre o rendimento das pessoas singulares (IRS)	**1 039**	**17,73**
Imposto sobre o Valor Acrescentado (IVA)	**776**	**13,24**
Impostos sobre o Património	**2 315**	**39,51**
Outros impostos	**75**	**1,28**
Total de casos no CAAD	**5 859**	

Fonte: Adaptado de CAAD (2022). https://www.caad.org.pt/tributario.

De um total de 5 859 casos apresentados ao CAAD desde 2012, e até 2022, um total de 1 499 situações foram decididas na área do IRC, representando 25,58% do total de casos.

[208] O CAAD foi introduzido na arbitragem jurídica portuguesa relativa a questões fiscais como alternativa à resolução judicial de conflitos na área fiscal (Ministério das Finanças, 2012). O CAAD foi escolhido neste estudo devido à disponibilidade de dados para análise.
[209] Acedido no *website* oficial do Centro de Arbitragem Administrativa, em https://caad.org.pt/tributario/decisoes/ (dados extraídos em 23 de março de 2022).

Por sua vez, o Quadro 26 revela a percentagem de conflitos fiscais de tributação autónoma em relação ao total de conflitos na área do IRC em Portugal.

Quadro 26 — Conflitos no CAAD na área do IRC — 2012–2022

Área de impostos	Total de casos	Total %
Imposto sobre o rendimento das sociedades (IRC)	**1499**	**25,58**
Derrama estadual	182	12,14
Derrama municipal	204	13,61
Benefícios fiscais	519	34,62
Dedução de prejuízos fiscais	66	4,40
Correções fiscais	56	3,74
Tributação autónoma	461	30,75

Fonte: Adaptado de CAAD (2022). https://www.caad.org.pt/tributario.

No número total de conflitos judiciais na área do IRC, quase 31% estão relacionados com a tributação autónoma, o que pode ser um indicador do nível de custos de cumprimento fiscal, como aliás exemplifica a Figura 2[210].

Figura 2 — Custos incorridos pela Administração Fiscal Portuguesa e pelos Contribuintes relacionados com casos de TA das sociedades no CAAD — 2012–2018, em EUR[211]

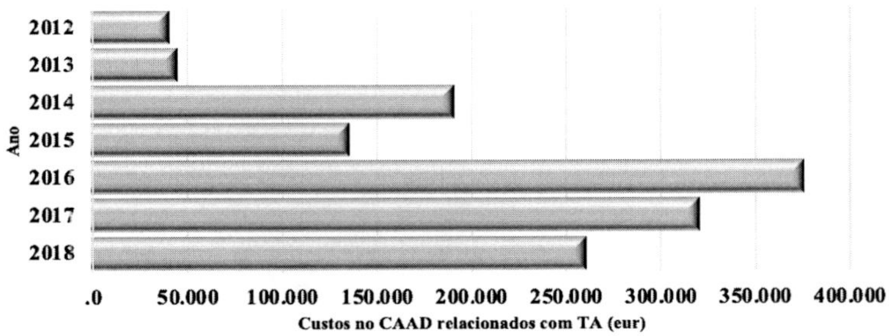

Fonte: Adaptado: CAAD (2018). https://www.caad.org.pt/tributario. Dinis *et al.* (2019)

[210] Uma nota para o facto de que os casos relacionados com os benefícios fiscais superarem em percentagem o número de casos relacionados com a tributação autónoma, porque muitos incluem as duas áreas de conflito (como de resto se pode observar no Anexo 4 — A tributação autónoma em Portugal: análise da jurisprudência arbitral).

[211] Não inclui a taxa de arbitragem inicial.

Os custos de contencioso fiscal da tributação autónoma incorridos pela AT e pelos contribuintes são elevados. Em 2016, e com base nos dados disponíveis, foi possível apurar que as taxas de arbitragem foram de quase 400 000 € e, em 2018, de quase 300 000 €[212].

A elevada carga fiscal da tributação autónoma sobre a soma das receitas fiscais das sociedades e o aumento dos conflitos judiciais relacionados com a tributação autónoma justificam, portanto, o estudo do papel da tributação autónoma no sistema fiscal português.

Numa primeira abordagem à questão central deste capítulo, apresenta-se um exemplo que se refere ao caso da decisão arbitral do CAAD, Processo n.º 91/2021-T[213], relativo ao exercício de 2015. Considerando que a Sociedade *A.* que apresentou prejuízo fiscal de 1 746 383,18 € procedeu ao Pagamento Especial por Conta (PEC) de 65 039,38 €, e incorreu em gastos sujeitos a tributação autónoma, tendo apurado o respetivo valor de 22 253,68 €. A natureza do problema em estudo pode ser resumida da seguinte forma: se o PEC puder ser imputado à coleta de IRC, então a sociedade *A.* não tem qualquer IRC a pagar (também por ter prejuízo fiscal, a coleta de IRC é nula). No entanto, ainda tem de pagar tributação autónoma, no valor de 22 253,68 €. Inversamente, se a tributação autónoma for encarada como incorporando o IRC, então a soma da coleta do IRC com a tributação autónoma é inferior ao PEC (22 253,68 € < 65 039,38 €), e a sociedade *A.* não tem nada que pagar.

Ou dito de outra forma: ligando a tributação autónoma ao IRC, e permitindo a compensação do PEC ao montante do IRC, somando a tributação autónoma, a receita fiscal da tributação autónoma desapareceria e o total a pagar seria zero. A sociedade *A.* argumentou, pois, que, no caso em análise, a tributação autónoma, devido à sua inserção no IRC, é formalmente uma componente do imposto sobre o rendimento, embora tributando despesas, pelo que a tributação autónoma, não tendo qualquer artigo separado no CIRC, além do artigo 90.º do CIRC, no qual se fundamenta a sua liquidação, deveria, portanto, ser incluída no montante contra o qual as deduções (créditos) possam ser compensadas, não podendo, desse modo, ser negada à sociedade *A.* a dedução do PEC à coleta de tributação autónoma, referente ao exercício fiscal de 2015.

[212] Dados analisados nos procedimentos do CAAD, no *website* oficial: https://www.caad.org.pt/tributário.

[213] Decisão de 19 de outubro de 2021, disponível no *website* do Centro de Arbitragem Administrativa, em https://caad.org.pt/tributario/decisoes/.

A AT respondeu, no processo, que a coleta de IRC (apurada regularmente com base nos rendimentos) tem uma natureza totalmente diferente e é distinta da tributação autónoma, sendo esta última calculada sobre as despesas. Para a AT, a intenção do legislador nunca poderia ser interpretada como colocar o IRC e a tributação autónoma ao mesmo nível, quando se calcula a base para as deduções de quaisquer montantes à receita de tributação autónoma, até porque não se pode «desvirtuar a figura da tributação autónoma e a sua estrutura conceptual», assim sustentou. Neste caso, o CAAD deu razão à AT.

Apesar de se tratar de um caso decidido no CAAD em 2021, o mesmo espelha que, por esta divergência, surgiu — e tem-se mantido —, então, uma leitura literal *versus* teleológica da norma da tributação autónoma. Numa primeira fase, entre 2013 e 2015, um número crescente de processos foi submetido ao CAAD para ser decidido. O Quadro 28 lista um resumo dos processos e das decisões, destacando a tendência geral de decidir a favor dos contribuintes, argumentando que os créditos fiscais, e em particular o PEC, poderiam ser subtraídos à receita de tributação autónoma (tendência que se verifica que mudou após a Lei n.º 7-A/2016, de 30 de março, como se apresenta no Quadro 29).

Outra área que foi, e continua a ser, altamente controversa envolve os créditos fiscais ao investimento, implementados em Portugal e concedidos às sociedades sob a forma de créditos fiscais e que operam por dedução à coleta de IRC.[214] A problemática pode ser ilustrada pelo seguinte caso da decisão arbitral do CAAD, Processo n.º 106/2021-T[215].

A sociedade *A.* apurou em 2013 um valor de tributação autónoma subsistente de 1 568 823,51 €, que considera ilegal, «na medida em que corresponde [o montante] a créditos fiscais derivados de benefícios fiscais ao investimento», e que por esse motivo não deveria pagar qualquer tributação autónoma. A questão a admitir-se é: Os créditos relacionados com o investimento serão de considerar como dedutíveis quer à coleta de IRC, adicionada

[214] Previstos em particular no Código Fiscal do Investimento (CFI), aprovado pela Lei n.º 162/2014, de 31 de outubro de 2014, que estabelece *a)* O regime de benefícios fiscais contratuais ao investimento produtivo; *b)* O Regime Fiscal de Apoio ao Investimento (RFAI); *c)* O Sistema de Incentivos Fiscais em Investigação e Desenvolvimento empresarial II (SIFIDE II); e *d)* O regime de Dedução por Lucros Retidos e Reinvestidos (DLRR).

[215] Decisão de 18 de outubro de 2021, disponível no *website* do Centro de Arbitragem Administrativa, em https://caad.org.pt/tributario/decisoes/.

da coleta de tributação autónoma, quer apenas ao IRC, deixando a tributação autónoma fora da base de dedução, dado que a tributação autónoma não está incluída no montante liquidado de IRC? A sociedade *A.* defende a inclusão de tributação autónoma no montante a que os créditos fiscais ao investimento podem ser compensados, ao passo que a AT argumenta o oposto.

Em decisões anteriores, o CAAD decidiu no sentido geral das decisões arbitrais, que era o de admitir que o «montante liquidado do imposto sobre as sociedades», como único montante explicitamente legislado no artigo 90.º do CIRC, deveria incluir tributação autónoma, porque, caso contrário, a tributação autónoma não teria qualquer base jurídica para ser exigida às sociedades. O mesmo não sucedeu neste caso: a decisão foi no sentido da posição da AT, que se opôs àquela interpretação. Para a AT, a intenção legislativa subjacente à tributação autónoma era combater a evasão fiscal e permitir a sua compensação através de créditos de investimento, estando contra os motivos económicos de natureza fiscal subjacentes à tributação autónoma. Conclui o CAAD que, se o benefício fiscal fosse utilizado, se frustraria «o objetivo que se pretende atingir com a tributação autónoma, que é justamente o de desincentivar a própria realização desse tipo de despesa.» Aliás, e tal como afirmam Taborda e Ribeiro (2020), ao referirem que a aceitação da dedução de créditos à receita de tributação autónoma levaria, «numa situação limite», à «subsidiação de despesas que o legislador procurou desincentivar»[216]. As diferentes perspetivas sobre a interpretação da lei fiscal que regula a tributação autónoma são, portanto, novamente sustentadas.

Na verdade, as receitas fiscais provenientes da tributação autónoma compreendem atualmente (como analisado antes) mais de 11% da coleta de IRC, o que ilustra a sua relevância para a receita fiscal e para o sector empresarial, pelo que a permissão de deduções à sua receita seria claramente gravosa.

[216] Só assim faria sentido. Aliás, se considerarmos as próprias condições de admissibilidade aos benefícios fiscais ao investimento, previstos no CFI, as aplicações relevantes, para efeitos de cálculo dos benefícios fiscais não contemplam, por exemplo, viaturas ligeiras ou mistas — nos termos do artigo 2.º do CFI, relativo ao regime de benefícios fiscais contratuais ao investimento produtivo; nos termos do artigo 22.º do CFI, relativo ao Regime Fiscal de Apoio ao Investimento (RFAI); e nos termos do artigo 30.º do CFI, relativo ao Regime de dedução por Lucros Retidos e Reinvestidos (DLRR) —, «salvo quando afetas à exploração de serviço

3.3.3. O impacto das receitas fiscais da tributação autónoma e a (compreensível) pressão na restrição das deduções à receita de tributação autónoma

É importante, pois, considerar a relevância económica da tributação autónoma na receita fiscal como um fator incondicional neste estudo.

O Quadro 27 compara os dados sobre a evolução das receitas provenientes da coleta de IRC, das receitas de TA e do PEC, nos anos selecionados para análise (complementar à análise anterior efetuada).

Quadro 27 — IRC, receitas da tributação autónoma e PEC — Portugal (2010–2020) (em milhões de euros)

Ano	2010	2012	2014	2016	2017	2018	2019	2020
Coleta de IRC	3 320	3 224	3 673	4 291	4 543	4 977	5 074	4 338
Tributação autónoma (TA)	360	491	551	492	510	541	568	487
Pagamento Especial por Conta (PEC)	36	121	168	182	158	141	79	41
TA/ Coleta de IRC	10,9%	15,2%	15%	11,5%	11,2%	10,86%	11,20%	11,22%
PEC/ Coleta de IRC	1,08%	3,75%	4,57%	4,24%	3,48%	2,83%	1,56%	0,94%

Fonte: Adaptado de AT (2022). https://info.portaldasfinancas.gov.pt/pt/dgci/divulgacao/estatisticas/.

O que se destaca deste Quadro 27 é que a coleta de IRC foi subindo até 2019, descendo, obviamente, no ano seguinte, por influência da pandemia de covid-19 (como de resto já havia sido referido anteriormente). Também se pode atentar que as receitas de tributação autónoma aumentaram, passando de representar 10,9% da coleta de IRC em 2010 para 15,2% em 2012, diminuindo ligeiramente, para 15%, em 2014, e assim continuando até 2017, quando atinge a percentagem de 11,2% da coleta de IRC, constante até 2020.

No entanto, em 2017, a tributação autónoma atingiu os 510 milhões de euros, e em 2019, 568 milhões de euros, muito acima dos 360 milhões de euros em 2010 (mesmo considerando a descida para 487 milhões de euros, em 2020, este valor é ainda muito superior ao do ano supramencionado). O valor do PEC, igualmente, atingiu o montante de 182 milhões de euros em 2016, sendo a sua descida, ao longo do período em análise, abrupta, flagrando em 2020 o montante de 41 milhões de euros (uma inversão completa, com-

público de transportes ou destinadas a serem alugadas no exercício da atividade normal do sujeito passivo, barcos de recreio e aeronaves de turismo.»

parativamente à receita fiscal obtida com a tributação autónoma)[217]. De facto, não há comparação da receita do PEC com a receita da tributação autónoma.

As receitas da tributação autónoma são, como se evidencia, uma ferramenta imprescindível da tributação das sociedades em Portugal. Dada a tendência inicial, acima referida, nas decisões arbitrais — permitindo a dedução de créditos (PEC e benefícios fiscais ao investimento) à tributação autónoma —, estas deram origem, evidentemente, a uma importante fonte de preocupação relacionada com a redução das receitas fiscais. E essa foi a razão por detrás da alteração da legislação fiscal que rege a tributação autónoma. Mas, como veremos, a mesma poderia ter sido conduzida de outro modo, gerando menos litígios fiscais.

3.3.4. Decisões de arbitragem sobre a dedução às receitas da tributação autónoma, do PEC e dos créditos fiscais ao investimento: uma primeira abordagem

Após a descrição das fontes de complexidade jurídica da tributação autónoma, e também da sua relevância como fonte de receitas fiscais, esta obra debruça-se, portanto, sobre o impacto das alterações legislativas promulgadas a partir de 2016.

O Quadro 28 regista dados sobre a primeira abordagem nas decisões de arbitragem fiscal relativas a deduções à tributação autónoma.

[217] O Pagamento Especial por Conta (PEC) está ligado ao volume de negócios e é dedutível à coleta de IRC, e funciona em termos gerais como um imposto mínimo mesmo para uma sociedade deficitária, que efetuará sempre o seu pagamento. Contudo, há uma quebra na sua receita a partir de 2019, nomeadamente pelo facto de existir uma redução no número de entidades que efetuaram o PEC, relacionada com o substancial alargamento das situações de dispensa deste pagamento previsto no atual quadro legal (artigo 106.º do CIRC — Pagamento especial por conta: «(...) ficam sujeitos a um pagamento especial por conta, a efetuar durante o mês de março ou em duas prestações, durante os meses de março e outubro do ano a que respeita ou, no caso de adotarem um período de tributação não coincidente com o ano civil, nos 3.º e 10.º meses do período de tributação respetivo (...) 10–(...) não é aplicável no período de tributação de início de atividade e no seguinte (...) 11–(...) e) Os sujeitos passivos que não efetuem o pagamento até ao final do terceiro mês do respetivo período de tributação, desde que as obrigações declarativas previstas nos artigos 120.º e 121.º, relativas aos dois períodos de tributação anteriores, tenham sido cumpridas nos termos neles previstos (...).» Acresce que, por força da pandemia de covid-19, foram alargadas as possibilidades de dispensa e reembolso integral da parte dos pagamentos especiais por conta.

Quadro 28 — Decisões do CAAD sobre deduções fiscais às receitas da tributação autónoma antes da lei interpretativa da tributação autónoma

<table>
<tr><th>Tribunal</th><th>Número do processo</th><th>Posição da Autoridade Tributária</th><th>Decisão do Tribunal</th></tr>
<tr><td>CAAD</td><td>769-2014-T, de 26 de abril de 2014</td><td rowspan="4">Não podem ser feitas deduções à tributação autónoma, porque é formal e materialmente diferente da coleta de IRC.</td><td>O artigo 90.º do CIRC refere-se às formas de liquidação do IRC, aplicando-se ao cálculo do imposto devido em todas as situações estabelecidas no Código. Por conseguinte, aplica-se igualmente à liquidação do montante da tributação autónoma, que é determinada nos termos do artigo 90.º do CIRC. Não há outra norma legal que preveja condições diferentes para a liquidação da tributação autónoma. Assim, os créditos fiscais e o PEC podem ser compensados na receita de tributação autónoma.</td></tr>
<tr><td>CAAD</td><td>59-2014-T, de 27 de junho de 2014</td><td rowspan="2">Os créditos fiscais e o PEC podem ser compensados na receita de tributação autónoma.</td></tr>
<tr><td>CAAD</td><td>79-2014-T, de 2 de outubro de 2014</td></tr>
<tr><td>CAAD</td><td>113-2015-T, de 30 de dezembro de 2015</td><td>Existe um conflito irreconciliável entre a ratio legis do Pagamento Especial por Conta e a admissão da sua dedução à tributação autónoma. Não faz sentido permitir a dedução do PEC à tributação autónoma. Assim, a tributação autónoma não faz parte do montante a deduzir dos créditos fiscais ou do PEC.</td></tr>
</table>

Fonte: Adaptado de Martins, Dinis e Lopes (2018).

Como se expõe no Quadro 28, a tendência geral nas decisões de arbitragem era interpretar o artigo 90.º do CIRC como sendo a única norma legal que permitia a liquidação e o pagamento de tributação autónoma. Embora o artigo 88.º do IRC defina a base de despesas e as taxas de imposto para o cálculo de tributação autónoma, nenhuma outra regra, além do artigo 90.º, de acordo com a grande maioria das decisões, poderia ser invocada pela AT para exigir o apuramento e o pagamento às sociedades de tributação autónoma.

Assim, surgiu um cenário difícil, com uma perda significativa de receitas fiscais, porque, de entre outros créditos, o PEC poderia ser compensado na receita de tributação autónoma. A mudança no CIRC era, desta forma, altamente provável, em resultado das opiniões contraditórias entre os contribuintes e a AT sobre a natureza da tributação autónoma como mecanismo de absorção de créditos e de redução dos pagamentos fiscais totais. Como já foi evidenciado, a tributação autónoma é uma fonte cada vez mais relevante de receitas do imposto sobre as sociedades, muito necessária em Portugal, nomeadamente em face do estado frágil (ainda atual) das finanças públicas. Desse ponto de vista, estava a desenvolver-se uma tendência perigosa nos tribunais arbitrais no sentido de que se poderia pôr em perigo uma componente importante das receitas fiscais totais (ligadas ao IRC). A natureza *interpretativa* da nova regra sobre a tributação autónoma pretendeu, pois, colmatar esta lacuna detetada.

3.3.5. Decisões de arbitragem sobre a dedução do PEC à tributação autónoma: uma segunda abordagem às decisões após a lei *interpretativa* de 2016

Ao afirmar que não podem ser feitas deduções à tributação autónoma, a nova lei supostamente respondeu à questão sobre se o PEC ou os créditos fiscais ao investimento, poderiam ser liquidados contra a receita de tributação autónoma, ou não. Não podem. Atribuir à nova lei um *carácter interpretativo* significa, como sabemos, que os casos anteriores, ainda no período litigioso, devem ser decididos de acordo com a nova redação da lei. Mas a aparente simplicidade desta solução desaparece quando é examinada mais de perto e revela um processo de fazer lei fiscal que não é tão claro como poderia parecer.

O Quadro 29 resume as recentes decisões do CAAD após a lei de 2016[218] — tendência que se manteve com a lei de 2017[219].

Quadro 29 — Decisões recentes do CAAD sobre deduções fiscais às receitas da tributação autónoma após a lei interpretativa da tributação autónoma

Tribunal	Número do processo	Posição da Autoridade Tributária	Decisão do Tribunal
CAAD	673-2015-T, de 28 de abril de 2016	Não são permitidas deduções. A nova lei é interpretativa. Além disso, um imposto baseado na despesa tem uma intenção totalmente diferente de um imposto baseado no rendimento. Assim,	O novo artigo 88.º (§21) do CIRC, inserido pela Lei n.º 7-A/2016, de 30 de março, estabelece expressamente a não permissão de deduções à tributação autónoma. Por outro lado, o artigo 135.º da Lei n.º 7-A/2016, de 30 de março, ao conferir um carácter interpretativo a esse novo número (§21, lido em conjugação com o artigo 13.º do Código Civil — que define o conceito de lei interpretativa), tem a intenção legislativa de aplicar o novo regime a situações em que os efeitos fiscais não sejam definitivos. (...)

[218] Lei n.º 7-A/2016, de 30 de março.

[219] Lei n.º 114/2017, de 29 de dezembro.

<table>
<tr><th>Tribunal</th><th>Número do processo</th><th>Posição da Autoridade Tributária</th><th>Decisão do Tribunal</th></tr>
<tr><td>CAAD</td><td>673-2015-T, de 28 de abril de 2016</td><td rowspan="4">o IRC e a tributação autónoma são formal e materialmente diferentes, e a tributação autónoma não pode ser combinada com o montante liquidado do IRC.</td><td>Tendo em conta esta posição, a atribuição de um carácter interpretativo ao artigo 88.º (§21) do CIRC é aceite à luz dos ensinamentos de Machado, uma vez que a solução aí prevista passa as provas enunciadas por este autor. Assim, a nova lei proíbe que o PEC seja deduzido à tributação autónoma.
Também se pode concluir que a nova lei tem um carácter interpretativo porque a solução que a nova lei consagra já foi adotada em alguns casos, nomeadamente no processo 113/2015-T.</td></tr>
<tr><td>CAAD</td><td>781-2015-T, de 4 de maio de 2016</td><td rowspan="3">Segue-se de perto os argumentos do processo 673-2015-T e decide-se que não são feitas deduções à tributação autónoma. A nova lei tem carácter interpretativo.</td></tr>
<tr><td>CAAD</td><td>784-2015-T, de 13 de maio de 2016</td></tr>
<tr><td>CAAD</td><td>122–2016-T, de 4 de novembro de 2016</td></tr>
</table>

Fonte: Adaptado de Martins, Dinis e Lopes (2018)

Diante do exposto no Quadro 29, pode concluir-se que as decisões arbitrais inverteram o curso[220], ou seja, a natureza interpretativa da nova lei foi genericamente defendida, e como resultado, os contribuintes perderam, no geral, os casos decididos ao abrigo da nova regra. O Processo 113-T-2015[221] foi crucial nesta linha de raciocínio. A natureza interpretativa estava altamente dependente do facto de a lei anterior — quando nenhuma regra explícita proibia deduções à receita de tributação autónoma — poder sustentar uma decisão que negasse que a tributação autónoma pudesse ser equivalente à coleta de IRC no que diz respeito às deduções.

[220] Comparar com os dados do Quadro 28.

[221] Ainda que as decisões arbitrais nos Processos n.ºs 219/2015-T, de 5 de outubro de 2015; 369/2015-T, de 25 de janeiro de 2016; 370/2015-T, de 25 de janeiro de 2016; 637/2015-T, de 28 de abril de 2016; 673/2015-T, de 28 de abril de 2016 (na parte relativa aos benefícios fiscais ao investimento); 740/2015-T, de 16 de maio de 2016; e 784/2015-T, de 13 de maio de 2016; ou a declaração de voto de vencido da árbitro professora Leonor Fernandes Ferreira, no processo n.º 697/2014-T, de 13 de maio de 2016, tenham mantido a tendência anterior.

3.3.6. Problemas legais com a nova regra da tributação autónoma: É *interpretativa ou inovadora*?

À luz dos ensinamentos de Machado (2016), para ter um carácter interpretativo, uma certa lei deve satisfazer os seguintes testes:

(i) a interpretação da antiga regra (neste caso, a redação do artigo 90.º do CIRC) foi contestada, e a solução definida pela nova lei está no âmbito da controvérsia anterior;

(ii) o juiz, ou o intérprete, pode alcançar esta nova solução («sem deduções à tributação autónoma») sem exceder os limites na interpretação e aplicação da lei anterior.

Para exemplificar a relevância desta nova regra que rege a tributação autónoma, consideremos o caso da decisão arbitral do CAAD, Processo n.º 275/2020-T[222]. Em 2018, a sociedade *A.* apresentou um pedido de revisão oficiosa tendo por finalidade ver reconhecido o direito à dedução de créditos fiscais à receita de tributação autónoma. O pedido de revisão oficiosa foi objeto de indeferimento. Seguiu-se o processo litigioso. Neste contexto, deveriam os árbitros aplicar o carácter interpretativo da nova lei sobre a tributação autónoma e julgar o caso de 2013 com a redação de 2016? Ou não, já que a sociedade *A.* argumentou (inevitavelmente) que a nova lei é *inovadora* (ou constitutiva) e não poderia ser aplicada retroativamente, dado o princípio da proibição da retroatividade das leis fiscais, nos termos do n.º 3 do artigo 103.º da Constituição da República Portuguesa[223]?

O legislador pode ter designado uma lei como sendo de *natureza interpretativa*, quando na realidade é uma regra *inovadora* que deve ser aplicada apenas em casos futuros, e não a casos passados (Machado, 2016)[224]. A questão colo-

[222] Decisão de 25 de novembro de 2020, disponível no *website* do Centro de Arbitragem Administrativa, em https://caad.org.pt/tributario/decisoes/.

[223] No caso em apreço, o CAAD «limitou-se a interpretar as disposição do artigo 90.º, n.º 2, alínea *c),* do CIRC segundo as regras gerais da hermenêutica jurídica, abstendo-se de aplicar a disposição do falado artigo 88.º, n.º 21, do CIRC, pelo que, não tendo sido utilizada essa disposição como *ratio decidendi*, não é invocável a violação de qualquer parâmetro de constitucionalidade que se reporte ao pretenso carácter interpretativo da lei, seja por referência ao princípio da proibição da retroatividade da lei fiscal ou a qualquer dos demais princípios constitucionais invocados» (Cfr., entre muitos, os acórdãos do Tribunal Constitucional n.ºs 319/94 e 524/98).

[224] Já em 2000, o professor Saldanha Sanches discutia a *inovação* das regras fiscais a propósito da lei interpretativa. Cfr. Sanches, S. (2000). Lei interpretativa e retroatividade em matéria fiscal. *Fiscalidade*, 1, 77–88.

ca-se porque a natureza interpretativa da lei teve um impacto nas decisões do CAAD, em particular após a lei de 2016, que alterou profundamente a norma da tributação autónoma.

Com base numa interpretação jurídica, antes da nova regra da tributação autónoma, uma maioria clara e consistente de decisões arbitrais do CAAD sustentou que os créditos fiscais podiam ser compensados à receita de tributação autónoma[225]. Assim, os contribuintes argumentariam que a condição *ii)* do regime teórico de Machado (2016) não estava preenchida, e que a lei era de facto inovadora. Contudo, esta condição *ii)* explicita que, no quadro jurídico pré-2016, «o juiz ou o intérprete pode alcançar esta nova solução sem exceder o limite de interpretação e aplicação da lei».

Confrontando este requisito com os dados apresentados no Quadro 28, apenas no Processo 113-T-2015 o tribunal arbitral se pronunciou a favor da AT. Será isto suficiente para sustentar a condição *ii)* e, consequentemente, negar as deduções à receita de tributação autónoma? Além disso, quais são as implicações políticas das diferentes interpretações legais das regras da tributação autónoma? De facto, pode argumentar-se que as normas *interpretativas* disfarçam as normas *inovadoras*, dada a clara maioria das decisões, antes de 2016, favorecerem os contribuintes.

3.4. Implicações políticas da complexidade da tributação autónoma em Portugal: elaboração e interpretação da legislação fiscal

Uma primeira lição a tirar da análise apresentada nesta secção é que (como é bem conhecido noutros países), quando a legislação fiscal tem uma lacuna real ou percebida, os contribuintes irão utilizá-la para reduzir a sua carga fiscal efetiva. O facto de a tributação autónoma possuir uma base fiscal específica (artigo 88.º do CIRC), mas nenhuma regra explícita sobre a qual basear a sua liquidação, permitiu às sociedades argumentar que o montante liquidado do IRC (nos termos do artigo 90.º) deveria incluir a tributação autónoma. Por conseguinte, os créditos fiscais poderiam ser compensados à coleta de IRC, que seria aumentada pela tributação autónoma, e isso levaria, como resultado, a uma potencial perda do imposto, consequência das decisões arbitrais que tenderam nesse sentido.

[225] Veja-se os exemplos apresentados na decisão arbitral do **CAAD**, **Processo n.º 91/2021-T**, de 19 de outubro de 2021, disponível no *website* do Centro de Arbitragem Administrativa, em https://caad.org.pt/decisõeso/decisões/.

Desde o começo, quando as regras da tributação autónoma foram inseridas no CIRC, foi possível detetar um processo ineficiente de elaboração de leis fiscais (no seguimento do pensamento de Heaton, 2013 e do *Office of the Parliamentary Counsel*, 2013). Ao estabelecer explicitamente regras específicas relativas à base tributável e às taxas de tributação autónoma, sem as distinguir do IRC em termos de procedimento de liquidação, o legislador abriu o caminho para a controvérsia associada à interpretação da lei: os contribuintes encontraram, desde logo, um motivo para argumentar que a tributação autónoma deveria ser incluída no «montante liquidado de IRC» e as deduções permitidas; caso contrário, a liquidação da tributação autónoma não teria base legal e o seu pagamento seria ilegal.

Mais: esta problemática destaca outra particularidade bem conhecida da política fiscal. Quando confrontadas com decisões judiciais desfavoráveis, emergentes de uma norma fiscal aberta à interpretação, as autoridades fiscais, gozando de maior proximidade com os legisladores, podem exercer pressão para uma mudança (Slemrod, 2012). No entanto, isto cria várias consequências, como ilustra também o presente capítulo. Um certo sentimento de injustiça resulta destas disposições. De facto, para os contribuintes que receberam decisões judiciais relacionadas, por exemplo, com um crédito fiscal de 2013 deduzido à receita de tributação autónoma e viram os seus casos decididos antes da nova lei (*interpretativa*), a carga fiscal foi inferior à de outros — *ceteris paribus* — na mesma situação, mas com os seus casos decididos após a entrada em vigor da nova lei.

Além disso, e perante o cenário que se mantém atual, mesmo depois da uniformização da Jurisprudência, a *nova* Lei não é um exemplo muito bom de uma redação cuidadosa da lei fiscal. Na verdade, uma solução mais adequada poderia ter passado pela alteração do artigo 90.º do CIRC, que, como se viu, estabelece as regras de liquidação do imposto sobre as sociedades e as deduções admitidas. A alternativa adotada, ao alterar o artigo 88.º, em que a base tributável e as taxas de tributação autónoma são definidas, parece ser menos coerente, de um ponto de vista jurídico. Sendo este o caso, poder-se-ia dizer que o processo de fazer a lei fiscal, no caso particular da tributação autónoma, aumentou desnecessariamente a complexidade da própria lei (Martins *et al.*, 2018).

O impacto negativo deste processo de elaboração da lei fiscal é particularmente sentido pelos profissionais de contabilidade. Nas PME, geralmente sem um advogado (da área fiscal) residente, a interpretação das regras relativas à base tributável da tributação autónoma pode, pois, ser bastante complexa (nesse sentido, o estudo de Dinis *et al.*, 2019). Outro ponto importante a salientar é que, como mostra o Quadro 28, apenas um caso (113-T/2015) é visto como prova de que o legislador poderia ter chegado à conclusão agora consagrada na nova lei (sem deduções à receita de tributação autónoma). Esta conclusão está claramente aberta (ainda) ao debate, dado um grande número de decisões que tomaram a decisão contrária (e no que se avista futuramente, em situações semelhantes). As decisões judiciais, influenciando a carga fiscal de uma sociedade, são assim proferidas num contexto jurídico muito incerto e melindroso (Sanches, 2010; Basto, 1994).

O colmatar de uma lacuna detetada, e a redação e o processo de redação técnica deficientes, geraram outra controvérsia jurídica: a natureza *interpretativa versus* a natureza *inovadora* da(s) nova(s) regra(s). Era, deste modo, previsível que a controvérsia não seria terminada de repente. Não deve ser esquecida a origem do problema discutido neste capítulo: a verdadeira natureza da nova cláusula. O Tribunal Constitucional[226] foi, evidentemente, chamado para esclarecer o seu significado e esclarecer as dúvidas suscitadas pela suposta inconstitucionalidade das alterações ao artigo 88.º do CIRC, promovidas quer pela Lei n.º 7-A/2016, de 30 de março, quer pela Lei n.º 114/2017, de 29 de dezembro.

Assim, no Acórdão 267/2017, e tal como vertido no Acórdão 107/2018, «o Tribunal Constitucional não julgou inconstitucional a norma do n.º 21 do artigo 88.º do Código do IRC — nos termos da qual os pagamentos especiais por conta não podem ser deduzidos aos montantes das tributações autónomas —, *mas* a norma do artigo 135.º da Lei n.º 7-A/2016, de 30 de março, que lhe atribui natureza interpretativa (e, por essa via, nos termos das regras gerais, efeito retroativo). A constitucionalidade da solução consagrada no n.º 21 do artigo 88.º não esteve (...) em causa. Mais: o que o Tribunal julgou inconstitucional foi a *imposição legal* de determinado sentido, o que *em nada* impede que o mesmo sentido seja alcançado através da interpretação *jurisdicional* da lei, ou seja, não porque o legislador a impôs, mas porque entende o tribunal do caso que essa é a interpretação correta da lei.»

[226] **Acórdão do Tribunal Constitucional n.º 267/2017, Processo n.º 466/2016**, de 31 de maio de 2017, Relator: conselheiro Pedro Machete; e **Acórdão do Tribunal Constitucional n.º 107/2018, Processo n.º 1430/2017**, de 22 de fevereiro de 2018, Relator: conselheiro Gonçalo de Almeida Ribeiro (disponíveis no *website* do Tribunal Constitucional, em: https://www.tribunalconstitucional.pt/tc/acordaos).

Acresce, mesmo na solução reiterada nos Acórdãos 182/2020 e 516/2020[227] do Tribunal Constitucional, que «a interpretação resultante da norma extraída da alínea *c)* do n.º 2 do artigo 90.º do CIRC, quando interpretada no sentido de afastar a dedução relativa a benefícios fiscais da coleta apurada em sede de tributações autónomas não ofende o invocado parâmetro do princípio da legalidade fiscal, nos termos do artigo 103.º, n.º 3, da Constituição da República Portuguesa.»

Igualmente veio, e em recurso para a uniformização de Jurisprudência, o Supremo Tribunal Administrativo (STA)[228] pronunciar-se no sentido de que «I — As tributações autónomas, embora liquidadas no âmbito do IRC, constituem uma imposição fiscal material e estruturalmente distinta deste. II — Para não frustrar os objetivos tributários prosseguidos com a tributação, através de tributações autónomas, não são admitidas deduções à respetiva coleta que não estejam expressamente previstas na lei, designadamente, está excluída a possibilidade de dedução dos montantes apurados a título do benefício fiscal SIFIDE II (...). III — Esta interpretação normativo-legal dos preceitos tributários do CIRC e do Regime legal do SIFIDE II não foi alterada com a introdução do n.º 21 ao artigo 88.º do CIRC por efeito da aprovação da Lei n.º 7-A/2016». Nesse sentido, deliberou o STA que a não admissão de «deduções à coleta das tributações autónomas relativas aos montantes apurados a título de benefício fiscal SIFIDE», já que as tributações autónomas, embora liquidadas no âmbito do IRC, constituem uma imposição fiscal material e estruturalmente distinta desta[229].

[227] **Acórdão do Tribunal Constitucional n.º 182/2020, Processo n.º 868/2018**, de 11 de março de 2020, Relator: conselheira Joana Fernandes Costa; e **Acórdão do Tribunal Constitucional n.º 516/2020, Processo n.º 480/2019**, de 20 de outubro de 2020, Relator: conselheira Mariana Canotilho (disponíveis no *website* do Tribunal Constitucional, em: https://www.tribunalconstitucional.pt/tc/acordaos).

[228] **Acórdão do Supremo Tribunal Administrativo n.º 5, Processo 10/20.1BALSB — Pleno da 2.ª Secção**, de 8 de julho de 2020, Relator: Suzana Tavares da Silva (disponível em https://www.dgsi.pt/).

[229] Sendo certo que «embora, o acórdão uniformizador seja restrito aos montantes apurados a título de benefício fiscal SIFIDE, os argumentos que conduziram à prolação do aresto não se confinam ao SIFIDE, antes pelo contrário, são extensíveis aos outros benefícios fiscais, nomeadamente ao RFAI e CFEI», tal como sustenta a decisão arbitral do **CAAD, Processo n.º 108/2021-T**, de 15 de dezembro de 2021, disponível no *website* do Centro de Arbitragem Administrativa, em: https://caad.org.pt/tributario/decisoes/.

Estas decisões parecem ter finalmente encerrado a controvérsia, sendo que as decisões arbitrais anteriores divergentes apontam a crescente complexidade na aplicação da nova regra, esperando-se que os vários processos judiciais e arbitrais pendentes possam de facto terminar.

3.5. Notas conclusivas

Existem diferentes perspetivas de interpretação da lei fiscal entre os seus distintos utilizadores, tais como contribuintes, autoridades fiscais, contabilistas, advogados e juízes. Em Portugal, o problema parece ser especialmente grave no caso da tributação autónoma — uma característica do imposto sobre o rendimento das sociedades que tributa as despesas das sociedades, e não os seus rendimentos.

Neste capítulo, as alterações da lei fiscal e a jurisprudência foram analisadas no contexto particular da tributação autónoma, tendo sido destacados muitos conflitos entre os contribuintes e a AT. Em resultado destas alterações e divergências, os contribuintes incorreram num aumento das despesas legais, e em particular, das despesas de contencioso. Dadas as decisões desfavoráveis contra a AT em matéria de deduções de créditos fiscais à receita de tributação autónoma, o artigo 88.º do CIRC foi alterado, primeiro em 2016 e posteriormente em 2017, a fim de pôr termo a essas deduções. Mas o carácter interpretativo da(s) nova(s) regras provocou imediatamente uma nova controvérsia, tanto que o Tribunal Constitucional foi chamado a esclarecer o significado da nova cláusula e, recentemente, também, o STA procedeu à uniformização da Jurisprudência.

Pela litigância que gerou, desde então, pode dizer-se que esta situação apresenta uma complexidade desnecessária, uma vez que o processo de elaboração da lei fiscal poderia ter sido melhorado com vista a clarificar a lei (princípios) e a sua aplicação (prática).

Nos últimos anos, ao alargar o número de despesas sujeitas a tributação autónoma e ao incrementar as taxas de imposto, foi imposta às sociedades uma fonte paralela de tributação (dado que o IRC tem um carácter quase dual). Não é difícil de prever, pois, que novas questões fiscais relacionadas com a tributação autónoma venham a surgir no futuro.

PARTE II

A Tributação Autónoma das Despesas no Contexto Internacional

Capítulo IV
A Tributação das Despesas: Breve Perspetiva Internacional

4.1. Introdução

Ao nível internacional, a tributação de despesas no contexto da tributação de sociedades não é um instrumento político habitual. Assim, além de uma lista de custos não dedutíveis — como se verifica regularmente noutros países que adotam o imposto sobre o rendimento das pessoas coletivas —, Portugal impõe, como vimos, uma penalização fiscal adicional sobre um vasto conjunto de despesas, tributando-as de forma autónoma.

Como foi brevemente afirmado no início deste trabalho, Portugal é um *outlier* quando se trata da tributação autónoma, pois nenhum outro país da OCDE tem uma fonte de receitas semelhante, nem uma diversidade tão vasta de taxas de tributação das despesas empresariais. Em muitos países, como já aludimos, a política penalizadora regular é definir um conjunto de despesas contabilísticas não dedutíveis ao nível fiscal, e uma outra política comum restritiva em matéria de impostos sobre as sociedades que consiste em limitar algumas destas despesas a uma determinada percentagem.

No entanto, em alguns dos PALOP (Países Africanos de Língua Oficial Portuguesa), como Angola, Cabo Verde e Moçambique, países influenciados pela tradição jurídica portuguesa, foi introduzida a tributação autónoma. Também a França e o Reino Unido utilizaram uma abordagem análoga à tributação autónoma, para visar algumas despesas empresariais (trataram-se, contudo, de medidas excecionais, e não características permanentes do imposto sobre o rendimento das pessoas coletivas). A Austrália, a Bélgica, a Bulgária, o Camboja, o Malawi, a Nova Zelândia e o Peru adotaram também uma abordagem semelhante à solução portuguesa, tendo em vista algumas despesas empresariais e aplicando impostos sobre pagamentos em espécie [Fringe Benefits Tax — FBT[230]].

4.2. A tributação autónoma em Angola, Cabo Verde e Moçambique

Em Angola, a Lei n.º 19/2014, de 22 de outubro de 2014, modificou o *Imposto Industrial* (o IRC local). Um regime de tributação autónoma entrou em vigor em 1 de janeiro de 2017[231]. Mesmo assim, a base da tributação autónoma angolana é mais estreita do que a portuguesa.

Até 2019, no IRC angolano, sobre os custos indevidamente documentados — quando a documentação de apoio apenas identificasse o comprador — incidia uma taxa de tributação autónoma de 2%. Os custos não documentados — quando não existisse documentação comprovativa válida — tinham de suportar uma taxa de 4%[232]. Atualmente, apenas os custos incorridos para despesas não documentadas — quando não existe documentação comprovativa válida e a sua natureza não é materialmente verificável — têm de suportar uma taxa de 30%, que aumenta para 50% se o contribuinte estiver isento ou não sujeito a tributação. As doações que infringem as regras estabelecidas pela Lei do Mecenato são tributadas a uma taxa de 15%.

Mais semelhante à solução portuguesa, e em conformidade com a Lei 82/VIII/2015, de 7 de janeiro de 2015[233], que promulgou o novo *Código do Imposto sobre o Rendimento das Pessoas Coletivas* em Cabo Verde, foram estabelecidas várias taxas de tributação autónoma. Assim, em Cabo Verde, as despesas não documentadas são tributadas a uma taxa de 40%; os custos relacionados com viaturas ligeiras de passageiros ou mistas, motos e motociclos (cujo custo de aquisição seja superior a 4 milhões de escudos, e não afetos à exploração de serviço público de transportes, destinados a serem alugados no exercício da atividade normal do sujeito passivo, e frota inferior a vinte viaturas), despesas

[230] Geralmente, um *FBT* é um imposto a pagar pelos empregadores por benefícios pagos a si próprios e aos empregados, em vez do salário.

[231] Alterado pela Lei n.º 4/19, de 18 de abril de 2019, e pela Lei n.º 26/20, de 20 de julho (disponível no *website* do Ministério das Finanças — Governo de Angola, em: https://www.ucm.minfin.gov.aohttp://www.at.gov.mz/).

[232] Ao abrigo da nova lei, foram eliminadas as taxas de TA sobre custos indevidamente documentados e sobre os custos não documentados.

[233] Alterado e republicado pela Lei n.º 86/IX/2020, de 28 de abril, e alterado pela Lei 116/IX/2021, de 2 de fevereiro (disponível no *website* do Ministério das Finanças — Governo de Cabo Verde, em: https://mf.gov.cv).

de representação e ajudas de custo e compensações pela utilização de veículo próprio dos trabalhadores, não cobradas aos clientes, são tributados a uma taxa de 10%; alguns benefícios marginais (por exemplo, a remuneração em espécie) são tributados a 10%. Finalmente, os pagamentos efetuados a entidades residentes em jurisdições com impostos reduzidos suportam uma taxa de 60%. As taxas são agravadas em 10% no caso dos sujeitos passivos que beneficiem de regime de tributação privilegiada ou que apresentem um prejuízo fiscal em dois períodos de tributação consecutivos (exceto nos três primeiros anos de atividade, em caso de investimento elevado). Acresce que pode ser feita dedução ao pagamento de tributação autónoma por eventual crédito fiscal resultante de pagamentos fracionados de IRPC.

O Código do IRC em Moçambique[234] prevê também uma taxa de tributação autónoma de 35%, em relação às despesas não documentadas e às despesas confidenciais ou ilegais.

4.3. As medidas temporárias de tributação das despesas aplicadas em França e no Reino Unido

A França e o Reino Unido promulgaram medidas, semelhantes às da tributação autónoma, destinadas aos gestores, diretores e administradores dos pacotes de compensação. Mas, ao contrário de Portugal, foram tratadas como medidas temporárias.

Em França, através da publicação do *Décret n° 2010-217*, de 3 de março de 2010, foi introduzida uma taxa de imposto de 50% aplicável a bónus superiores a 27 500 €. A principal diferença — em relação a Portugal — é que a medida foi aplicada retroativamente a todos os pagamentos efetuados durante o ano de 2009, sendo o imposto devido em abril de 2010.

Contrariamente, no Reino Unido, pela *Finance Act 2010*, de 8 de abril de 2010, foi imposta uma taxa de imposto de 50% sob a forma de «imposto bancário sobre os salários», com referência a todas as formas de compensação e benefícios pagos aos diretores (e alguns trabalhadores que desenvolvessem uma «atividade regulada»), com exceção da «remuneração excluída».

O imposto bancário sobre os salários era um imposto único, e compreendia uma taxa de 50% aplicada a bónus bancários superiores a £25 000 e

[234] *Código do Imposto sobre o Rendimento das Pessoas Coletivas*, aprovado pela Lei n.º 34/2007, de 31 de dezembro, com as alterações introduzidas posteriormente pela Lei 20/2009, de 10 de setembro, Lei 4/2012 de 23 de janeiro e Lei 19/2013 de 23 de setembro (disponível no *website* da Autoridade Tributária de Moçambique, em: https://www.at.gov.mz/).

cobrado à entidade empregadora. Vigorou no período entre 9 de dezembro de 2009 e 5 de abril de 2010.

4.4. A tributação sobre os pagamentos em espécie na Austrália, Bélgica, Bulgária, Camboja, Malawi, Nova Zelândia e Peru

A *Income Tax Assessment Act* (ITAA)[235] na Austrália inclui um *FBT* de 47%, que se aplica ao uso empresarial de automóvel, estacionamento, despesas de entretenimento, pagamentos de despesas empresariais ou privadas, renúncia a empréstimos, habitação, alojamento e refeições, e subsídios de residência. Aqui pode detetar-se, à semelhança de Portugal, uma intenção de fazer com que a lei penalizasse despesas consideradas não essenciais, e que podem mesmo revelar uma capacidade contributiva oculta.

Na Bélgica, um *taxe de commission secrèt*[236] de até 102% [100% mais um *impôt de crise* de 2%[237]] aplica-se a *comissões secretas*[238], relacionadas com comissões, corretagem, comércio, ou outros descontos, taxas ocasionais ou não casuais, bónus ou benefícios em espécie, que geram rendimentos profissionais para os beneficiários; estende-se também às remunerações ou indemnizações semelhantes que são pagas ao pessoal ou ao antigo pessoal da empresa pagadora, e aos subsídios fixos concedidos ao pessoal para cobrir os custos relacionados com a empresa.

De acordo com a Lei Búlgara do Imposto sobre o Rendimento das Pessoas Coletivas [*Zakon za korporativnoto podokhodno oblagane*[239]], algumas despesas empresariais estão sujeitas a um imposto único, tais como despesas de

[235] *Income Tax Assessment Act 1997* (inclui alterações até ao Act No. 94, 2017) and *Fringe Benefits Tax Act 1986* (inclui alterações até ao Act No. 145, 2015) — disponível nos *websites* da Australian Taxation Office, em: https://www.ato.gov.au/; e Federel Register of Legislation, em https://www.legislation.gov.au/. Uma nota: a propósito da pandemia provocada pela covid-19, as empresas puderam candidatar-se a uma isenção desta tributação.

[236] *Service Public Fédéral Finances*, *Commissions secrètes* in *Code des impôts sur les revenues — National Lois*, 1992 (disponível no *website* da Bélgica, Service Public Fèdéral FINANCES, em https://finances.belgium.be/fr/).

[237] Se forem consideradas certas condições, a tributação da comissão secreta não será aplicável (por exemplo, se o contribuinte demonstrar que o beneficiário comunicou o rendimento não divulgado numa declaração de imposto sobre o rendimento belga ou estrangeira), ou pode ser limitada a 52% (50% mais 2% de imposto de crise).

[238] As comissões secretas são despesas cujo beneficiário não seja devidamente identificado dentro do prazo exigido pela autoridade fiscal belga.

[239] *Prom. SG. 105/22 Dec 2006, amend. and suppl. SG. 97/6 dezembro 2016:* disponível em: https://www.nra.bg/en/.

representação relacionadas com o negócio de uma sociedade, despesas sociais fornecidas aos empregados em espécie (por exemplo: vales de alimentação, pensão voluntária, seguros de saúde e seguros de vida), e despesas em espécie relacionadas com o uso privado dos bens da sociedade (em que a atividade de gestão é realizada com esses bens). A taxa do imposto único em relação às despesas acima referidas é de 10%. Além disso, as despesas sociais fornecidas em espécie aos empregados (benefícios marginais) são tributáveis à taxa de 10% e pagas pelo empregador.

No Camboja, a *Law on Financial Management*[240] aplica uma taxa de imposto de 20% sobre o valor total das prestações marginais concedidas a todos os empregados.

A Lei Fiscal do Malawi[241] inclui um *FBT* pelo qual o empregador é responsável, e que é cobrado à taxa de 30%, exceto para subsídios de subsistência (nomeadamente alojamento, refeições, transporte, etc.). A taxa para um subsídio de alojamento é a maior de *(i)* 10% do salário quando a casa não está mobilada; *(ii)* de 12% do salário se está mobilada; ou *(iii)* reduzida em 50% quando a casa ocupada pelo empregado é propriedade do empregador. O imposto sobre os benefícios marginais é de 15% do custo original de um veículo e é aplicável aos veículos automóveis destinados a serem utilizados por membros do pessoal [não incluindo os veículos partilhados[242] ou os veículos estritamente comerciais].

Na Nova Zelândia, a Lei do Imposto sobre o Rendimento[243] estabelece que os empregadores estão sujeitos a um *FBT* dedutível nos impostos sobre o valor dos benefícios não pecuniários concedidos aos empregados. Os benefícios marginais incluem os veículos automóveis disponíveis para uso privado, os empréstimos a taxas de juro inferiores às prescritas normalmente, as contribuições para regimes de seguro médico e as contribuições não monetárias dos

[240] Promulgado pelo *Royal Kram no. NS/ RKM/1216/019*, de 14 de dezembro de 2016: disponível no website do Departamento Geral de Impostos - Câmara de Comércio da China (Camboja), em: https://www.tax.gov.kh/en/ .

[241] *Malawi Taxation Act*, 2006 (disponível no *website* de Malawi Revenue Authority, em: https://www.mra.mw/.).

[242] *Pool car:* um veículo partilhado pelos empregados e considerado como um instrumento empresarial essencial e sujeito a impostos mais baixos.

[243] *Income Tax Act*, 2007. (disponível no *website* Parliamentary Counsel Office — Governo da Nova Zelândia, em: https://www.legislation.govt.nz/; e Inland Revenue, em: https://www.ird.govt.nz/.

empregadores para regimes de pensões. As atuais taxas de base para benefícios marginais atribuídos variam entre 11,73% a 49,25%, dependendo da remuneração líquida (incluindo benefícios marginais).

No Peru, a Lei Peruana do Imposto sobre o Rendimento [*Reglamento de la Ley del Impuesto a la Renta*[244]] estabelece que as sociedades estão sujeitas a uma taxa de imposto adicional de 5% sobre cada montante ou pagamento em espécie.

O Quadro 30 compara Portugal e os países selecionados anteriormente descritos no que diz respeito à tributação das despesas das sociedades.

Quadro 30 — Tributação das despesas das sociedades: comparação entre Portugal e alguns países selecionados

Países	Base Tributável	Taxas (%)
Portugal	Tributação autónoma:	
	• despesas relacionadas com veículos	10 / 27,5 / 35
	• despesas de representação	10
	• despesas não documentadas	50 / 70
	• pagamentos efetuados a entidades residentes em jurisdições com baixos impostos	35 / 55
	• ajudas de custo e compensações pagas a trabalhadores	5
	• custos com compensações a gestores ou membros do conselho/ custos com bónus e outras remunerações variáveis pagas a gestores	35
	• lucros distribuídos a entidades total ou parcialmente isentas de IRC	23
	Taxa incremental sobre a tributação autónoma:	
	• se uma sociedade tiver prejuízos fiscais no ano fiscal em que as despesas são incorridas	10
Angola	Tributação autónoma:	
	• despesas não documentadas	30
	• despesas não documentadas (se o contribuinte estiver isento ou não sujeito a tributação)	50

[244] *Decreto Supremo no. 122-94-EF*. disponível em Superintendencia Nacional de Aduanas y de Administración Tributaria (SUNAT). Gobierno del Perú: https://www.sunat.gob.pe/legislacion/renta/regla/ .

Países	Base Tributável	Taxas (%)
Austrália	Imposto sobre pagamentos em espécie (*Fringe Benefits Tax*): • utilização do carro • estacionamento automóvel • despesas de entretenimento • pagamento de despesas comerciais ou privadas • perdão de dívidas de empréstimos • alojamento • alojamento e refeições • subsídio de residência longe de casa	47
Bélgica	Imposto sobre comissões secretas (*taxe de commission secrèt*): • comissões, bónus, ou benefícios em espécie • remunerações ou indemnizações que são pagas ao pessoal ou antigo pessoal da empresa pagadora • subsídios fixos concedidos ao pessoal para cobrir os custos relacionados com a empresa	2
Bulgária	Imposto único (*One-off Tax*): • despesas de representação relacionadas com os negócios de uma sociedade • despesas sociais fornecidas aos empregados em espécie (tais como cupões de alimentação, pensão voluntária, seguro de saúde e seguro de vida) • despesas em espécie relacionadas com o uso privado dos bens da sociedade (em que a atividade de gestão é realizada com eles) Imposto sobre pagamentos em espécie (*Fringe Benefits Tax*): • despesas sociais fornecidas em espécie aos empregados	10 10
Cabo Verde	Tributação autónoma: • despesas relacionadas com veículos • despesas de representação • entidades residentes em jurisdições com baixos impostos • ajudas de custo e compensações pagas a trabalhadores • remunerações em espécie Taxa incremental sobre a tributação autónoma: • para os sujeitos passivos que beneficiem de regime de tributação privilegiada, ou que apresentem prejuízo fiscal em dois períodos de tributação consecutivos (exceto nos três primeiros anos de atividade em caso de investimento elevado)	 10 10 60 10 10 10
Camboja	Benefícios em espécie para todos os empregados	20
França	Taxa de imposto [*medida provisória, 2019*] • bónus pagos a gestores, diretores e administradores, superiores a 27 500 €	50

Países	Base Tributável	Taxas (%)
Malawi	Imposto sobre pagamentos em espécie (*Fringe Benefits Tax*)	30
	Taxa sobre subsídio de alojamento (em percentagem do salário, a maior de): *(i)* quando a casa não está mobilada; *(ii)* quando a casa está mobilada; ou *(iii)* quando a casa ocupada pelo empregado é propriedade do empregador	 10 12 Redução 50%
	Imposto sobre os benefícios marginais veículos automóveis destinados a serem utilizados por membros do pessoal (não partilhados)	15
Moçambique	Tributação autónoma: • despesas não documentadas • despesas confidenciais ou ilegais	35
Nova Zelândia	Imposto sobre pagamentos em espécie (*Fringe Benefits Tax*) • veículos automóveis disponíveis para uso privado • empréstimos a taxas de juro inferiores às prescritas normalmente • contribuições para regimes de seguro médico • contribuições não monetárias dos empregadores para regimes de pensões	11,73 a 49,25 (dependendo da remuneração)
Peru	Taxa adicional de imposto sobre as sociedades: • sobre cada montante ou pagamento em espécie	5
Reino Unido	Taxa de imposto bancário sobre os salários [*medida provisória, 2019*] • bónus pagos a diretores bancários, superiores a £25 000	50

Como se deduz do Quadro 30, embora os países selecionados para análise apliquem taxas sobre despesas empresariais (por regra, taxas únicas para as diferentes tipologias de despesa), nenhum, com exceção de Cabo Verde (como uma solução mais aproximada ao contexto português), terá uma fonte de receitas idêntica, particularmente devido à diversidade e à percentagem das taxas de tributação autónoma, tal como aplicadas em Portugal (que, como analisado anteriormente, tem conduzido a uma complexidade desnecessária e a custos de cumprimento fiscal). Destaca-se, também, que para a maioria dos países em análise, a tributação sobre as despesas incide sobre a utilização/aquisição de veículos automóveis.

4.5. Notas conclusivas

Em suma, dadas as questões económicas e jurídicas levantadas pela tributação autónoma, trata-se de um tema que merece ser discutido — e Portugal pode ser visto como o país mais avançado na utilização da tributação autónoma, nomeadamente como o instrumento fundamental da política fiscal, tributando despesas a taxas bastantes diversificadas. Sendo uma fonte de receitas relativamente insensível ao ciclo económico, pode apelar aos decisores políticos de outros países para que soluções semelhantes possam ser concebidas com base na tributação autónoma. Com efeito, alguns países já adotam medidas semelhantes, ainda que bastante distintas da solução adotada em Portugal (com uma base de incidência menor e percentagens de taxa mais reduzidas).

Contudo, considerando tanto a complexidade como o facto de a tributação autónoma ser altamente controversa (como abordado nos capítulos anteriores), pode argumentar-se que alguns países podem aprender com a experiência portuguesa no que diz respeito às suas opções políticas relativas à elaboração de leis fiscais. A tentação de utilizar a tributação autónoma para aumentar as receitas fiscais conduz também a uma fonte relevante de complexidade na legislação fiscal, e o trabalho interpretativo dos tribunais pode ser bastante difícil. Isto é especialmente verdade quando são feitas alterações legais com base em resultados desfavoráveis para as autoridades fiscais. Assim, uma análise cuidadosa da experiência portuguesa pode ser utilizada como um lembrete de que a tributação autónoma pode ser uma fonte significativa de complexidade e litígio.

PARTE III

Conclusões Finais

Este estudo é dedicado à análise da tributação autónoma das despesas, e em particular, da tributação das sociedades em Portugal. Estas observações finais são uma síntese das principais conclusões apresentadas ao longo desta obra.

Como referido, a tributação autónoma é uma característica muito especial do Código do Imposto sobre o Rendimento das Pessoas Coletivas (CIRC). A sua implementação tem vindo a crescer desde 1990, quando a tributação autónoma foi introduzida no sistema fiscal português. Também as taxas de tributação autónoma têm apresentado uma tendência ascendente. Acresce, igualmente, que as receitas cobradas de tributação autónoma são bastante relevantes, quando comparadas com a receita total de IRC, incluindo o PEC, tendo atingido, em 2020, o valor de 487 milhões de euros (ainda que diminuindo a receita relativamente a 2019, a tributação autónoma manteve-se nos 11,2% da coleta de IRC). Como tal, a sua eliminação seria difícil, em face da situação complexa das finanças públicas portuguesas e da necessidade de selecionar fontes alternativas de receita.

Ao nível doutrinário, a justificação para a tributação autónoma baseia-se geralmente no facto de que uma taxa de tributação autónoma mais elevada pode ser imposta a certas transações comerciais especiais sobre operações que devem ser desencorajadas. Existe uma *presunção* implícita de que estas despesas não têm um objetivo comercial claro e, por conseguinte, podem estar sujeitas a penalizações fiscais (não consagrando a norma da tributação autónoma, no entanto, qualquer presunção que seja passível de prova em contrário, tal como fixou a jurisprudência do Supremo Tribunal Administrativo).

A verdade é que o IRC é um imposto cíclico, o que não acontece com a tributação autónoma, uma vez que as sociedades a pagam independentemente de terem lucros tributáveis ou perdas fiscais. Não se iria ao ponto de se argumentar que o IRC perdeu a sua consistência interna devido à tributação autónoma. Contudo, existe o perigo de, como fonte relativamente certa de receitas, a base de despesas a que a tributação autónoma é aplicada poder ser continuamente alargada. A certa altura, o IRC passa a ter uma dupla base tributável excessivamente ampla e que aumenta, por isso, a taxa efetiva de tributação (ainda que a mesma tenha vindo a reduzir ao longo do tempo).

O Tribunal Constitucional salienta o aumento da equidade e a luta contra a evasão e a fraude fiscais como razões aceitáveis para a inserção da tributação autónoma no Código do IRC. Acresce que a redação do artigo 104.º da Constituição da República Portuguesa (*fundamentalmente* baseado...) dá ao Tribunal alguma margem de manobra para admitir alguns desvios do rendimento real como única base tributável, quando outros princípios fiscais igualmente importantes (equidade) estão em jogo.

Além disso, dado que existem diferentes perspetivas de interpretação do direito fiscal entre os seus diferentes utilizadores, tais como contribuintes, autoridades fiscais, contabilistas, advogados e juízes, o problema parece ser especialmente crítico no caso da tributação autónoma em Portugal. Vimos que quase 31% do número total de conflitos fiscais no Centro de Arbitragem Administrativa e Fiscal (CAAD) referem-se à norma da tributação autónoma, o que pode ser um indicador do seu nível de complexidade (e, consequentemente, dos custos de cumprimento fiscal).

Neste estudo, as alterações da lei fiscal e da jurisprudência portuguesa foram analisadas no contexto específico da tributação autónoma das sociedades e destacaram-se muitos conflitos entre os contribuintes e a AT. Em resultado destas alterações e conflitos, os contribuintes incorreram em custos legislativos crescentes, particularmente custos de contencioso.

Dadas as decisões de arbitragem fiscal desfavoráveis à AT, sobre possíveis deduções e créditos à receita de tributação autónoma, o artigo 88.º do CIRC foi alterado em 2016 (e posteriormente em 2017), a fim de pôr termo às deduções contra a tributação autónoma, incluindo os créditos fiscais ao investimento. Mas a natureza interpretativa da nova lei provocou de imediato nova controvérsia, evidenciando uma complexidade desnecessária na elaboração da lei fiscal, uma vez que o processo poderia ter sido melhorado com vista a se clarificar a lei (princípios) e a sua aplicação (prática).

Nos últimos anos, ao alargar o número de despesas sujeitas a tributação autónoma e ao aumentar as taxas de tributação autónoma, é imposta às sociedades uma fonte paralela de tributação (dado que o IRC tem um carácter quase dual). Não é difícil, pois, prever que outras (novas) questões fiscais relacionadas com a tributação autónoma irão surgir no futuro.

Portugal é um país *outlier* quando se trata de tributação autónoma. Nenhum outro país da OCDE tem uma fonte de receitas semelhante, particularmente devido à diversidade das taxas de tributação autónoma aplicadas em Portugal, o que, como se observou anteriormente, conduz a uma complexidade e a custos de cumprimento desnecessários. Considerando tanto a complexidade como o facto de a tributação autónoma ser altamente controversa, pode assumir-se que alguns países podem aprender com a experiência portuguesa no que diz respeito às suas opções políticas. A tentação de utilizar a tributação autónoma para aumentar as receitas fiscais resulta numa fonte relevante de complexidade na legislação fiscal, e o trabalho interpretativo dos tribunais pode ser bastante difícil. Isto é especialmente verdade quando foram feitas alterações legais com base em resultados desfavoráveis para a AT. Ainda que a tributação autónoma seja bastante importante para a receita fiscal, uma análise cuidadosa da experiência portuguesa pode ser utilizada como um lembrete de que a tributação autónoma pode ser um motivo significativo de complexidade e litígio, se de facto não houver cuidado na elaboração/alteração da lei.

POSFÁCIO

A tributação autónoma nos impostos sobre o rendimento é um tema atual e cada vez mais debatido no contexto da tributação das empresas, como se comprova pelo número de casos judiciais e arbitrais em que o mesmo se discute, opondo a Autoridade Tributária e Aduaneira e o contribuinte, mas são poucos os estudos que se debruçam sobre este regime de tributação.

Neste contexto, podemos afirmar que a presente obra é, sem dúvida, uma enorme mais-valia no seio da Fiscalidade e do Direito Fiscal. Estamos perante um trabalho completo, meritório e que representa um contributo pertinente e atual para os estudiosos e práticos destas matérias.

Partindo do trabalho desenvolvido para a sua tese de doutoramento, avaliada com nota máxima, e da necessária análise teórica e conceptual do tema, a autora logrou desenvolver um trabalho com uma forte componente prática, que transparece da leitura dos seus diversos capítulos. Começa por fazer uma resenha sobre a evolução do regime da tributação autónoma em Portugal, analisando, com detalhe, o seu enquadramento normativo em Portugal e as implicações desta tributação do seio do mundo empresarial. Sincronicamente, nos capítulos seguintes, enumera e analisa as informações vinculativas emitidas pela Autoridade Tributária e Aduaneira sobre o tema, espelhando o entendimento que esta entidade administrativa vem adotando sobre a interpretação e aplicação do disposto nos artigos 88.º do CIRC e 73.º do CIRS e examina, de modo cuidadoso e crítico, várias decisões arbitrais sobre a matéria. Na Parte II, a autora acrescenta uma análise mais ampla do tema — no contexto internacional e incluindo o estudo de outros ordenamentos jurídicos que utilizam sistemas de tributação similares ou que prosseguem as mesmas finalidades —, permitindo uma visão alargada e comparativa deste regime.

Em suma, cremos que a leitura desta obra possibilita, por um lado, um conhecimento aprofundado sobre o regime jurídico e fiscal da tributação autónoma em Portugal e, até, em alguns outros ordenamentos jurídicos ou no seio internacional, e, por outro, uma noção prática e real das problemáticas que atualmente se colocam no seio administrativo e jurisprudencial sobre a aplicação deste regime de tributação.

A obra atinge estes propósitos com uma linguagem clara e uma estrutura organizada e coesa, sendo percetível para profissionais de diferentes áreas, como juristas, contabilistas, auditores ou gestores, que a poderão analisar e percecionar sobre diferentes perspetivas e com distintos interesses.

Para finalizar, não podemos deixar de louvar a capacidade da autora em, sendo uma profissional da área da contabilidade e fiscalidade, relevar os aspectos jurídicos, interpretar as normas aplicáveis, aludir aos problemas de natureza legal e transmitir ao leitor uma visão completa e ambivalente das questões legais, contabilísticas e fiscais envolventes.

Foi um gosto e uma honra ler, em primeira mão, o presente trabalho, que, cremos, será uma obra de referência na matéria e um contributo importante para o desenvolvimento deste tema e para a interpretação e aplicação prática deste regime. Recomendamos.

Porto, 24 de maio de 2022

SARA LUÍS DIAS
Doutora em Direito pela Universidade de Santiago de Compostela. Advogada e docente universitária nas áreas do Direito Fiscal e do Direito Empresarial

REFERÊNCIAS BIBLIOGRÁFICAS

Abdel-Kader, K., & Mooij, R. A. de. (2020). Tax Policy and Inclusive Growth. *IMF Working Papers, 04 Dec* (WP/20/2071), Washington, DC: International Monetary Fund.

Abreu, R. (2015). Accounting for Citizenship: The Role of Accountant. *Procedia Economics and Finance, 26*(15), 933–941.

Allingham, M., e Sandmo, A. (1972). Income Tax Evasion: A theoretical analysis. *Journal of Public Economics, 1*, 323–338.

Alm, J., e Torgler, B. (2006). Culture differences and tax morale in the United States and in Europe. *Journal of Economic Psychology, 27*(2), 224–246.

—. (2012). Do Ethics Matter? Tax Compliance and Morality. *Tulane Economics Working Paper Series*, (July 2012), 1–36.

Alm, J., Jackson, B. R., e McKee, M. (1992). Estimating the determinants of taxpayer compliance with experimental data. *National Tax Journal, 45*(1), 107–114.

Anderson, J., e Gerbing, D. W. (1988). Structural Equation Modeling in Practice: A Review and Recommended Two-Step Approach. *Psychological Bulletin, 103*(3), 411–423.

Avi-Yonah, R. S. (2011). Taxation as Regulation: Carbon Tax, Health Care Tax, Bank Tax and Other Regulatory Taxes. *Accounting, Economics, and Law: A Convivium, 1*(1), Article 6.

Ayres, F. L., Jackson, B. R., e Hite, P. A. (1989). The Economic Benefits of Regulation: Evidence from Professional Tax Preparers. *Accounting Review, 64*(2 April), 300–312.

Bartelsman, E. J., e Beetsma, R. (2003). Why pay more? Corporate tax avoidance through transfer pricing in OECD countries. *Journal of Public Economics, 87*(9–10), 2225–2252.

Barrios, S., D'Andria, D., & Gesualdo, M. (2020). Reducing tax compliance costs through corporate tax base harmonization in the European Union. *Journal of International Accounting, Auditing and Taxation, 41*(100355), 2–18.

Basto, J. X. (1994). Uma reflexão sobre a Administração Fiscal. *Impactum Coimbra University Press*, Faculdade de Economia da Universidade de Coimbra.

—. (1998). As perspectivas actuais de revisão da tributação do rendimento e da tributação do património em Portugal. *Boletim de Ciências Económicas, 41*, 60–96.

Beaulac, S., e Bérard, F. (2014). La méthodologie d'interprétation législative. In *Précis d'interprétation législative* (Deuxième, pp. 5–48). Montréal: LexisNexis.

Berle, A. (2012). Accounting and the Law. *Accounting, Economics, and Law*, 2(1), pp. 1–11.

Bertlin, A. (2014). What works best for the reader? A study on drafting and presenting legislation. *THE LOOPHOLE–Journal of the Commonwealth Association of Legislative Counsel, 2*(May), 25–49.

Bilicka, K., Devereux, M., e Fuest, C. (2011). *G20 Corporate tax ranking,* Oxford University, Centre for Business Taxation.

Biondi, Y. (2017). The firm as an enterprise entity and the tax avoidance conundrum: Perspectives from accounting theory and policy. *Accounting, Economics and Law — A Convivium*, 7(1).

Blaufus, K., Bob, J., Hundsdoerfer, J., Kiesewetter, D., e Weimann, J. (2013). Decision heuristics and tax perception — An analysis of a tax-cut-cum-base-broadening policy. *Journal of Economic Psychology, 35*, 1–16.

Bond, S., Chennels, L., Devereux, M. P., Gammie, M., e Troup, E. (2000). *Corporate Tax Harmonisation in Europe: A Guide to the Debate*. London: Institute for Fiscal Studies.

Borrego, A. C., Lopes, C. M. M., e Ferreira, C. M. (2017). Tax professionals' profiles concerning tax noncompliance and tax complexity: Empirical contributions from Portugal. *EJournal of Tax Research, 15*(3), 424–456.

—. (2018). The perception of Tax Complexity within Local Authorities VAT Framework: evidence from Portugal. *Modernization and Accountability in Public Sector Management, IGI Global*, 384–405.

—. (2016). Tax complexity indices and their relation with tax noncompliance: Empirical evidence from the portuguese tax professionals. *TÉKHNE — Review of Applied Management Studies, 14*, 20–30.

Borrego, A., Loo, E. C., Lopes, C., e Ferreira, C. (2015). Tax professionals' perception of tax system complexity: Some preliminary empirical evidence from Portugal. *eJournal of Tax Research, 13*(1), 338–360.

Brealey, R. A., Myers, S. C., e Allen, F. (2014). *Principles of corporate finance*. McGraw-Hill Education. 11th edition, New-York: McGraw-Hill Education.

Brown, T. A. (2006). *Confirmatory factor analysis for applied research*. New York (NY): Guilford Press.

Brys, B., e Heady, C. (2007). Fundamental reform of corporate income tax in OECD countries, *33*(0), 1–30.

Brys, B., Matthews, S., e Owens, J. (2011). *Tax Reform Trends in OECD Countries.* OECD Taxation Working Papers, No. 1, OECD Publishing.

Budd, S. A., Jones, J. A., Barnett, Lord, Cranston, R., Davey, E., e Gammie, M. (2003). *Making tax law: Report of a Working Party on the Institutional Processes for the Parliamentary Scrutiny of Tax Proposals and for the Enactment of Tax Legislation* (Vol. 32). London: Institute for Fiscal Studies.

Cadilhe, M. (2005). *O Sobrepeso do Estado em Portugal. Uma proposta de reforma concei-tual e administrativa.* Lisboa, FUBU Edições.

Câmara F. (2015). Tax arbitration courts or tax judiciais courts: which to choose and what to consider? In Villa-Lobos N. & Pereira T. (eds.) (2015). *The legal regime of tax arbitration in Portugal* (pp. 147–182). Lisboa: Almedina.

Carey, H., Sheldon, H., Andriescu, M., e Foundation, T. W. (2018). *Improving fringe benefit schemes for low earners.* York. ISBN 978-1-911581-45-1.

Caupers, J., Almeida, M. T., e Guibentif, P. (2014). *Feitura das Leis: Portugal e a Europa.* Lisboa: Fundação Francisco Manuel dos Santos.

Chau, G., e Leung, P. (2009). A critical review of Fischer tax compliance model: A research synthesis. *Journal of Accounting and Taxation, 1*(2), 034–040.

Chynoweth, P. (2008). Legal Research. In *Advanced Research Methods in the Built Environment* (pp. 27–38 [256]). Oxford: Blackwell Publishing Ltd.

Coglianese, C. (2012). *Measuring Regulatory Performance — evaluating the impact of regu-lation and regulatory policy.*

Cohen, J. (1988). *Statistical power analysis for the behavioral sciences.* Hillsdale, New Jer-sey: Lawrence Erlbaum Associates.

Comissão para a Reforma do IRC. (2013). *Relatório Final da Comissão de Reforma do IRC.* Lisboa, Ministério das Finanças.

Coolidge, J. e Ilic, D. (2009). *Tax Compliance Perceptions and Formalization of Small Businesses in South Africa.* [Policy Research Working Paper.]

Costello, A. B., e Osborne, J. W. (2005). Best practices in exploratory factor analysis: Four recommendations for getting the most from your analysis. *Practical Assess-ment, Research and Evaluation, 10*(7), 1–9.

Cunha, P. (2007). A pseudo-reforma fiscal do final do século XX e o regime simplifi-cado do IRS. *Revista de Finanças Públicas e Direito Fiscal,* 1, pp. 15–34.

Dâmaso, M., e Martins, A. (2015). The New Portuguese Simplified Tax Regime for Small Business. *Journal of Accounting and Finance, 15*(5), 76–84.

—. (2016). Tax Simplification for Small Firms: The View of Portuguese Accountants and Tax Auditors. *Journal of Management Policy and Practice, 17(2)*(2), 15.

Degl'Innocenti, D. G., e Rablen, M. D. (2017). Income Tax Avoidance and Evasion: A Narrow Bracketing Approach. *Public Finance Review, 45*(6), 815–837.

Delgado, F. J., Freire-González, J., & Presno, M. J. (2022). Environmental taxation in the European Union: Are there common trends? *Economic Analysis and Policy, 73*, 670–682.

Demin, A. V. (2020). Certainty and Uncertainty in Tax Law: Do Opposites Attract? *Laws, 9*(4), 30.

Devereux, M. P., e Loretz, S. (2013). What Do We Know About Corporate Tax Competition? *National Tax Journal, 66*(3), 745–774.

Devereux, M. P., e Sørensen, P. B. (2006). *The Corporate Income Tax: international trends and options for fundamental reform. Economic Papers.* Directorate-General for Economic and Financial Affairs: European Commission, 1–62.

Devereux, M. P., Griffith, R., e Klemm, A. (2002). Corporate Income Tax reforms and international tax competition. *Economic Policy, CEPR, CES, MSH*, (October), 46.

Devos, K. (2008). Tax evasion behaviour and demographic factors: An exploratory study in Australia. *Revenue Law Journal, 18*(1), 1–45.

—. (2012). The impact of tax professionals upon the compliance behavior of Australian individual taxpayers. *Revenue Law Journal, 22*(1), 1–26.

Diamond J. & Zodrow G. (2013). *The case for corporate income tax reform.* Houston: Rice University Baker Institute for Public Policy.

Dinis, A. (2020). *Corporate taxation in Portugal: a study on the perception of the impact of autonomous taxation.* Coimbra, Universidade de Coimbra, Faculdade de Economia, Tese de Doutoramento.

Dinis, A., Martins, A. (2022). Country Note: Assessing the Corporate Use of Tax Relief Measures in Portugal in the Wake of the Pandemic: A Survey. *Intertax, 50*(3), 257–264.

—. (2021). Country Note: Portuguese Chartered Accountants' Perceptions of SME Tax Compliance: The Role of Taxing Expenses. *Intertax, 49*(3), 292–300.

Dinis, A., Martins, A. e Lopes, C. (2019). The Autonomous Taxation of Corporate Expenses in Portugal: Empirical evidence of the Portuguese chartered accountants' perceptions of corporate taxation. *Accounting, Economics, and Law: A Convivium.*

—. (2017). A special feature of corporate income taxation in Portugal: the autonomous taxation of expenses. *International Journal of Law and Management, 59*(4), 489–503.

Elkins, Z., Ginsburg, T., e Blount, J. (2008). The Citizen as Founder: Public Participation. *Temple Law Review, 81*, 361–382.

Emon, A. M. (2015). On statutory interpretation and the (Canadian) rule of law: Interpretive presumptions as boundary setting. Theory and Practice of Legislation, *3*(1), 45–89.

Epps, K. K., e Cleaveland, M. (2009). Insiders' perspectives of the effects of recent regulation on corporate taxation. *Research in Accounting Regulation, 21*(1), 34–47.

Erard, B. (1993). Taxation with representation: An analysis of the role of tax practitioners in tax compliance. *Journal of Public Economics, 52*(2), 163–197.

European Commission. (2016). *Better law-making agreement.* European Parliament, Council of the European Union, and European Commission.

—. (2011). Proposal for a Council Directive on a Common Consolidated Corporate Tax Base (CCCTB). Brussels, European Commission, (COM 2011–12/4).

—. (2001). *Mandelkern Group on Better Regulation: Final Report.*

Evans, C. (2003). Studying the Studies: An overview of recent research into taxation operating costs. *EJournal of Tax Research, 1*(1), 64–92.

Evans, C., Hansford, A., Hasseldine, J., Lignier, P., Smulders, S., e Vaillancourt, F. (2014). Small business and tax compliance costs: A cross-country study of managerial benefits and tax concessions. *EJournal of Tax Research, 12*(2), 453–482.

Faridy, N., Copp, R., Freudenberg, B., e Sarker, T. (2014). Complexity, compliance costs and non-compliance with vat by Small and Medium Enterprises (SMEs) in Bangladesh: Is there a relationship? *Australian Tax Forum,* (May 2014), 44–56.

Fatt, C. K. e Ling, L. M. (2008). 'Tax Practitioners' Perception on Tax Audit and Tax Evasion: Survey Evidence in Malaysia'. In Universiti Malaya (ed.) *International Business Research Conference* (pp. 1–10).

Ferrari, L., e Randisi, S. (2013). Fiscal psychology past and present: Contemporary experiments validate historical hypotheses. *Journal of Economic Psychology, 35,* 81–94.

Field, A. (2009). *Discovering Statistics Using SPSS: Introducing Statistical Method* (3rd ed.). Thousand Oaks, CA: Sage Publications.

Fischer, C. M., Wartick, M., e Mark, M. (1992). Detection Probability and Taxpayer Compliance: A Review of the Literature. *Journal of Accounting Literature, 11,* 1–46.

Fochmann, M., Kiesewetter, D., e Sadrieh, A. (2012). Investment behavior and the biased perception of limited loss deduction in income taxation. *Journal of Economic Behavior and Organization, 81*(1), 230–242.

Fornell, C., e Larcker, D. (1981). Evaluating Structural Equation Models with Unobservable Variables and Measurement Error. *Journal of Marketing Research, 18*(1), 39–50.

Freedman, J. (2010). Improving (not perfecting) tax legislation: rules and principles revisited. *British Tax Review*, (6), 1–16.

—. (2005). Taxation Research as Legal Research. In Lamb, M., Limer, A. Freedman, J. and James, S. (eds.). *Taxation — An interdisciplinary approach to research* (pp. 13–34). Oxford, Oxford University Press.

Freire-Serén, M. J., e Panadés, J. (2013). Do Higher Tax Rates Encourage /Discourage Tax Compliance? *Modern Economy*, (4), 809–817.

Graham, J. R., Hanlon, M., Shevlin, T., e Shroff, N. (2014). Incentives for Tax Planning and Avoidance: Evidence from the field. *Accounting Review*, *89*(3), 991–1023.

Groen, W. P. (2017). *Role of advisors and intermediaries in the schemes revealed in the Panama Papers*.

Guenther, D. A., Matsunaga, S. R., e Williams, B. M. (2013). Tax Avoidance, Tax Aggressiveness, Tax Risk and Firm Risk. In *Singapore Management University: School of Accountancy Seminar Series*.

Gutman, H. L. (2012). The Role of the Tax Advisor in the Changing World of Global Tax Administration: The 2012 Erwin N. Griswold Lecture Before the American College of Tax Counsel. *Tax Lawyer*, *65*(3), 461–476.

Guttman, L. (1954). Some necessary conditions for common factor analysis. *Psychometrika*, *19*, 149–161.

Hamid, S. A. (2013). Understanding culture in tax compliance: Applying Hofstede's National Cultural Dimensions on tax professionals in New Zealand. In Australasian Tax Teachers Association Conference & The University of Auckland Business School (Eds.), *Tax Alchemy: Turning silver into gold.*

Hanlon, M., e Heitzman, S. (2010). A review of tax research. *Journal of Accounting and Economics*, *50*(2–3), 127–178.

Hartl, B., Hofmann, E., Gangl, K., e Hartner-Tiefenthaler, M. (2015). Does the Sole Description of a Tax Authority Affect Tax Evasion? — The Impact of Described Coercive and Legitimate Power. *PLOS ONE*, *4*(10), 1–19.

Hasseldine, J., e Morris, G. (2013). Corporate social responsibility and tax avoidance: A comment and reflection. *Accounting Forum*, *37*(1), 1–14.

Heaton, R. (2013). *Making the law easier for users: the role of statutes (speech).* Office of the Parliamentary Counsel.

Hite, P., e Mcgill, G. (1992). An Examination of Taxpayer Preference for Aggressive Tax Advice. *National Tax Journal*, *45*(4), 389–403.

Holmes Jr., O. W. (2011). *The Common Law.* Paulo J. S. Pereira e Diego M. Beltran, Ed. University of Toronto Law School; Typographical Society.

Hoppe, T., Schanz, D., Sturm, S., e Sureth-Sloane, C. (2021). The Tax Complexity Index–A Survey-Based Country Measure of Tax Code and Framework Complexity. *European Accounting Review.*

Hristu-Varsakelis, D., Karagianni, S., e Saraidaris, A. (2011). Equilibrium conditions in corporate tax competition and Foreign Direct Investment flows. *Economic Modelling, 28*(1–2), 13–21.

Isa, K. M., Yussof, S. H., e Mohdali, R. (2014). The Role of Tax Agents in Sustaining the Malaysian Tax System. *Procedia — Social and Behavioral Sciences, 164*(August), 366–371.

Jackson, B. R., e Milliron, V. C. (2002). Tax Compliance Research: Findings, Problems and Prospects. In Simon James (Ed.), *Taxation: Critical Perspectives on the World Economy* (pp. 56–100). Taylor & Francis.

James S. (2007). Tax simplification is not a simple issue: the reasons for difficulty and a possible strategy, University of Exeter, Discussion *Papers in Management,* 07/18.

Jones, J. A. (1996). Tax Law: Rules or Principles? *Fiscal Studies, 17*(3), 63–89.

Kang, M. (2018). Tax Practitioner Compliance. In J. Iwin-Garzyńska (Ed.), *Taxes and Taxation Trends.* IntechOpen.

Kawano, L., e Slemrod, J. (2016). How do corporate tax bases change when corporate tax rates change? With implications for the tax rate elasticity of corporate tax revenues. *International Tax and Public Finance, 23*(3), 401–433.

Kleinbard E. (2015). *We are better than this.* Oxford: Oxford University Press.

Limberg, J. (2022). Building a tax state in the 21st century: Fiscal pressure, political regimes, and consumption taxation. *World Development, 154* (105879), 1–15.

Lobo, C. (2019). *Finanças e Fiscalidade do Ambiente e da Energia.* Coimbra: Almedina.

Loiacono R. e Mortimer C. (2017). Retrospective tax law: Has Pandora's Box opened never to be shut again? *eJournal of Tax Research,* 15, 1, pp. 105–118.

Long, J. H., e Basoglu, K. A. (2016). The impact of task interruption on tax accountants' professional judgment. *Accounting, Organizations and Society, 55,* 96–113.

Lopes, C. (2008). *Quanto custa pagar Impostos em Portugal? Os custos de cumprimento da tributação do rendimento.* Coimbra: Almedina.

—. (2010). Maximizar o cumprimento dos impostos e minimizar os custos: Uma perspectiva internacional. *Revista de Finanças Públicas e Direito Fiscal, 1*(Ano 3), 167–219.

—. (2012). Compliance costs of corporate income taxation in Portugal. *International Journal of Economics and Management Sciences, 1*(10), 68–80.

Lopes, C. e Martins, A. (2013). The Psychological Costs of Tax Compliance: Some Evidence from Portugal. *Journal of Applied Business and Economics, 14*(2), 53–61.

Machado, J. B. (2016). *Introdução ao Direito e ao Discurso Legitimador*. Coimbra: Almedina.

Manaf, N. A. A., Udin, N. M., Ishak, Z., e Rahman, R. A. (2013). Tax Professionals' Perceptions toward Tax Authority: Ways to Strengthen The Malaysian Tax Administrative System. *Journal of Governance and Development*, *9*, 1–13.

Martins, A. (2013). Casino Taxation in Portugal: The Supreme Court and Autonomous Taxes. *Gaming Law Review and Economics*, *17*(3), 195–203.

—. (2015). The Portuguese corporate tax reform and international trends: an assessment. *International Journal of Law and Management*, *57*(4).

—. (2017). International Investors and Corporate Taxation: How Many Tax Rates to Look For? *Journal of Taxation of Investments*, 34(4), 67–78.

—. (2019). Three Emblematic Measures in Portuguese Business Taxation: A Preliminary Quantitative Appraisal. Intertax, 6/7, 652–662.

Martins, A., e Taborda, D. (2017). *Taxes and Management: an Introduction* (EPub). Coimbra: Almedina.

Martins, A., Dinis, A., e Lopes, C. (2018). Interpretative complexity and tax law changes: the taxation of corporate expenses in Portugal. *Journal of Applied Accounting Research*, *19*(4), 537–551.

Mckerchar, M. (2005). The Impact of Income Tax Complexity of Practitioners in Australia. *Australian Tax Forum*, *20*(4), 529–554.

—. (2007). Tax complexity and its impact on tax compliance and tax administration in Australia. *The IRS Research Bulletin. In 1500P. (Ed.)*, 185–205.

Meireles, M., Robaina, M., e Magueta, D. (2021). The effectiveness of environmental taxes in reducing CO_2 emissions in passenger vehicles: The case of mediterranean countries. *International Journal of Environmental Research and Public Health*, *18*(10).

Mesquita, Maria (2014), *A tributação autónoma no CIRC*. Porto, Universidade Católica, Dissertação de Mestrado.

Mirrlees J., Adam S., Besley T., Blundell R., Bond S., Chote R., Gammie M., Johnson P., Myles G., e Poterba J. (2011), *Tax by design: the Mirrlees Review*. Oxford: Oxford University Press for the Institute for Fiscal Studies.

Mirrlees, J., Adam, S., Gammie, M., Besley, T., Blundell, R., Bond, S., Poterba, J. (2011). The Mirrlees Review: Conclusions and Recommendations for Reform. *Fiscal Studies*, *32*(3), 331–359.

Mohdali, R., Isa, K., e Yusoff, S. H. (2014). The Impact of Threat of Punishment on Tax Compliance and Non-compliance Attitudes in Malaysia. *Procedia — Social and Behavioral Sciences*, *164*(August), 291–297.

Morais, R. D. (2007). *Apontamentos ao IRC*. Coimbra: Almedina.

Murphy, K. (2008). Enforcing Tax Compliance: To Punish or Persuade? *Economic Analysis and Policy, 38*(1), 113–135.

Mustapha, B., e Obid, S. N. B. S. (2015). Tax Service Quality: The Mediating Effect of Perceived Ease of Use of the Online Tax System. *Procedia — Social and Behavioral Sciences, 172*, 2–9.

Nabais, J. (2008). Tributos com Fins Ambientais. *Revista de Finanças Públicas e Direito Fiscal*, Coimbra, a.1 n.4 (Inverno), pp. 107–144.

—. (2013). A determinação da matéria tributável no IRC. *Revista de Finanças Públicas, Tributação e Desenvolvimento*, 1(1), 1–25.

—. (2018). *Introdução ao Direito Fiscal das Empresas*, 3.ª edição, Coimbra: Almedina.

—. (2019a). A Tributação das Empresas pelo Rendimento Real. *Revista Direito Tributário Atual*, 41(ano 37), 541–566.

—. (2019b). Notas a respeito das leis interpretativas e impostos retroativos. In *Estudos em Homenagem ao Conselheiro Presidente Joaquim de Sousa Ribeiro* (pp. 633–657). Comissão Organizadora: Tribunal Constitucional, Coimbra, Almedina, 2019.

Niemirowski, P., Baldwin, S., e Wearing, A. J. (2003). Tax related behaviours, beliefs, attitudes and values and taxpayer compliance in Australia. *Journal of Australian Taxation, 6*(1), 132–165.

Nwobu, O., Faboyede, S. O., e Onwuelingo, A. T. (2015). The Role of Accounting Services in Small and Medium Scale Businesses in Nigeria. *Journal of Accounting — Business & Management, 22*(1), 55–63.

OCDE. (1994). *Taxation and small businesses*. Paris: OCDE, 1–125.

—. (2011). OECD Guiding Principles for Regulatory Quality and Performance. *Regulatory Policy and Governance: Suporting Economic Growth and Serving the Public Interest*, 141–146.

Oestreicher, A., Spengel C. e Koch R. (2011). How to Reform Taxation of Corporate Groups in Europe. *World Tax Journal*, 3, 1, pp. 5–38.

Office of the Parliamentary Counsel. (2013). *When Laws Become Too Complex: A review into the causes of complex legislation*. London.

Osterloh, S., e Heinemann, F. (2013). The political economy of corporate tax harmonization —Why do European politicians (dis)like minimum tax rates? *European Journal of Political Economy, 29*, 18–37.

Palil, M. R., Akir, M. R. M., e Ahmad, W. F. B. W. (2013). The Perception of Taxpayers on Tax Knowledge and Tax Education with Level of Tax Compliance: A Study the Influences of Religiosity. *ASEAN Journal of Economics, Management and Accounting, 1*(June), 118–129.

Palma C. (2015), *As Entidades Públicas e o Imposto sobre o Valor Acrescentado — Uma Rutura no Princípio da Neutralidade*. Coimbra, Almedina.

Pereira, A. (2020). Benefícios Fiscais à Eficiência Energética. In Sérgio Vasques (coord.) (Ed.), *Fiscalidade da Energia* (pp. 16–30). Coimbra, Almedina.

Park, A. (1997). Tax Law in and after the Wheatcroft Era. In R. Rawlings (ed.), *Law, Society and Economy* (pp. 131–145). Oxford: Clarendon Press.

Parker, D., e Kirkpatrick, C. (2012). *Measuring Regulatory Performance — The economic impact of regulatory policy: a literature review of quantitative evidence.*

Parliamentary Counsel's Office. (2011). *How to read legislation, a beginner's guide.* Western Australia.

Patterson, M. G., West, M. A., Lawthom, R., e Nickell, S. (1997). *Impact of people management practices on business performance* (pp. vii–viii). London: Institute of Personnel and Development.

Pedersen, H. S., Moerup, C., Andersen, C., Findsen, L., Nielsen, J. R., e Lang, T. C. (2013). A review and Evaluation of Methodologies to calculate tax compliance costs. *Taxation Papers, European Commission's Directorate-General for Taxation and Customs Union*, (WORKING PAPER N.40), 111.

Pereira, S., e Rodrigues, S. (2012). Participação no procedimento legislativo. Boletim Observatório Da Legislação Portuguesa, Faculdade de Direito da Universidade Nova de Lisboa, (4), 23–43.

Pimenta, C., Lopes, C. (2006). Os limites da tributação ambiental um estudo empírico do crédito fiscal à defesa e protecção ambiental em Portugal. *Fiscalidade* (25), 13, 65–123.

Poppelwell, E., Kelly, G., e Wang, X. (2012). Intervening to reduce risk: identifying sanction thresholds among SME tax debtors. *EJournal of Tax Research UNSW, 10*(2), 403–435.

Quak, E. (2018). *The impact of international tax competition on low and middle-income countries.* K4D Helpdesk Report. Brighton, UK: Institute of Development Studies.

Radaelli, C., e Fritsch, O. (2012). *Measuring Regulatory Performance — evaluating regulatory management tools and programmes.*

Razin, A., e Slemrod, J. (2008). *Taxation in the Global Economy.* National Bureau of Economic Research Books, University of Chicago Press, number 9780226705880, October.

Renda, A., Schrefler, L., Luchetta, G., e Zavatta, R. (2013). *Assessing the Costs and Benefits of Regulation: Study for the European Commission, Secretariat General.* Brussels.

Richardson, G. (2006). Determinants of tax evasion: A cross-country investigation. *Journal of International Accounting, Auditing and Taxation, 15*(2), 150–169.

Rose-Ackerman, S., e Perroud, T. (2013). Policy-making and Public Law in France: Public Participation, Agency Independence, and Impact Assesment. *Columbia Journal of European Law, 19*, 225–312.

Rumina, U. A., Balandina, A. S., e Bannova, K. A. (2015). Evaluating the Effectiveness of Tax Incentives in Order to Create a Modern Tax Mechanism Innovation Development. *Procedia — Social and Behavioral Sciences, 166*, 156–160.

Sá, C., Martins, A., e Gomes, C. (2014). Tax morale, Occupation and Income Level: An Analysis of Portuguese Taxpayers. *Journal of Economics, Business and Management, 2*(2), 112–116.

Saad, N. (2014). Tax Knowledge, Tax Complexity and Tax Compliance: Taxpayers' View. *Procedia — Social and Behavioral Sciences, 109*(1), 1069–1075.

Sanches, J.L.S. (1985). A segurança jurídica no Estado Social de Direito: Conceitos indeterminados, analogia e retroatividade no direito tributário. *Cadernos de Ciência e Técnica Fiscal*, 140, 275–368.

—. (2007). *Manual de Direito Fiscal*. Coimbra: Coimbra Editora.

—. (2010). *Justiça Fiscal*. Lisboa: Fundação Francisco Manuel dos Santos.

Sancilio, P. (2013). Clarifying (or is it codifying?) the "notably abstruse": step transactions, economic substance, and the tax code. *Columbia Law Review,* 113, 1, 138–180.

Santos, A., Ordem dos Contabilistas Certificados (2020). Fiscalidade automóvel OE 2020. Turbo Frotas. Fevereiro, 30–31.

Santos, A. C., e Martins, A. M. F. (2009). Relatório do Grupo para o Estudo da Política Fiscal: Competitividade, Eficiência e Justiça do Sistema Fiscal. Secretaria de Estado dos Assuntos Fiscais, Lisboa, Ministério das Finanças.

Santos, A. C., e Palma, C. C. (2013). Confiança legítima e da não retroatividade das normas tributárias em tempos de crise: o caso português. *Revista Do Instituto Do Direito Brasileiro, 2, n.º 4*, 3147–3182.

Santos, J. A. (2003). *Teoria Fiscal*. (I. Universidade Técnica de Lisboa, Ed.). Lisboa.

Sarmento, J., Nunes, R. e Pinto, M. (2021). *Manual Teórico-Prático de IRC*, 4.ª edição, Coimbra: Almedina.

Scholz, R., e Tietje, O. (2002). *Embedded Case Study Methods*. London: Sage Publications Ltd.

Shaw, J., Slemrod, J., e Whiting, J. (2011). Administration and Compliance. In 978-0-19-955374-7 (Ed.), *Tax by design*. Oxford University Press.

Sikora, A. (2021). European Green Deal — legal and financial challenges of the climate change. *ERA Forum*, 21, 681–697.

Silva, A. J. A. (2015). As tributações autónomas: notas técnicas e práticas para estudo. *Revista TOC, Ano XV*, 39–41.

Singh, J., e Sharma, P. (2007). Tax Professionals Perception of the Income Tax System of India. *The IUP Journal of Public Finance*, 169–231.

Slemrod, J. (2004). Are corporate tax rates, or countries, converging? *Journal of Public Economics, 88*(6), 1169–1186.

—. (2012). Complexity, Compliance Costs, and Tax Evasion. In J. A. Roth e J. T. Scholz (Eds.), *Taxpayer Compliance: Social Science Perspectives* (Vol. 2, pp. 156–181). Philadelphia: University of Pennsylvania Press.

—. (2018). Is This Tax Reform, or Just Confusion? *Journal of Economic Perspectives, 32*(4), 73–96.

Soares, C.; Afonso, Ó. (2016). *The Non-Observed Economy in Portugal: the monetary model and the MIMIC model.* Edições Húmus, 1.ª edição, ISBN: 978-989-755-191-8 OBEGEF — Observatório de Economia e Gestão de Fraude, Faculdade de Economia da Universidade do Porto.

—. (2019). The Non-Observed Economy in Portugal: The monetary model and the MIMIC model. *Metroeconomica,* 70:172–208.

Soares, D. D. (2004). *Percepção Social da Fiscalidade em Portugal.* Coimbra: Almedina.

Spicer, M. W., e Becker, L. A. (1980). Fiscal inequity and tax evasion: an experimental approach. *National Tax Journal, 33*(2), 171–175.

Stephenson, T. (2006). The Gap Between what Taxpayers Want and what Tax Professionals Think They Want: A Reexamination of Client Expectations and Tax Professional Aggressiveness. *University of Kentucky Doctoral Dissertations, 278.*

—. (2007). Do clients share preparers' Self-assessment of the extent to which advocate for their clients? *Accounting Horizons, 21*(4), 411–422.

Swistak, A. (2016). Tax penalties in SME tax compliance. *Financial Theory and Practice, 40*(1), 129–147.

Taborda, D., & Ribeiro, J. (2020). As tributações autónomas e as deduções à coleta em IRC. *Julgar Online*, outubro, 1–12.

Tarmidi, D. (2019). Tax Compliance: Impact of Employee Internal Factors, Moderated by Tax Uncertainty. *International Journal of Academic Research Business and Social Sciences*, 9(5), 294–304.

Thompson, A. (1992). Foreword: Critical Approaches to Law–Who Needs Legal Theory? In I. Grigg-Spall and P. Ireland (eds.), *The Critical Lawyers' Handbook.* London: Pluto Press, 2–11.

Tiley, J. (1987). Judicial Anti Avoidance Doctrines. *British Tax Review,* 180–197; 220–244.

Tomasic, R., e Pentony, B. (1990). Defining Acceptable Tax Conduct: The Role of Professional Advisers in Tax Compliance. University of Canberra, Dissertation, Australia.

Tran, C., e Wende, S. (2021). On the marginal excess burden of taxation in an overlapping generations model. *Journal of Macroeconomics, 70* (103377), 1–31.

Tran-Nam, B. (2015). An Integrated Approach To the Economic Measurement of the Costs of Tax Complexity. In C. Evans, R. Krever, e P. Mellor (Eds.), *Tax Simplification* (pp. 55–75). Alphen aan den Rijn Netherlands: Kluwer Law International.

Tran-Nam, B., e Evans, C. (2014). Towards the Development of a Tax System Complexity Index. *Fiscal Studies*, *35*(3), 341–370.

Tran-Nam, B., Evans, C., e Lignier, P. (2013). *Personal Taxpayer Compliance Costs: Recent Evidence from Australia.* Australian School of Business Research Paper.

Tran-Nam, B., Evans, C., Krever, R., e Lignier, P. (2016). Managing Tax Complexity: The State of Play after Henry. *Economic Papers: A Journal of Applied Economics and Policy*, (September), 1–12.

Tran-Nam, B., Lignier, P., e Evans, C. (2016). The impact of recent tax changes on tax complexity and compliance costs: A tax practitioners' perspective. In *28th Australasian Tax Teachers Association Conference.*

van Hoecke, M. (2011). *Methodologies of legal research.* Oxford and Portland, Hart Publishing.

Villa-Lobos, N. (2016, February). Justiça fiscal não pode ser fator de desincentivo ao investimento. *Contabilista (Ordem Contabilistas Certificados)*, 191, 6–11.

Wales, C. J., e Wales, C. P. (2012). *Structures, processes and governance in tax policy-making: an initial report.* Oxford University Centre for Business Taxation.

Wheeler. (2011). The Attribution of Income in the Netherlands and the United Kingdom. *World Tax Journal*, 3, 1, pp. 39–175.

Xavier, G. L. (2022). O Estado dá com uma mão e tira com a outra. *Contabilista, Ordem dos Contabilistas Certificados* (263), 6–17.

Yong, S. e Lovich, M. (2013). Record keeping and tax compliance perceptions of indigenous and Pacific small business owners. Australasian Tax Teachers Association Conference and The University of Auckland Business School (eds.) *Tax Alchemy: Turning silver into gold.*

Zander, M. (2015). *The Law-Making Process.* London: Bloomsbury Publishing.

REFERÊNCIAS LEGISLATIVAS INTERNACIONAIS

Austrália

Income Tax Assessment Act 1997

Angola

Lei. N.º 19/14, 22 de outubro 2014

Lei. N.º 4/19, 18 de abril 2019

Bélgica

Code des impôts sur les revenues — National Lois, 1992

Bulgária

Prom. SG. 105/22, dezembro, 2006

Camboja

Royal Kram No. NS/ RKM/1216/019, 14 de dezembro 2016

Cabo Verde

Lei 82/VIII/2015, 7 de janeiro 2015

França

Decree No. 2010–217, 10 de fevereiro 2010

Malawi

Malawi Taxation Act, 2006

Moçambique

Lei n.º 34/2007, 31 de dezembro 2007

Nova Zelândia

Income Tax Act, 2007

Perú

Decreto Supremo no. 122–94-EF

Reino Unido

Finance Act 2010

ANEXOS

Anexo 1.
A tributação autónoma das sociedades em Portugal (CIRC): evolução legislativa

Legislação	Ano	Ano de entrada em vigor	Artigo	N.º	Base Tributação/Principais alterações	Taxas[243]
DL 119-A/83, de 28 de fevereiro	1983	1983	32.º	–	Imposto extraordinário (ano 1983) sobre despesas de representação; despesas com deslocações, estadias, alojamento e alimentação; despesas com ofertas a clientes, a fornecedores ou a quaisquer outras pessoas ou entidades; e despesas com rendas de aluguer de imóveis não adstritos ao exercício da atividade da empresa ou a realizações de utilidade social.	10%
DL 192-90, de 9 de junho	1990	1990	4.º	–	Despesas confidenciais ou não documentadas, efetuadas por sujeitos passivos de IRC não enquadrados nos artigos 8.º e 9.º do CIRC.	10%

[245] O artigo 88.º, n.º 14, do CIRC estabelece o aumento em dez pontos percentuais quanto aos sujeitos passivos que apresentem prejuízo fiscal no período a que respeitem quaisquer dos factos tributários relacionados com o exercício de uma atividade de natureza comercial, industrial ou agrícola não isenta de IRC (*).
(*) Ver Lei n.º 75-B/2020, de 31 de dezembro, artigo 375.º — Disposição transitória no âmbito do imposto sobre o rendimento das pessoas coletivas:
1 — O disposto no n.º 14 do artigo 88.º do Código do IRC não é aplicável, nos períodos de tributação de 2020 e 2021, quando o sujeito passivo tenha obtido lucro tributável em um dos três períodos de tributação anteriores, e as obrigações declarativas previstas nos artigos 120.º e 121.º do mesmo Código, relativas aos dois períodos de tributação anteriores, tenham sido cumpridas nos termos neles previstos.
2 — O disposto no n.º 14 do artigo 88.º do Código do IRC não é igualmente aplicável, nos períodos de tributação de 2020 e 2021, quando estes correspondam ao período de tributação de início de atividade ou a um dos dois períodos seguintes.
3 — O disposto nos números anteriores apenas é aplicável às cooperativas e às micro, pequenas e médias empresas, de acordo com os critérios definidos no artigo 2.º do anexo ao Decreto-Lei n.º 372/2007, de 6 de novembro.

Legislação	Ano	Ano de entrada em vigor	Artigo	N.º	Base Tributação/Principais alterações	Taxas
Lei n.º 39-B/94, de 27 de dezembro	1994	1995	4.º DL 192-90	-	Despesas confidenciais ou não documentadas, efetuadas por sujeitos passivos de IRC.	25%
Lei n.º 52-C/96, de 27 de dezembro	1996	1997	4.º DL 192-90	n.º 1	Despesas confidenciais ou não documentadas, efetuadas por sujeitos passivos de IRC.	30%
				n.º 2	Despesas confidenciais ou não documentadas, efetuadas por sujeitos passivos total ou parcialmente isentos, ou que não exerçam a título principal atividades de natureza comercial, industrial ou agrícola.	40%
Lei 87-B/98, de 31 de dezembro	1998	1999	4.º DL 192-90	n.º 1	Despesas confidenciais ou não documentadas, efetuadas por sujeitos passivos de IRC.	32%
				n.º 2	Despesas confidenciais ou não documentadas, efetuadas por sujeitos passivos total ou parcialmente isentos, ou que não exerçam a título principal atividades de natureza comercial, industrial ou agrícola.	60%
Lei 3-B/2000, de 4 de abril	2000	2000	4.º DL 192-90	n.º 3	Despesas de representação e os encargos relacionados com viaturas ligeiras de passageiros efetuadas por sujeitos passivos de IRC não isentos e que exerçam, a título principal, atividade de natureza comercial, industrial ou agrícola.	6,4%
Lei 30-G/2000, de 29 de dezembro (Revogou o DL 192-90, e introduziu o conceito de «tributação autónoma» no CIRC)	2000	2001	69.º-A CIRC	n.º 1	Despesas confidenciais ou não documentadas.	50%
				n.º 2	Despesas confidenciais ou não documentadas, efetuadas por sujeitos passivos total ou parcialmente isentos, ou que não exerçam a título principal atividades de natureza comercial, industrial ou agrícola.	70%
				n.º 3	Despesas de representação e os encargos relacionados com viaturas ligeiras de passageiros, barcos de recreio, aeronaves de turismo, motos e motociclos, efetuados ou suportados por sujeitos passivos não isentos e que exerçam, a título principal, atividade de natureza comercial, industrial ou agrícola *(excluindo os sujeitos passivos a que seja aplicado o regime simplificado de determinação do lucro).*	6,4%[246]

[246] Taxa correspondente a 20% da taxa normal mais elevada do IRC. A taxa do IRC era, à data, de 32% (Lei 3-B/2000, de 4 de abril).

Legislação	Ano	Ano de entrada em vigor	Artigo	N.º	Base Tributação/Principais alterações	Taxas
Lei 30-G/2000, de 29 de dezembro (Revogou o DL 192-90, e introduziu o conceito de «tributação autónoma» no CIRC)	2000	2001	69.º-A CIRC	n.º 7	Despesas correspondentes a importâncias pagas ou devidas, a qualquer título, a pessoas singulares ou coletivas residentes fora do território português e aí submetidas a um regime fiscal claramente mais favorável.	35%
					Despesas correspondentes a importâncias pagas ou devidas, a qualquer título, por sujeitos passivos total ou parcialmente isentos, ou que não exerçam a título principal atividades de natureza comercial, industrial ou agrícola, a pessoas singulares ou coletivas residentes fora do território português e aí submetidas a um regime fiscal claramente mais favorável.	55%
DL 198/01, de 3 de julho	2001	2002	81.º CIRC (era o artigo 69.º-A)	n.º 1	Despesas confidenciais ou não documentadas.	50%
				n.º 2	Despesas confidenciais ou não documentadas, efetuadas a sujeitos passivos total ou parcialmente isentos, ou que não exerçam a título principal atividades de natureza comercial, industrial ou agrícola.	70%
				n.º 3	Encargos dedutíveis relativos a despesas de representação e os relacionados com viaturas ligeiras de passageiros, motos e motociclos, efetuados ou suportados por sujeitos passivos não isentos e que exerçam, a título principal, atividade de natureza comercial, industrial ou agrícola *(excluindo os sujeitos passivos a que seja aplicado o regime simplificado de determinação do lucro)*	6,4%[247]
				n.º 7	Despesas correspondentes a importâncias pagas ou devidas, a qualquer título, a pessoas singulares ou coletivas residentes fora do território português e aí submetidas a um regime fiscal claramente mais favorável.	35%
					Despesas correspondentes a importâncias pagas ou devidas, a qualquer título, por sujeitos passivos total ou parcialmente isentos, ou que não exerçam a título principal atividades de natureza comercial, industrial ou agrícola, a pessoas singulares ou coletivas residentes fora do território português e aí submetidas a um regime fiscal claramente mais favorável.	55%

[247] Taxa correspondente a 20% da taxa normal mais elevada do IRC. A taxa do IRC era, à data, de 32% (DL 198/01, de 3 de julho).

<table>
<tr><th>Legislação</th><th>Ano</th><th>Ano de entrada em vigor</th><th>Artigo</th><th>N.º</th><th>Base Tributação/Principais alterações</th><th>Taxas</th></tr>
<tr><td>Lei 109-B/01, de 27 de dezembro</td><td>2001</td><td>2002</td><td>81.º CIRC</td><td>n.º 3</td><td>Encargos dedutíveis relativos a despesas de representação e os relacionados com viaturas ligeiras de passageiros ou mistas, motos e motociclos, efetuados ou suportados por sujeitos passivos não isentos subjetivamente e que exerçam, a título principal, atividade de natureza comercial, industrial ou agrícola (excluindo os sujeitos passivos a que seja aplicado o regime simplificado de determinação do lucro).</td><td>6%(248)</td></tr>
<tr><td rowspan="3">Lei 32-B/02, de 30 de dezembro</td><td rowspan="3">2002</td><td rowspan="3">2003</td><td rowspan="3">81.º CIRC</td><td>n.º 4</td><td>Encargos dedutíveis respeitantes a viaturas ligeiras de passageiros ou mistas cujo custo de aquisição seja superior a 40 000 €, quando suportados pelos sujeitos passivos não isentos subjetivamente e que exerçam, a título principal, atividade de natureza comercial, industrial ou agrícola que apresentem prejuízos fiscais nos dois exercícios anteriores àquele a que os referidos encargos digam respeito.</td><td>15%</td></tr>
<tr><td rowspan="2">n.º 8</td><td>Despesas correspondentes a importâncias pagas ou devidas, a qualquer título, a pessoas singulares ou coletivas residentes fora do território português e aí submetidas a um regime fiscal claramente mais favorável.</td><td>35%</td></tr>
<tr><td>Despesas correspondentes a importâncias pagas ou devidas, a qualquer título, por sujeitos passivos total ou parcialmente isentos, ou que não exerçam a título principal atividades de natureza comercial, industrial ou agrícola, a pessoas singulares ou coletivas residentes fora do território português e aí submetidas a um regime fiscal claramente mais favorável.</td><td>55%</td></tr>
<tr><td rowspan="2">Lei 107-B/2003, de 31 de dezembro</td><td rowspan="2">2003</td><td rowspan="2">2004</td><td rowspan="2">81.º CIRC</td><td>n.º 3</td><td>Encargos dedutíveis relativos a despesas de representação e os relacionados com viaturas ligeiras de passageiros ou mistas, motos ou motociclos, efetuados ou suportados por sujeitos passivos não isentos subjetivamente e que exerçam, a título principal, atividade de natureza comercial, industrial ou agrícola (excluindo os sujeitos passivos a que seja aplicado o regime simplificado de determinação do lucro).</td><td>6%</td></tr>
<tr><td>n.º 4</td><td>Encargos dedutíveis respeitantes a viaturas ligeiras de passageiros ou mistas cujo custo de aquisição seja superior a 40 000 €, quando suportados pelos sujeitos passivos não isentos subjetivamente e que exerçam, a título principal, atividade de natureza comercial, industrial ou agrícola, que apresentem prejuízos fiscais nos dois exercícios anteriores àquele a que os referidos encargos digam respeito.</td><td>15%</td></tr>
</table>

[248] Taxa correspondente a 20% da taxa normal mais elevada do IRC. A taxa do IRC era, à data, de 30% (Lei 109-B/01, de 27 de dezembro).

Legislação	Ano	Ano de entrada em vigor	Artigo	N.º	Base Tributação/Principais alterações	Taxas
Lei 55-B/2004, de 30 de dezembro	2004	2005	81.º CIRC	n.º 3	Encargos dedutíveis relativos a despesas de representação e os relacionados com viaturas ligeiras de passageiros ou mistas, motos ou motociclos, efetuados ou suportados por sujeitos passivos não isentos subjetivamente e que exerçam, a título principal, atividade de natureza comercial, industrial ou agrícola *(excluindo os sujeitos passivos a que seja aplicado o regime simplificado de determinação do lucro tributável).*	5%
				n.º 9	Encargos dedutíveis relativos a despesas com ajudas de custo e com compensação pela deslocação em viatura própria do trabalhador, ao serviço da entidade patronal, não faturadas a clientes, escrituradas a qualquer título, exceto na parte em que haja lugar a tributação em sede de IRS na esfera do respetivo beneficiário, bem como os encargos não dedutíveis, nos termos da alínea *f)* do n.º 1 do artigo 42.º, suportados pelos sujeitos passivos que apresentem prejuízo fiscal no exercício a que os mesmos respeitam *(excluindo os sujeitos passivos a que seja aplicado o regime simplificado de determinação do lucro tributável).*	5%
DL 192/2005, de 7 de novembro	2005	2006	81.º CIRC	n.º 11	Lucros distribuídos por entidades sujeitas a IRC a sujeitos passivos que beneficiam de isenção total ou parcial, abrangendo, neste caso, os rendimentos de capitais, quando as partes sociais a que respeitam os lucros não tenham permanecido na titularidade do mesmo sujeito passivo, de modo ininterrupto, durante o ano anterior à data da sua colocação à disposição e não venham a ser mantidas durante o tempo necessário para completar esse período.	20%
				n.º 12	Ao montante do imposto determinado, de acordo com o disposto no número 11, é deduzido o imposto que eventualmente tenha sido retido na fonte, não podendo nesse caso o imposto retido ser deduzido ao abrigo do n.º 2 do artigo 83.º do CIRC (Procedimento e forma de liquidação).	-
Lei 67-A/2007, de 31 de dezembro	2007	2008	81.º CIRC	n.º 1	Despesas não documentadas, sem prejuízo da sua não consideração como custo nos termos do artigo 23.º do CIRC (Gastos e perdas).	50%

Legislação	Ano	Ano de entrada em vigor	Artigo	N.º	Base Tributação/Principais alterações	Taxas
Lei 64/2008, de 5 de dezembro	2008	2008	81.º CIRC	n.º 3, *a)*	Encargos dedutíveis relativos a despesas de representação e os relacionados com viaturas ligeiras de passageiros ou mistas, motos ou motociclos, efetuados ou suportados por sujeitos passivos não isentos subjetivamente e que exerçam, a título principal, atividade de natureza comercial, industrial ou agrícola (excluindo os veículos movidos exclusivamente a energia elétrica, e *excluindo os sujeitos passivos a que seja aplicado o regime simplificado de determinação do lucro tributável*).	10%
				n.º 3, *b)*	Encargos dedutíveis, suportados por sujeitos passivos não isentos subjetivamente e que exerçam, a título principal, atividade de natureza comercial, industrial ou agrícola, respeitantes a viaturas ligeiras de passageiros ou mistas cujos níveis homologados de emissão de CO_2 sejam inferiores a 120 g/km, no caso de serem movidos a gasolina, e inferiores a 90 g/km, no caso de serem movidos a gasóleo, desde que, em ambos os casos, tenha sido emitido certificado de conformidade (excluindo os veículos movidos exclusivamente a energia elétrica, e *excluindo os sujeitos passivos a que seja aplicado o regime simplificado de determinação do lucro tributável*).	5%
				n.º 4	Encargos dedutíveis, suportados pelos sujeitos passivos não isentos subjetivamente e que exerçam, a título principal, atividade de natureza comercial, industrial ou agrícola, respeitantes a viaturas ligeiras de passageiros ou mistas, cujo custo de aquisição seja superior a 40 000 €, quando os sujeitos passivos apresentem prejuízos fiscais nos dois exercícios anteriores àquele a que os referidos encargos digam respeito.	20%
Lei 100/2009, de 7 de setembro	2009	2009	81.º CIRC	n.º 13	Gastos ou encargos relativos a indemnizações ou quaisquer compensações devidas, não relacionadas com a concretização de objetivos de produtividade previamente definidos na relação contratual, quando se verifique a cessação de funções de gestor, administrador ou gerente e, bem assim, os gastos relativos à parte que exceda o valor das remunerações que seriam auferidas pelo exercício daqueles cargos até ao final do contrato, quando se trate de rescisão de um contrato antes do termo, qualquer que seja a modalidade de pagamento, quer este seja efetuado diretamente pelo sujeito passivo, quer haja transferência das responsabilidades inerentes para uma outra entidade.	35%

Legislação	Ano	Ano de entrada em vigor	Artigo	N.º	Base Tributação/Principais alterações	Taxas
DL 159/2009, de 13 de julho	2009	2010	88.º CIRC (era o artigo 81.º)	n.º 1	Despesas não documentadas	50%
				n.º 2	Despesas não documentadas, efetuadas por sujeitos passivos total ou parcialmente isentos, ou que não exerçam, a título principal, atividades de natureza comercial, industrial ou agrícola.	70%
				n.º 3, *a)*	Encargos dedutíveis relativos a despesas de representação e os relacionados com viaturas ligeiras de passageiros ou mistas, motos ou motociclos, efetuados ou suportados por sujeitos passivos não isentos subjetivamente e que exerçam, a título principal, atividade de natureza comercial, industrial ou agrícola (excluindo os veículos movidos exclusivamente a energia elétrica, e *excluindo os sujeitos passivos a que seja aplicado o regime simplificado de determinação do lucro tributável*).	10%
DL 159/2009, de 13 de julho	2009	2010	88.º CIRC (era o artigo 81.º)	n.º 3, *b)*	Encargos dedutíveis, suportados por sujeitos passivos não isentos subjetivamente e que exerçam, a título principal, atividade de natureza comercial, industrial ou agrícola, respeitantes a viaturas ligeiras de passageiros ou mistas cujos níveis homologados de emissão de CO_2 sejam inferiores a 120 g/Km, no caso de serem movidos a gasolina, e inferiores a 90 g/Km, no caso de serem movidos a gasóleo, desde que, em ambos os casos, tenha sido emitido certificado de conformidade (excluindo os veículos movidos exclusivamente a energia elétrica, e *excluindo os sujeitos passivos a que seja aplicado o regime simplificado de determinação do lucro tributável*).	3%
				n.º 4	Encargos dedutíveis, suportados pelos sujeitos passivos não isentos subjetivamente e que exerçam, a título principal, atividade de natureza comercial, industrial ou agrícola, respeitantes a viaturas ligeiras de passageiros ou mistas cujo custo de aquisição seja superior a 40 000 €, quando os sujeitos passivos apresentem prejuízos fiscais nos dois períodos de tributação anteriores àquele a que os referidos encargos digam respeito.	20%
				n.º 8	Despesas correspondentes a importâncias pagas ou devidas, a qualquer título, a pessoas singulares ou coletivas residentes fora do território português e aí submetidas a um regime fiscal claramente mais favorável.	35%
					Despesas correspondentes a importâncias pagas ou devidas, a qualquer título, por sujeitos passivos total ou parcialmente isentos, ou que não exerçam a título principal atividades de natureza comercial, industrial ou agrícola, a pessoas singulares ou coletivas residentes fora do território português e aí submetidas a um regime fiscal claramente mais favorável.	55%

Legislação	Ano	Ano de entrada em vigor	Artigo	N.º	Base Tributação/Principais alterações	Taxas
DL 159/2009, de 13 de julho	2009	2010	88.º CIRC (era o artigo 81.º)	n.º 9	Encargos dedutíveis relativos a ajudas de custo e à compensação pela deslocação em viatura própria do trabalhador, ao serviço da entidade patronal, não faturados a clientes, escriturados a qualquer título, exceto na parte em que haja lugar a tributação em sede de IRS na esfera do respetivo beneficiário, bem como os encargos não dedutíveis, nos termos da alínea *f)* do n.º 1 do artigo 45.º, suportados pelos sujeitos passivos que apresentem prejuízo fiscal no período de tributação a que os mesmos respeitam *(excluindo os sujeitos passivos a que seja aplicado o regime simplificado de determinação do lucro tributável)*.	5%
				n.º 11	Lucros distribuídos por entidades sujeitas a IRC a sujeitos passivos que beneficiam de isenção total ou parcial, abrangendo, neste caso, os rendimentos de capitais, quando as partes sociais a que respeitam os lucros não tenham permanecido na titularidade do mesmo sujeito passivo, de modo ininterrupto, durante o ano anterior à data da sua colocação à disposição e não venham a ser mantidas durante o tempo necessário para completar esse período.	20%
Lei 3-B/2010, de 28 de abril	2010	2010	88.º CIRC	n.º 4	Encargos dedutíveis, suportados pelos sujeitos passivos não isentos subjetivamente e que exerçam, a título principal, atividade de natureza comercial, industrial ou agrícola, respeitantes a viaturas ligeiras de passageiros ou mistas cujo custo de aquisição seja superior ao montante fixado nos termos da alínea *e)* do n.º 1 do artigo 34.º, quando os sujeitos passivos apresentem prejuízos fiscais nos dois períodos de tributação anteriores àquele a que os referidos encargos digam respeito.	20%
				n.º 13, *a)*	Gastos ou encargos relativos a indemnizações ou quaisquer compensações devidas não relacionadas com a concretização de objetivos de produtividade previamente definidos na relação contratual, quando se verifique a cessação de funções de gestor, administrador ou gerente, bem como os gastos relativos à parte que exceda o valor das remunerações que seriam auferidas pelo exercício daqueles cargos até ao final do contrato, quando se trate de rescisão de um contrato antes do termo, qualquer que seja a modalidade de pagamento, quer este seja efetuado diretamente pelo sujeito passivo quer haja transferência das responsabilidades inerentes para uma outra entidade.	35%
				n.º 13, *b)*	Gastos ou encargos relativos a bónus e outras remunerações variáveis pagas a gestores, administradores ou gerentes quando estas representem uma parcela superior a 25% da remuneração anual e possuam valor superior a 27 500 €, salvo se o seu pagamento estiver subordinado ao diferimento de uma parte não inferior a 50% por um período mínimo de três anos e condicionado ao desempenho positivo da sociedade ao longo desse período.	35%

Legislação	Ano	Ano de entrada em vigor	Artigo	N.º	Base Tributação/Principais alterações	Taxas
Lei 55-A/2010, de 31 de dezembro	2010	2011	88.º CIRC	n.º 3	Encargos efetuados ou suportados por sujeitos passivos não isentos subjetivamente e que exerçam, a título principal, atividade de natureza comercial, industrial ou agrícola, relacionados com viaturas ligeiras de passageiros ou mistas cujo custo de aquisição seja igual ou inferior ao montante fixado nos termos da alínea *e)* do n.º 1 do artigo 34.º, motos ou motociclos, excluindo os veículos movidos exclusivamente a energia elétrica.	10%
				n.º 4	Encargos efetuados ou suportados por sujeitos passivos não isentos subjetivamente e que exerçam, a título principal, atividade de natureza comercial, industrial ou agrícola, relacionados com viaturas ligeiras de passageiros ou mistas cujo custo de aquisição seja superior ao montante fixado nos termos da alínea *e)* do n.º 1 do artigo 34.º.	20%
				n.º 7	Encargos dedutíveis relativos a despesas de representação, considerando-se como tal, nomeadamente, as despesas suportadas com receções, refeições, viagens, passeios e espetáculos oferecidos no país ou no estrangeiro a clientes ou fornecedores ou ainda a quaisquer outras pessoas ou entidades.	10%
				n.º 14	As taxas de tributação autónoma previstas no presente artigo são elevadas em dez pontos percentuais quanto aos sujeitos passivos que apresentem prejuízo fiscal no período de tributação a que respeitem quaisquer dos factos tributários referidos nos números anteriores	–
Lei 64-B/2011, de 30 de dezembro	2011	2012	88.º CIRC	n.º 2	Despesas não documentadas, efetuadas por sujeitos passivos total ou parcialmente isentos, ou que não exerçam, a título principal, atividades de natureza comercial, industrial ou agrícola, e ainda por sujeitos passivos que aufiram rendimentos enquadráveis no artigo 7.º do CIRC.	70%
				n.º 11	Lucros distribuídos por entidades sujeitas a IRC a sujeitos passivos que beneficiam de isenção total ou parcial, abrangendo, neste caso, os rendimentos de capitais, quando as partes sociais a que respeitam os lucros não tenham permanecido na titularidade do mesmo sujeito passivo, de modo ininterrupto, durante o ano anterior à data da sua colocação à disposição e não venham a ser mantidas durante o tempo necessário para completar esse período.	25%

Legislação	Ano	Ano de entrada em vigor	Artigo	N.º	Base Tributação/Principais alterações	Taxas
Lei 2/2014, de 16 de janeiro	2014	2014	88.º CIRC	n.º 3, *a)*	Encargos efetuados ou suportados por sujeitos passivos que não beneficiem de isenções subjetivas e que exerçam, a título principal, atividade de natureza comercial, industrial ou agrícola, relacionados com viaturas ligeiras de passageiros, motos ou motociclos, excluindo os veículos movidos exclusivamente a energia elétrica, no caso de viaturas com um custo de aquisição inferior a 25 000 €.	10%
				n.º 3, b)	Encargos efetuados ou suportados por sujeitos passivos que não beneficiem de isenções subjetivas e que exerçam, a título principal, atividade de natureza comercial, industrial ou agrícola, relacionados com viaturas ligeiras de passageiros, motos ou motociclos, excluindo os veículos movidos exclusivamente a energia elétrica, no caso de viaturas com um custo de aquisição igual ou superior a 25 000 € e inferior a 35 000 €.	27,5%
				n.º 3, *c)*	Encargos efetuados ou suportados por sujeitos passivos que não beneficiem de isenções subjetivas e que exerçam, a título principal, atividade de natureza comercial, industrial ou agrícola, relacionados com viaturas ligeiras de passageiros, motos ou motociclos, excluindo os veículos movidos exclusivamente a energia elétrica, no caso de viaturas com um custo de aquisição igual ou superior a 35 000 €.	35%
				n.º 11	Lucros distribuídos por entidades sujeitas a IRC a sujeitos passivos que beneficiam de isenção total ou parcial, abrangendo, neste caso, os rendimentos de capitais, quando as partes sociais a que respeitam os lucros não tenham permanecido na titularidade do mesmo sujeito passivo, de modo ininterrupto, durante o ano anterior à data da sua colocação à disposição e não venham a ser mantidas durante o tempo necessário para completar esse período.	23%
				n.º 14	As taxas de tributação autónoma previstas no presente artigo são elevadas em dez pontos percentuais quanto aos sujeitos passivos que apresentem prejuízo fiscal no período a que respeitem quaisquer dos factos tributários referidos nos números anteriores relacionados com o exercício de uma atividade de natureza comercial, industrial ou agrícola não isenta de IRC.	–

Legislação	Ano	Ano de entrada em vigor	Artigo	N.º	Base Tributação/Principais alterações	Taxas
Lei n.º 82-C/2014, de 31 de dezembro	2014	2015	88.º CIRC	n.º 3, *a)*	Encargos efetuados ou suportados por sujeitos passivos que não beneficiem de isenções subjetivas e que exerçam, a título principal, atividade de natureza comercial, industrial ou agrícola, relacionados com viaturas ligeiras de passageiros, viaturas ligeiras de mercadorias referidas na alínea *b)* do n.º 1 do artigo 7.º do Código do Imposto sobre Veículos, motos ou motociclos, excluindo os veículos movidos exclusivamente a energia elétrica, no caso de viaturas com um custo de aquisição inferior a 25 000 €.	10%
				n.º 3, *b)*	Encargos efetuados ou suportados por sujeitos passivos que não beneficiem de isenções subjetivas e que exerçam, a título principal, atividade de natureza comercial, industrial ou agrícola, relacionados com viaturas ligeiras de passageiros, viaturas ligeiras de mercadorias referidas na alínea *b)* do n.º 1 do artigo 7.º do Código do Imposto sobre Veículos, motos ou motociclos, excluindo os veículos movidos exclusivamente a energia elétrica, no caso de viaturas com um custo de aquisição igual ou superior a 25 000 € e inferior a 35 000 €.	27,5%
				n.º 3, *c)*	Encargos efetuados ou suportados por sujeitos passivos que não beneficiem de isenções subjetivas e que exerçam, a título principal, atividade de natureza comercial, industrial ou agrícola, relacionados com viaturas ligeiras de passageiros, viaturas ligeiras de mercadorias referidas na alínea *b)* do n.º 1 do artigo 7.º do Código do Imposto sobre Veículos, motos ou motociclos, excluindo os veículos movidos exclusivamente a energia elétrica, no caso de viaturas com um custo de aquisição igual ou superior a 35 000 €.	35%
Lei 82-D/2014, de 31 de dezembro	2014	2015	88.º CIRC	n.º 17	Encargos efetuados ou suportados por sujeitos passivos que não beneficiem de isenções subjetivas e que exerçam, a título principal, atividade de natureza comercial, industrial ou agrícola, relacionados com viaturas ligeiras de passageiros, viaturas ligeiras de mercadorias referidas na alínea *b)* do n.º 1 do artigo 7.º do Código do Imposto sobre Veículos, motos ou motociclos, excluindo os veículos movidos exclusivamente a energia elétrica, no caso de viaturas ligeiras de passageiros híbridas *plug-in* com um custo de aquisição inferior a 25 000 €.	5%
					Encargos efetuados ou suportados por sujeitos passivos que não beneficiem de isenções subjetivas e que exerçam, a título principal, atividade de natureza comercial, industrial ou agrícola, relacionados com viaturas ligeiras de passageiros, viaturas ligeiras de mercadorias referidas na alínea *b)* do n.º 1 do artigo 7.º do Código do Imposto sobre Veículos, motos ou motociclos, excluindo os veículos movidos exclusivamente a energia elétrica, no caso de viaturas ligeiras de passageiros híbridas *plug-in* com um custo de aquisição igual ou superior a 25 000 € e inferior a 35 000 €.	10%

Legislação	Ano	Ano de entrada em vigor	Artigo	N.º	Base Tributação/Principais alterações	Taxas
Lei 82-D/2014, de 31 de dezembro	2014	2015	88.º CIRC	n.º 17	Encargos efetuados ou suportados por sujeitos passivos que não beneficiem de isenções subjetivas e que exerçam, a título principal, atividade de natureza comercial, industrial ou agrícola, relacionados com viaturas ligeiras de passageiros, viaturas ligeiras de mercadorias referidas na alínea *b)* do n.º 1 do artigo 7.º do Código do Imposto sobre Veículos, motos ou motociclos, excluindo os veículos movidos exclusivamente a energia elétrica, no caso de viaturas ligeiras de passageiros híbridas *plug-in* com um custo de aquisição igual ou superior a 35 000 €.	17,5%
				n.º 18	Encargos efetuados ou suportados por sujeitos passivos que não beneficiem de isenções subjetivas e que exerçam, a título principal, atividade de natureza comercial, industrial ou agrícola, relacionados com viaturas ligeiras de passageiros, viaturas ligeiras de mercadorias referidas na alínea *b)* do n.º 1 do artigo 7.º do Código do Imposto sobre Veículos, motos ou motociclos, excluindo os veículos movidos exclusivamente a energia elétrica, no caso de viaturas ligeiras de passageiros movidas a GPL ou GNV com um custo de aquisição inferior a 25 000 €.	7,5%
					Encargos efetuados ou suportados por sujeitos passivos que não beneficiem de isenções subjetivas e que exerçam, a título principal, atividade de natureza comercial, industrial ou agrícola, relacionados com viaturas ligeiras de passageiros, viaturas ligeiras de mercadorias referidas na alínea *b)* do n.º 1 do artigo 7.º do Código do Imposto sobre Veículos, motos ou motociclos, excluindo os veículos movidos exclusivamente a energia elétrica, no caso de viaturas ligeiras de passageiros movidas a GPL ou GNV com um custo de aquisição igual ou superior a 25 000 € e inferior a 35 000 €.	15%
					Encargos efetuados ou suportados por sujeitos passivos que não beneficiem de isenções subjetivas e que exerçam, a título principal, atividade de natureza comercial, industrial ou agrícola, relacionados com viaturas ligeiras de passageiros, viaturas ligeiras de mercadorias referidas na alínea *b)* do n.º 1 do artigo 7.º do Código do Imposto sobre Veículos, motos ou motociclos, excluindo os veículos movidos exclusivamente a energia elétrica, no caso de viaturas ligeiras de passageiros movidas a GPL ou GNV com um custo de aquisição igual ou superior a 35 000 €.	27,5%

Legislação	Ano	Ano de entrada em vigor	Artigo	N.º	Base Tributação/Principais alterações	Taxas
Lei 7-A/2016, de 30 de março	2016	2016	88.º CIRC	n.º 19	No caso de se verificar o incumprimento de qualquer das condições previstas na parte final da alínea *b)* do n.º 13, o montante correspondente à tributação autónoma que deveria ter sido liquidada é adicionado ao valor do IRC liquidado relativo ao período de tributação em que se verifique aquele incumprimento.	–
				n.º 20	Para efeitos do disposto no n.º 14, quando seja aplicável o regime especial de tributação dos grupos de sociedades estabelecido no artigo 69.º, é considerado o prejuízo fiscal apurado nos termos do artigo 70.º.	–
				n.º 21	A liquidação das tributações autónomas em IRC é efetuada nos termos previstos no artigo 89.º e tem por base os valores e as taxas que resultem do disposto nos números anteriores, não sendo efetuadas quaisquer deduções ao montante global apurado.	–
Lei 42/2016, de 28 de dezembro	2016	2017	88.º CIRC	n.º 7	Encargos efetuados ou suportados relativos a despesas de representação, considerando-se como tal, nomeadamente, as despesas suportadas com receções, refeições, viagens, passeios e espetáculos oferecidos no País ou no estrangeiro a clientes ou fornecedores ou ainda a quaisquer outras pessoas ou entidades.	10%
				n.º 8	Despesas correspondentes a importâncias pagas ou devidas, a qualquer título, a pessoas singulares ou coletivas residentes fora do território português e aí submetidas a um regime fiscal claramente mais favorável, a que se refere o n.º 1 do artigo 63.º-D da Lei Geral Tributária, ou cujo pagamento seja efetuado em contas abertas em instituições financeiras aí residentes ou domiciliadas, salvo se o sujeito passivo puder provar que correspondem a operações efetivamente realizadas e não têm um carácter anormal ou um montante exagerado.	35%
					Despesas correspondentes a importâncias pagas ou devidas, a qualquer título, efetuadas por sujeitos passivos total ou parcialmente isentos, ou que não exerçam, a título principal, atividades de natureza comercial, industrial ou agrícola e ainda por sujeitos passivos que aufiram rendimentos enquadráveis no artigo 7.º, a pessoas singulares ou coletivas residentes fora do território português e aí submetidas a um regime fiscal claramente mais favorável, a que se refere o n.º 1 do artigo 63.º-D da Lei Geral Tributária, ou cujo pagamento seja efetuado em contas abertas em instituições financeiras aí residentes ou domiciliadas, salvo se o sujeito passivo puder provar que correspondem a operações efetivamente realizadas e não têm um carácter anormal ou um montante exagerado.	55%

Legislação	Ano	Ano de entrada em vigor	Artigo	N.º	Base Tributação/Principais alterações	Taxas
Lei 42/2016, de 28 de dezembro	2016	2017	88.º CIRC	n.º 9	Encargos efetuados ou suportados relativos a ajudas de custo e à compensação pela deslocação em viatura própria do trabalhador, ao serviço da entidade patronal, não faturados a clientes, escriturados a qualquer título, exceto na parte em que haja lugar a tributação em sede de IRS na esfera do respetivo beneficiário.	5%
Lei 114/2017, de 29 de dezembro (*)([249])	2017	2018	88.º CIRC	n.º 21	A liquidação das tributações autónomas em IRC é efetuada nos termos previstos no artigo 89.º e tem por base os valores e as taxas que resultem do disposto nos números anteriores, não sendo efetuadas quaisquer deduções ao montante global apurado, ainda que essas deduções resultem de legislação especial.	–
Lei 2/2020 de 31 de março	2020	2020	88.º CIRC	n.º 3, *a)*	Encargos efetuados ou suportados por sujeitos passivos que não beneficiem de isenções subjetivas e que exerçam, a título principal, atividade de natureza comercial, industrial ou agrícola, relacionados com viaturas ligeiras de passageiros, viaturas ligeiras de mercadorias referidas na alínea *b)* do n.º 1 do artigo 7.º do Código do Imposto sobre Veículos, motos ou motociclos, excluindo os veículos movidos exclusivamente a energia elétrica, no caso de viaturas com um custo de aquisição inferior a 27 500 €.	10%
				n.º 3, *b)*	Encargos efetuados ou suportados por sujeitos passivos que não beneficiem de isenções subjetivas e que exerçam, a título principal, atividade de natureza comercial, industrial ou agrícola, relacionados com viaturas ligeiras de passageiros, viaturas ligeiras de mercadorias referidas na alínea *b)* do n.º 1 do artigo 7.º do Código do Imposto sobre Veículos, motos ou motociclos, excluindo os veículos movidos exclusivamente a energia elétrica, no caso de viaturas com um custo de aquisição igual ou superior a 27 500 € e inferior a 35 000 €.	27,5%
				n.º 15	Não é aplicável, no período de tributação de início de atividade e no seguinte, o agravamento das taxas de tributação autónoma em dez pontos percentuais quanto aos sujeitos passivos que apresentem prejuízo fiscal no período a que respeitem quaisquer dos factos tributários referidos nos números anteriores relacionados com o exercício de uma atividade de natureza comercial, industrial ou agrícola não isenta de IRC.	-

[249] A redação dada pela Lei 114/2017, de 29 de dezembro, ao n.º 21 do artigo 88.º do Código do IRC teve natureza interpretativa.

Legislação	Ano	Ano de entrada em vigor	Artigo	N.º	Base Tributação/Principais alterações	Taxas
Lei 2/2020 de 31 de março	2020	2020	88.º CIRC	n.º 19	Encargos efetuados ou suportados por sujeitos passivos que não beneficiem de isenções subjetivas e que exerçam, a título principal, atividade de natureza comercial, industrial ou agrícola, relacionados com viaturas ligeiras de passageiros, viaturas ligeiras de mercadorias, referidas na alínea *b)* do n.º 1 do artigo 7.º do Código do Imposto sobre Veículos, motos ou motociclos, excluindo os veículos movidos exclusivamente a energia elétrica, no caso de viaturas de passageiros movidas a GNV com um custo de aquisição inferior a 27 500 €.	7,5%
					Encargos efetuados ou suportados por sujeitos passivos que não beneficiem de isenções subjetivas e que exerçam, a título principal, atividade de natureza comercial, industrial ou agrícola, relacionados com viaturas ligeiras de passageiros, viaturas ligeiras de mercadorias referidas na alínea *b)* do n.º 1 do artigo 7.º do Código do Imposto sobre Veículos, motos ou motociclos, excluindo os veículos movidos exclusivamente a energia elétrica, no caso de viaturas de passageiros movidas a GNV, com um custo de aquisição igual ou superior a 27 500 € e inferior a 35 000 €.	15%
					Encargos efetuados ou suportados por sujeitos passivos que não beneficiem de isenções subjetivas e que exerçam, a título principal, atividade de natureza comercial, industrial ou agrícola, relacionados com viaturas ligeiras de passageiros, viaturas ligeiras de mercadorias, referidas na alínea *b)* do n.º 1 do artigo 7.º do Código do Imposto sobre Veícu los, motos ou motociclos, excluindo os veículos movidos exclusivamente a energia elétrica, no caso de viaturas de passageiros movidas a GNV com um custo de aquisição igual ou superior a 35 000 €.	27,5%
				n.º 20	No caso de se verificar o incumprimento de qualquer das condições previstas na parte final da alínea *b)* do n.º 13, o montante correspondente à tributação autónoma que deveria ter sido liquidada é adicionado ao valor do IRC liquidado relativo ao período de tributação em que se verifique aquele incumprimento.	–
				n.º 21	Para efeitos do disposto no n.º 14, quando seja aplicável o regime especial de tributação dos grupos de sociedades estabelecido no artigo 69.º, é considerado o prejuízo fiscal apurado nos termos do artigo 70.º.	–
				n.º 22	A liquidação das tributações autónomas em IRC é efetuada nos termos previstos no artigo 89.º, e tem por base os valores e as taxas que resultem do disposto nos números anteriores, não sendo efetuadas quaisquer deduções ao montante global apurado, ainda que essas deduções resultem de legislação especial.	–

Legislação	Ano	Ano de entrada em vigor	Artigo	N.º	Base Tributação/Principais alterações	Taxas
Lei 75-B/2020, de 31 de dezembro	2020	2021	88.º CIRC	n.º 18	Encargos efetuados ou suportados por sujeitos passivos que não beneficiem de isenções subjetivas e que exerçam, a título principal, atividade de natureza comercial, industrial ou agrícola, relacionados com viaturas ligeiras de passageiros, viaturas ligeiras de mercadorias, referidas na alínea *b)* do n.º 1 do artigo 7.º do Código do Imposto sobre Veículos, motos ou motociclos, excluindo os veículos movidos exclusivamente a energia elétrica, no caso de viaturas ligeiras de passageiros híbridas *plug-in*, cuja bateria possa ser carregada através de ligação à rede elétrica e que tenham uma autonomia mínima, no modo elétrico, de 50 km e emissões oficiais inferiores a 50 g CO_2/km, com um custo de aquisição inferior a 27 500 €.	5%
					Encargos efetuados ou suportados por sujeitos passivos que não beneficiem de isenções subjetivas e que exerçam, a título principal, atividade de natureza comercial, industrial ou agrícola, relacionados com viaturas ligeiras de passageiros, viaturas ligeiras de mercadorias referidas na alínea *b)* do n.º 1 do artigo 7.º do Código do Imposto sobre Veículos, motos ou motociclos, excluindo os veículos movidos exclusivamente a energia elétrica, no caso de viaturas ligeiras de passageiros híbridas *plug-in*, cuja bateria possa ser carregada através de ligação à rede elétrica e que tenham uma autonomia mínima, no modo elétrico, de 50 km e emissões oficiais inferiores a 50 g CO_2/km, com um custo de aquisição inferior a 27 500 €.	10%
					Encargos efetuados ou suportados por sujeitos passivos que não beneficiem de isenções subjetivas e que exerçam, a título principal, atividade de natureza comercial, industrial ou agrícola, relacionados com viaturas ligeiras de passageiros, viaturas ligeiras de mercadorias referidas na alínea *b)* do n.º 1 do artigo 7.º do Código do Imposto sobre Veículos, motos ou motociclos, excluindo os veículos movidos exclusivamente a energia elétrica, no caso de viaturas ligeiras de passageiros híbridas *plug-in*, cuja bateria possa ser carregada através de ligação à rede elétrica e que tenham uma autonomia mínima, no modo elétrico, de 50 km e emissões oficiais inferiores a 50 g CO_2/km, com um custo de aquisição igual ou superior a 35 000 €.	17,5%

Redação atual do artigo 88.º do CIRC — Taxas de tributação autónoma

(Artigo republicado pelo Decreto-Lei n.º 159/2009, de 13 de julho, aplicável aos períodos que se iniciem em, ou após, 1 de janeiro de 2010.)

1 — As despesas não documentadas são tributadas autonomamente à taxa de 50%, sem prejuízo da sua não consideração como gastos nos termos da alínea *b)* do n.º 1 do artigo 23.º-A. *(Redação dada pela Lei n.º 2/2014, de 16 de janeiro.)*

2 — A taxa referida no número anterior é elevada para 70% nos casos em que tais despesas sejam efetuadas por sujeitos passivos total ou parcialmente isentos, ou que não exerçam, a título principal, atividades de natureza comercial, industrial ou agrícola, e ainda por sujeitos passivos que aufiram rendimentos enquadráveis no artigo 7.º *(Redação dada pela Lei n.º 64-B/2011, de 30 de dezembro — OE.)*

3 — São tributados autonomamente os encargos efetuados ou suportados por sujeitos passivos que não beneficiem de isenções subjetivas e que exerçam, a título principal, atividade de natureza comercial, industrial ou agrícola, relacionados com viaturas ligeiras de passageiros, viaturas ligeiras de mercadorias referidas na alínea *b)* do n.º 1 do artigo 7.º do Código do Imposto sobre Veículos, motos ou motociclos, excluindo os veículos movidos exclusivamente a energia elétrica, às seguintes taxas *(Redação dada pela Lei n.º 82-C/2014, de 31 de dezembro)*:

a) 10%, no caso de viaturas com um custo de aquisição inferior a 27 500 €; *(Redação dada pela Lei n.º 2/2020, de 31 de março)*
b) 27,5%, no caso de viaturas com um custo de aquisição igual ou superior a 27 500 € e inferior a 35 000 €; *(Redação dada pela Lei n.º 2/2020, de 31 de março)*
c) 35%, no caso de viaturas com um custo de aquisição igual ou superior a 35 000 € *(Redação dada pela Lei n.º 2/2014, de 16 de janeiro)*

4 — *(Revogado pela Lei n.º 2/2014, de 16 de janeiro)*

5 — Consideram-se encargos relacionados com viaturas ligeiras de passageiros, motos e motociclos, nomeadamente, depreciações, rendas ou alugueres, seguros, manutenção e conservação, combustíveis e impostos incidentes sobre a sua posse ou utilização.

6 — Excluem-se do disposto no n.º 3 os encargos relacionados com: *(Redação dada pela Lei n.º 2/2014, de 16 de janeiro)*

a) Viaturas ligeiras de passageiros, motos e motociclos, afetos à exploração de serviço público de transportes, destinados a serem alugados no exercício da atividade normal do sujeito passivo; e *(Redação dada pela Lei n.º 2/2014, de 16 de janeiro)*
b) Viaturas automóveis relativamente às quais tenha sido celebrado o acordo previsto no n.º 9 da alínea *b)* do n.º 3 do artigo 2.º do Código do IRS. *(Redação dada pela Lei n.º 2/2014, de 16 de janeiro)*

7 — São tributados autonomamente, à taxa de 10%, os encargos efetuados ou suportados relativos a despesas de representação, considerando-se como tal, nomeadamente, as despesas suportadas com receções, refeições, viagens, passeios e espetáculos oferecidos no país ou no estrangeiro a clientes ou fornecedores ou ainda a quaisquer outras pessoas ou entidades. *(Redação dada pela Lei n.º 42/2016, de 28 de dezembro)*

8 — São sujeitas ao regime dos n.ºs 1 ou 2, consoante os casos, sendo as taxas aplicáveis, respetivamente, 35% ou 55%, as despesas correspondentes a importâncias pagas ou devidas, a qualquer título, a pessoas singulares ou coletivas residentes fora do território português e aí submetidas a um regime fiscal claramente mais favorável, a que se refere o n.º 1 do artigo 63.º-D da Lei Geral Tributária, ou cujo pagamento seja efetuado em contas abertas em instituições financeiras aí residentes ou domiciliadas, salvo se o sujeito passivo puder provar que correspondem a operações efetivamente realizadas e não têm um carácter anormal ou um montante exagerado. *(Redação dada pela Lei n.º 42/2016, de 28 de dezembro)*

9 — São ainda tributados autonomamente, à taxa de 5%, os encargos efetuados ou suportados relativos a ajudas de custo e à compensação pela deslocação em viatura própria do trabalhador, ao serviço da entidade patronal, não faturados a clientes, escriturados a qualquer título, exceto na parte em que haja lugar a tributação em sede de IRS na esfera do respetivo beneficiário. *(Redação dada pela Lei n.º 42/2016, de 28 de dezembro)*

10 — *(Revogado pela Lei n.º 3-B/2010, de 28 de abril)*

11 — São tributados autonomamente, à taxa de 23%, os lucros distribuídos por entidades sujeitas a IRC a sujeitos passivos que beneficiam de isenção total ou parcial, abrangendo, neste caso, os rendimentos de capitais, quando as partes sociais a que respeitam os lucros não tenham permanecido na titularidade do mesmo sujeito passivo, de modo ininterrupto, durante o ano anterior à data da sua colocação à disposição e não venham a ser mantidas durante o tempo necessário para completar esse período. *(Redação dada pela Lei n.º 2/2014, de 16 de janeiro)*

12 — Ao montante do imposto determinado, de acordo com o disposto no número anterior, é deduzido o imposto que eventualmente tenha sido retido na fonte, não podendo nesse caso o imposto retido ser deduzido ao abrigo do n.º 2 do artigo 90.º.

13 — São tributados autonomamente, à taxa de 35%: *(Redação aditada pela Lei n.º 3-B/2010, de 28 de abril)*

a) Os gastos ou encargos relativos a indemnizações ou quaisquer compensações devidas não relacionadas com a concretização de objetivos de produtividade previamente definidos na relação contratual, quando se verifique a cessação de funções de gestor, administrador ou gerente, bem como os gastos relativos à parte que exceda o valor das remunerações que seriam auferidas pelo exercício daqueles cargos até ao final do contrato, quando se trate de rescisão de um contrato antes do termo, qualquer que seja a modalidade de pagamento, quer este seja efetuado diretamente pelo sujeito passivo quer haja transferência das responsabilidades inerentes para uma outra entidade; *(Redação aditada pela Lei n.º 3-B/2010, de 28 de abril)*

b) Os gastos ou encargos relativos a bónus e outras remunerações variáveis pagas a gestores, administradores ou gerentes quando estas representem uma parcela superior a 25% da remuneração anual e possuam valor superior a 27 500 €, salvo se o seu pagamento estiver subordinado ao diferimento de uma parte não inferior a 50% por um período mínimo de três anos e condicionado ao desempenho positivo da sociedade ao longo desse período. *(Redação aditada pela Lei n.º 3-B/2010, de 28 de abril)*

14 — As taxas de tributação autónoma previstas no presente artigo são elevadas em dez pontos percentuais quanto aos sujeitos passivos que apresentem prejuízo fiscal no período a que respeitem quaisquer dos factos tributários referidos nos números anteriores relacionados com o exercício de uma atividade de natureza comercial, industrial ou agrícola não isenta de IRC. *(Redação dada pela Lei n.º 2/2014, de 16 de janeiro)*

15 — O disposto no número anterior não é aplicável no período de tributação de início de atividade e no seguinte. *(Redação dada pela Lei n.º 2/2020, de 31 de março)*

16 — As taxas de tributação autónoma previstas nos n.os 7, 9, 11 e 13, bem como o disposto no número anterior, não são aplicáveis aos sujeitos passivos a que se aplique o regime simplificado de determinação da matéria coletável. *(Anterior n.º 15; passou a n.º 16 pela Lei n.º 2/2020, de 31 de março)*

17 — O disposto no presente artigo não é aplicável relativamente às despesas ou encargos de estabelecimento estável situado fora do território português e relativos à atividade exercida por seu intermédio. *(Anterior n.º 16; passou a n.º 17 pela Lei n.º 2/2020, de 31 de março)*

18 — No caso de viaturas ligeiras de passageiros híbridas *plug-in*, cuja bateria possa ser carregada através de ligação à rede elétrica e que tenham uma autonomia mínima, no modo elétrico, de 50 km e emissões oficiais inferiores a 50 g CO_2/km, as taxas referidas nas alíneas *a)* *b)* e *c)* do n.º 3 são, respetivamente, de 5%, 10% e 17,5%. *(Redação dada pela Lei n.º 75-B/2020, de 31 de dezembro)*

19 — No caso de viaturas ligeiras de passageiros movidas a GNV, as taxas referidas nas alíneas *a)*, *b)* e *c)* do n.º 3 são, respetivamente, de 7,5%, 15% e 27,5%. *(Redação dada pela Lei n.º 2/2020, de 31 de março)*

20 — No caso de se verificar o incumprimento de qualquer das condições previstas na parte final da alínea *b)* do n.º 13, o montante correspondente à tributação autónoma que deveria ter sido liquidada é adicionado ao valor do IRC liquidado relativo ao período de tributação em que se verifique aquele incumprimento. *(Anterior n.º 19; passou a n.º 20 pela Lei n.º 2/2020, de 31 de março)*

21 — Para efeitos do disposto no n.º 14, quando seja aplicável o regime especial de tributação dos grupos de sociedades estabelecido no artigo 69.º, é considerado o prejuízo fiscal apurado nos termos do artigo 70.º *(Anterior n.º 20; passou a n.º 21 pela Lei n.º 2/2020, de 31 de março)*

22 — A liquidação das tributações autónomas em IRC é efetuada nos termos previstos no artigo 89.º e tem por base os valores e as taxas que resultem do disposto nos números anteriores, não sendo efetuadas quaisquer deduções ao montante global apurado, ainda que essas deduções resultem de legislação especial. *(Anterior n.º 21; passou a n.º 22 pela Lei n.º 2/2020, de 31 de março)*

(*) Ver Lei n.º 75-B/2020, de 31 de dezembro, artigo 375.º — Disposição transitória no âmbito do imposto sobre o rendimento das pessoas coletivas:

1 — O disposto no n.º 14 do artigo 88.º do Código do IRC não é aplicável, nos períodos de tributação de 2020 e 2021, quando o sujeito passivo tenha obtido lucro tributável em um dos três períodos de tributação anteriores e as obrigações declarativas previstas nos artigos 120.º e 121.º do mesmo Código, relativas aos dois períodos de tributação anteriores, tenham sido cumpridas nos termos neles previstos.

2 — O disposto no n.º 14 do artigo 88.º do Código do IRC não é igualmente aplicável, nos períodos de tributação de 2020 e 2021, quando estes correspondam ao período de tributação de início de atividade ou a um dos dois períodos seguintes.

3 — O disposto nos números anteriores apenas é aplicável às cooperativas e às micro, pequenas e médias empresas, de acordo com os critérios definidos no artigo 2.º do anexo ao Decreto-Lei n.º 372/2007, de 6 de novembro.

Anexo 2.

A tributação autónoma das despesas dos sujeitos passivos que possuam ou devam possuir contabilidade organizada em Portugal (CIRS): evolução legislativa

Legislação	Ano	Ano de entrada em vigor	Artigo	N.º	Base Tributação/Principais alterações	Taxas
DL 119-A/83, de 28 de fevereiro	1983	1983	32.º	-	Imposto extraordinário (ano 1983) sobre despesas de representação; despesas com deslocações, estadias, alojamento e alimentação; despesas com ofertas a clientes, a fornecedores ou a quaisquer outras pessoas ou entidades; e despesas com rendas de aluguer de imóveis não adstritos ao exercício da atividade da empresa ou a realizações de utilidade social.	10%
DL 192/90, de 9 de junho	1990	1990	4.º	-	Despesas confidenciais ou não documentadas, efetuadas no âmbito do exercício de atividades comerciais, industriais ou agrícolas por sujeitos passivos de IRS que possuam ou devam possuir contabilidade organizada.	10%
Lei n.º 39-B/94, de 27 de dezembro	1994	1995	4.º DL 192/90	-	Despesas confidenciais ou não documentadas, efetuadas no âmbito do exercício de atividades comerciais, industriais ou agrícolas por sujeitos passivos de IRS que possuam ou devam possuir contabilidade organizada.	25%
Lei n.º 52-C/96, de 27 de dezembro	1996	1997	4.º DL 192/90	n.º 1	Despesas confidenciais ou não documentadas, efetuadas por sujeitos passivos de IRS que possuam ou devam possuir contabilidade organizada no âmbito do exercício de atividades comerciais, industriais ou agrícolas.	30%
Lei 87-B/98, de 31 de dezembro	1996	1997	4.º DL 192/90	n.º 1	Despesas confidenciais ou não documentadas, efetuadas por sujeitos passivos de IRS que possuam ou devam possuir contabilidade organizada no âmbito do exercício de atividades comerciais, industriais ou agrícolas.	32%
Lei 3-B/2000, de 4 de abril	2000	2000	4.º DL 192/90	n.º 3	Despesas de representação e os encargos relacionados com viaturas ligeiras de passageiros efetuadas por sujeitos passivos de IRS que possuam ou devam possuir contabilidade organizada no âmbito do exercício de atividades comerciais, industriais ou agrícolas.	6,4%

<table>
<tr><th>Legislação</th><th>Ano</th><th>Ano de entrada em vigor</th><th>Artigo</th><th>N.º</th><th>Base Tributação/Principais alterações</th><th>Taxas</th></tr>
<tr><td rowspan="4">Lei 30-G/2000, de 29 de dezembro (Revogou o DL 192/90 e introduziu o conceito de «tributação autónoma» no CIRS)</td><td rowspan="4">2000</td><td rowspan="4">2001</td><td rowspan="4">75.º-A CIRS ([250])</td><td>n.º 1</td><td>Despesas confidenciais ou não documentadas efetuadas por sujeitos passivos que possuam ou devam possuir contabilidade organizada no âmbito do exercício de atividades empresariais e profissionais.</td><td>50%</td></tr>
<tr><td>n.º 2, a)</td><td>Despesas de representação efetuadas por sujeitos passivos que possuam ou devam possuir contabilidade organizada no âmbito do exercício de atividades empresariais ou profissionais, à taxa correspondente a 20% da taxa normal mais elevada do IRC (a tributação autónoma não se aplica a quem seja aplicado o regime simplificado de determinação do lucro tributável).</td><td>6,4%</td></tr>
<tr><td>n.º 2, b)</td><td>Encargos relacionados com viaturas ligeiras de passageiros, barcos de recreio, aeronaves de turismo, motos e motociclos [exceto se afetos à exploração do serviço público de transportes, destinados a serem alugados no exercício da atividade normal do sujeito passivo, bem como as reintegrações relacionadas com viaturas relativamente às quais tenha sido celebrado o acordo previsto no n.º 8 da alínea c) do n.º 3 do artigo 2.º do CIRS], suportados por sujeitos passivos que possuam ou devam possuir contabilidade organizada no âmbito do exercício de atividades empresariais ou profissionais, à taxa correspondente a 10% da taxa normal mais elevada do IRC (a tributação autónoma não se aplica a quem seja aplicado o regime simplificado de determinação do lucro tributável).</td><td>3,2%</td></tr>
<tr><td>n.º 6</td><td>Despesas correspondentes a importâncias pagas ou devidas, a qualquer título, a pessoas singulares ou coletivas residentes fora do território português e aí submetidas a um regime fiscal claramente mais favorável, salvo se o sujeito passivo puder provar que tais encargos correspondem a operações efetivamente realizadas e não têm um carácter anormal ou um montante exagerado.</td><td>35%</td></tr>
</table>

[250] A taxa do IRC era, à data, de 32% (Lei n.º 3-B/2000, de 04 de abril de 2000).

Legislação	Ano	Ano de entrada em vigor	Artigo	N.º	Base Tributação/Principais alterações	Taxas
DL 198/01, de 3 de julho	2001	2002	73.º CIRS (era o artigo 75.º-A) ([251])	n.º 1	Despesas confidenciais ou não documentadas, efetuadas por sujeitos passivos que possuam ou devam possuir contabilidade organizada no âmbito do exercício de atividades empresariais e profissionais.	50%
				n.º 2, *a)*	Encargos dedutíveis relativos a despesas de representação efetuadas por sujeitos passivos que possuam ou devam possuir contabilidade organizada no âmbito do exercício de atividades empresariais ou profissionais, à taxa correspondente a 20% da taxa normal mais elevada do IRC *(a tributação autónoma não se aplica a quem seja aplicado o regime simplificado de determinação do lucro tributável).*	6,4%
				n.º 2, *b)*	Encargos dedutíveis relativos a viaturas ligeiras de passageiros, motos e motociclos *[exceto se afetos à exploração do serviço público de transportes, destinados a serem alugados no exercício da atividade normal do sujeito passivo, bem como as reintegrações relacionadas com viaturas relativamente às quais tenha sido celebrado o acordo previsto no n.º 8) da alínea* b) *do n.º 3 do artigo 2.º do CIRS]*, suportados por sujeitos passivos que possuam ou devam possuir contabilidade organizada no âmbito do exercício de atividades empresariais ou profissionais, à taxa correspondente a 10% da taxa normal mais elevada do IRC *(a tributação autónoma não se aplica a quem seja aplicado o regime simplificado de determinação do lucro tributável).*	3,2%
				n.º 6	Despesas correspondentes a importâncias pagas ou devidas, a qualquer título, a pessoas singulares ou coletivas residentes fora do território português e aí submetidas a um regime fiscal claramente mais favorável, tal como definido para efeitos de IRC, salvo se o sujeito passivo puder provar que tais encargos correspondem a operações efetivamente realizadas e não têm um carácter anormal ou um montante exagerado.	35%

[251] A taxa do IRC era, à data, de 32% (DL 198/01, 03 de julho de 2001).

Legislação	Ano	Ano de entrada em vigor	Artigo	N.º	Base Tributação/Principais alterações	Taxas
Lei 109-B/01, de 27 de dezembro	2001	2002	73.º CIRS ([252])	n.º 2	Encargos dedutíveis relativos a despesas de representação e a viaturas ligeiras de passageiros ou mistas, motos e motociclos *[exceto se afetos à exploração do serviço público de transportes, destinados a serem alugados no exercício da atividade normal do sujeito passivo, bem como as reintegrações relacionadas com as viaturas relativamente às quais tenha sido celebrado o acordo previsto no n.º 8) da alínea* b) *do n.º 3 do artigo 2.º do CIRS]*, suportados por sujeitos passivos que possuam ou devam possuir contabilidade organizada no âmbito do exercício de atividades empresariais ou profissionais, à taxa correspondente a 20% da taxa normal mais elevada do IRC *(a tributação autónoma não se aplica a quem seja aplicado o regime simplificado de determinação do lucro tributável).*	6%
Lei 16-A/02, de 35 de maio de 2002 (com efeitos retroativos a 1 de janeiro de 2002)	2002	2002	73.º CIRS	n.º 3	Excluem-se da tributação autónoma os encargos relacionados com viaturas ligeiras de passageiros ou mistas, motos e motociclos, afetos à exploração do serviço público de transportes, destinados a serem alugados no exercício da atividade normal do sujeito passivo, bem como as reintegrações relacionadas com as viaturas relativamente às quais tenha sido celebrado o acordo previsto no n.º 9) da alínea *b)* do n.º 3 do artigo 2.º do CIRS.	–
Lei n.º 107-B/2003, de 31 de dezembro (com alteração da taxa de IRC, com implicações na aplicação da taxa de tributação autónoma em sede de IRS)	2003	2004	73.º CIRS ([253])	n.º 2	Encargos dedutíveis relativos a despesas de representação e a viaturas ligeiras de passageiros ou mistas, motos e motociclos *[exceto se afetos à exploração do serviço público de transportes, destinados a serem alugados no exercício da atividade normal do sujeito passivo, bem como as reintegrações relacionadas com as viaturas relativamente às quais tenha sido celebrado o acordo previsto no n.º 9) da alínea* b) *do n.º 3 do artigo 2.º do CIRS]*, suportados por sujeitos passivos que possuam ou devam possuir contabilidade organizada no âmbito do exercício de atividades empresariais ou profissionais, à taxa correspondente a 20% da taxa normal mais elevada do IRC *[a tributação autónoma não se aplica a quem seja aplicado o regime simplificado de determinação do lucro tributável].*	5%

[252] A taxa do IRC era, à data, de 30% (DL 109-B/01, de 27 de dezembro).

[253] A taxa do IRC era, à data, de 25%, aplicável aos períodos de tributação cujo início ocorresse a partir de 1 de janeiro de 2004 (Lei n.º 107-B/2003, de 31 de dezembro).

Legislação	Ano	Ano de entrada em vigor	Artigo	N.º	Base Tributação/Principais alterações	Taxas
Lei n.º 55-B/2004, de 30 de dezembro	2004	2005	73.º CIRS	n.º 7	Despesas com ajudas de custo e com compensação pela deslocação em viatura própria do trabalhador, ao serviço da entidade patronal, não faturadas a clientes, escrituradas a qualquer título, exceto na parte em que haja lugar a tributação em sede de IRS na esfera do respetivo beneficiário, bem como os encargos da mesma natureza, que não sejam dedutíveis nos termos da alínea *f)* do n.º 1 do artigo 42.º do CIRC[254] suportados por sujeitos passivos que apresentem prejuízo fiscal no exercício a que os mesmos respeitam *(a tributação autónoma não se aplica a quem seja aplicado o regime simplificado de determinação do lucro tributável).*	5%
				n.º 9	Nas situações de contitularidade de rendimentos abrangidas pelo artigo 19.º do CIRS (*Contitularidade de Rendimentos*), o imposto apurado relativamente às despesas que, nos termos dos números anteriores, estão sujeitas a tributação autónoma é imputado a cada um dos contitulares na proporção das respetivas quotas.	-
Lei 67-A/2007, de 31 de dezembro	2007	2008	73.º CIRS	n.º 1	Despesas não documentadas, efetuadas por sujeitos passivos que possuam ou devam possuir contabilidade organizada, no âmbito do exercício de atividades empresariais e profissionais.	50%

[254] À data, o artigo 42 .º– *Encargos não dedutíveis para efeitos fiscais* estabelecia, no seu n.º 1, que «não são dedutíveis para efeito de determinação do lucro tributável os seguintes encargos, mesmo quando contabilizados como custos ou perdas do exercício: (...) *f)* As despesas com ajudas de custo e com compensação pela deslocação em viatura própria do trabalhador, ao serviço da entidade patronal, não faturadas a clientes, escrituradas a qualquer título, sempre que a entidade patronal não possua, por cada pagamento efetuado, um mapa através do qual seja possível efetuar o controlo das deslocações a que se referem aquelas despesas, designadamente os respetivos locais, tempo de permanência, objetivo e, no caso de deslocação em viatura própria do trabalhador, identificação da viatura e do respetivo proprietário, bem como o número de quilómetros percorridos, exceto na parte em que haja lugar a tributação em sede de IRS na esfera do respetivo beneficiário (...)» (Redação dada pela Lei n.º 55-B/2004, de 30 de dezembro).

Legislação	Ano	Ano de entrada em vigor	Artigo	N.º	Base Tributação/Principais alterações	Taxas
Lei 64/2008, de 5 de dezembro	2008	2008	73.º CIRS	n.º 2, *a)*	Encargos dedutíveis relativos a despesas de representação e a viaturas ligeiras de passageiros ou mistas, motos e motociclos *[exceto se afetos à exploração do serviço público de transportes, destinados a serem alugados no exercício da atividade normal do sujeito passivo, bem como as reintegrações relacionadas com as viaturas relativamente às quais tenha sido celebrado o acordo previsto no n.º 9) da alínea* b) *do n.º 3 do artigo 2.º do CIRS]*, suportados por sujeitos passivos que possuam ou devam possuir contabilidade organizada no âmbito do exercício de atividades empresariais ou profissionais, excluindo os veículos movidos exclusivamente a energia elétrica *(a tributação autónoma não se aplica a quem seja aplicado o regime simplificado de determinação do lucro tributável).*	10%
				n.º 2, *b)*	Encargos dedutíveis relativos a automóveis ligeiros de passageiros ou mistos cujos níveis homologados de emissão de CO_2 sejam inferiores a 120 g/km, no caso de serem movidos a gasolina, e inferiores a 90 g/km, no caso de serem movidos a gasóleo, desde que, em ambos os casos, tenha sido emitido certificado de conformidade *[exceto se afetos à exploração do serviço público de transportes, destinados a serem alugados no exercício da atividade normal do sujeito passivo, bem como as reintegrações relacionadas com as viaturas relativamente às quais tenha sido celebrado o acordo previsto no n.º 9 da alínea* b) *do n.º 3 do artigo 2.º do CIRS]*, suportados por sujeitos passivos que possuam ou devam possuir contabilidade organizada no âmbito do exercício de atividades empresariais ou profissionais, excluindo os veículos movidos exclusivamente a energia elétrica *(a tributação autónoma não se aplica a quem seja aplicado o regime simplificado de determinação do lucro tributável).*	5%
Lei n.º 83-C/2013, de 31 de dezembro	2013	2014	73.º CIRS	n.º 2, *a)*	Encargos dedutíveis relativos a despesas de representação e a viaturas ligeiras de passageiros ou mistas, cujo custo de aquisição seja inferior a 20 000 €, motos e motociclos *[exceto se afetos à exploração do serviço público de transportes, destinados a serem alugados no exercício da atividade normal do sujeito passivo, bem como as reintegrações relacionadas com as viaturas relativamente às quais tenha sido celebrado o acordo previsto no n.º 9 da alínea* b) *do n.º 3 do artigo 2.º do CIRS]*, suportados por sujeitos passivos que possuam ou devam possuir contabilidade organizada no âmbito do exercício de atividades empresariais ou profissionais, excluindo os veículos movidos exclusivamente a energia elétrica *(a tributação autónoma não se aplica a quem seja aplicado o regime simplificado de determinação do lucro tributável)*	10%

Legislação	Ano	Ano de entrada em vigor	Artigo	N.º	Base Tributação/Principais alterações	Taxas
Lei n.º 83-C/2013, de 31 de dezembro	2013	2014	73.º CIRS	n.º 2, *b)*	Encargos dedutíveis relativos a automóveis ligeiros de passageiros ou mistos, cujo custo de aquisição seja igual ou superior a 20 000 € *[exceto se afetos à exploração do serviço público de transportes, destinados a serem alugados no exercício da atividade normal do sujeito passivo, bem como as reintegrações relacionadas com as viaturas relativamente às quais tenha sido celebrado o acordo previsto no n.º 9 da alínea* b) *do n.º 3 do artigo 2.º do CIRS]*, suportados por sujeitos passivos que possuam ou devam possuir contabilidade organizada no âmbito do exercício de atividades empresariais ou profissionais, excluindo os veículos movidos exclusivamente a energia elétrica *(a tributação autónoma não se aplica a quem seja aplicado o regime simplificado de determinação do lucro tributável)*.	20%
Lei 82-D/2014, de 31 de dezembro	2014	2015	73.º CIRS	n.º 8	A tributação autónoma não se aplica ao disposto nos n.ºs 2, 7, 10 e 11, relativamente aos sujeitos passivos a quem seja aplicado o regime simplificado de determinação do lucro tributável previsto nos artigos 28.º e 31.º do CIRS.	–
				n.º 10	Encargos dedutíveis relativos a viaturas ligeiras de passageiros ou mistas, cujo custo de aquisição seja inferior a 20 000 €, motos e motociclos *[exceto se afetos à exploração do serviço público de transportes, destinados a serem alugados no exercício da atividade normal do sujeito passivo, bem como as reintegrações relacionadas com as viaturas relativamente às quais tenha ido celebrado o acordo previsto no n.º 9 da alínea* b) *do n.º 3 do artigo 2.º do CIRS]*, suportados	5%

Legislação	Ano	Ano de entrada em vigor	Artigo	N.º	Base Tributação/Principais alterações	Taxas
					por sujeitos passivos que possuam ou devam possuir contabilidade organizada no âmbito do exercício de atividades empresariais ou profissionais, excluindo os veículos movidos exclusivamente a energia elétrica, e se relativos a viaturas ligeiras de passageiros ou mistas híbridas *plug-in*.	5%
Lei 82-D/2014, de 31 de dezembro	2014	2015	73.º CIRS	n.º 10	Encargos dedutíveis relativos a viaturas ligeiras de passageiros ou mistas, cujo custo de aquisição seja igual ou superior a 20 000 €, motos e motociclos *[exceto se afetos à exploração do serviço público de transportes, destinados a serem alugados no exercício da atividade normal do sujeito passivo, bem como as reintegrações relacionadas com as viaturas relativamente às quais tenha sido celebrado o acordo previsto no n.º 9 da alínea* b) *do n.º 3 do artigo 2.º do CIRS]*, suportados por sujeitos passivos que possuam ou devam possuir contabilidade organizada no âmbito do exercício de atividades empresariais ou profissionais, excluindo os veículos movidos exclusivamente a energia elétrica, e se relativos a viaturas ligeiras de passageiros ou mistas híbridas *plug-in*.	10%
				n.º 11	Encargos dedutíveis relativos a viaturas ligeiras de passageiros ou mistas, cujo custo de aquisição seja inferior a 20 000 €, motos e motociclos *[exceto se afetos à exploração do serviço público de transportes, destinados a serem alugados no exercício da atividade normal do sujeito passivo, bem como as reintegrações relacionadas com as viaturas relativamente às quais tenha sido celebrado o acordo previsto no n.º 9 da alínea* b) *do n.º 3 do artigo 2.º do CIRS]*, suportados por sujeitos passivos que possuam ou devam possuir contabilidade organizada no âmbito do exercício de atividades empresariais ou profissionais, excluindo os veículos movidos exclusivamente a energia elétrica, e se relativos a viaturas ligeiras ou mistas de passageiros movidas a gases de petróleo liquefeito (GPL) ou gás natural veicular (GNV).	7,5%
Lei 82-D/2014, de 31 de dezembro	2014	2015	73.º CIRS	n.º 11	Encargos dedutíveis relativos a viaturas ligeiras de passageiros ou mistas, cujo custo de aquisição seja igual ou superior a 20 000 €, motos e motociclos *[exceto se afetos à exploração do serviço público de transportes, destinados a serem alugados no exercício da atividade normal do sujeito passivo, bem como as reintegrações relacionadas com as viaturas relativamente às quais tenha sido celebrado o acordo previsto no n.º 9 da alínea* b) *do n.º 3 do artigo 2.º do CIRS]*, suportados por sujeitos passivos que possuam ou devam possuir contabilidade organizada no âmbito do exercício de atividades empresariais ou profissionais, excluindo os veículos movidos exclusivamente a energia elétrica, e se relativos a viaturas ligeiras ou mistas de passageiros movidas a gases de petróleo liquefeito (GPL) ou gás natural veicular (GNV)	15%

Legislação	Ano	Ano de entrada em vigor	Artigo	N.º	Base Tributação/Principais alterações	Taxas
Lei 42/2016, de 28 de dezembro	2016	2017	73.º CIRS	n.º 6	Despesas correspondentes a importâncias pagas ou devidas, a qualquer título, a pessoas singulares ou coletivas residentes fora do território português e aí submetidas a um regime fiscal claramente mais favorável, a que se refere o n.º 1 do artigo 63.º-D da Lei Geral Tributária, ou cujo pagamento seja efetuado em contas abertas em instituições financeiras aí residentes ou domiciliadas, salvo se o sujeito passivo puder provar que tais encargos correspondem a operações efetivamente realizadas e não têm um carácter anormal ou um montante exagerado.	35%

Redação atual do artigo 73.º do CIRS — Taxa de tributação autónoma

1 — As despesas não documentadas, efetuadas por sujeitos passivos que possuam ou devam possuir contabilidade organizada, no âmbito do exercício de atividades empresariais e profissionais, são tributadas autonomamente à taxa de 50%. *(Redação dada pela Lei n.º 67-A/2007, de 31 de dezembro)*

2 — São tributados autonomamente os seguintes encargos, suportados por sujeitos passivos que possuam ou devam possuir contabilidade organizada no âmbito do exercício de atividades empresariais ou profissionais, excluindo os veículos movidos exclusivamente a energia elétrica: *(Redação dada pela Lei n.º 64/2008, de 5 de dezembro)*

a) Os encargos dedutíveis relativos a despesas de representação e a viaturas ligeiras de passageiros ou mistas cujo custo de aquisição seja inferior a 20 000 €, motos e motociclos, à taxa de 10%; *[Redação dada pela Lei n.º 83-C/2013, de 31 de dezembro]*

b) Os encargos dedutíveis relativos a automóveis ligeiros de passageiros ou mistos, cujo custo de aquisição seja igual ou superior a 20 000 €, à taxa de 20%. *[Redação dada pela Lei n.º 83-C/2013, de 31 de dezembro]*

3 — Excluem-se do disposto no número anterior os encargos relacionados com viaturas ligeiras de passageiros ou mistas, motos e motociclos, afetos à exploração do serviço público de transportes, destinados a serem alugados no exercício da atividade normal do sujeito passivo, bem como as reintegrações relacionadas com as viaturas relativamente às quais tenha sido celebrado o acordo previsto no n.º 9 da alínea ***b)*** do n.º 3 do artigo 2.º. *[Redação dada pela Lei n.º 16-A/2002, de 31 de maio]*

4 — Consideram-se despesas de representação, nomeadamente, os encargos suportados com receções, refeições, viagens, passeios e espetáculos oferecidos no país ou no estrangeiro a clientes ou a fornecedores, ou ainda a quaisquer outras pessoas ou entidades.

5 — Consideram-se encargos relacionados com viaturas ligeiras de passageiros, motos e motociclos, nomeadamente, as reintegrações, rendas ou alugueres, seguros, despesas com manutenção e conservação, combustíveis e impostos incidentes sobre a sua posse ou utilização.

6 — São sujeitas ao regime do n.º 1, sendo a taxa aplicável 35%, as despesas correspondentes a importâncias pagas ou devidas, a qualquer título, a pessoas singulares ou coletivas residentes fora do território português e aí submetidas a um regime fiscal claramente mais favorável, a que se refere o n.º 1 do artigo 63.º-D da Lei Geral Tributária, ou cujo pagamento seja efetuado em contas abertas em instituições financeiras aí residentes ou domiciliadas, salvo se o sujeito passivo puder provar que tais encargos correspondem a operações efetivamente realizadas e não têm um carácter anormal ou um montante exagerado. *(Redação dada pela Lei n.º 42/2016, de 28 de dezembro)*

7 — São ainda tributados autonomamente, à taxa de 5%, os encargos dedutíveis relativos a despesas com ajudas de custo e com compensação pela deslocação em viatura própria do trabalhador, ao serviço da entidade patronal, não faturadas a clientes, escrituradas a qualquer título, exceto na parte em que haja lugar a tributação em sede de IRS na esfera do respetivo beneficiário, bem como os encargos da mesma natureza, que não sejam dedutíveis nos termos da alínea ***f)*** do n.º 1 do artigo 42.º do CIRC, suportados por sujeitos passivos que apresentem prejuízo fiscal no exercício a que os mesmos respeitam. *(Redação dada pela Lei n.º 55-B/2004, de 30 de dezembro)*

8 — Excluem-se do disposto nos n.ºs 2, 7, 10 e 11 os sujeitos passivos a quem seja aplicado o regime simplificado de determinação do lucro tributável previsto nos artigos 28.º e 31.º *(Redação dada pela Lei n.º 82-D/2014, de 31 de dezembro)*

9 — Nas situações de contitularidade de rendimentos abrangidas pelo artigo 19.º, o imposto apurado relativamente às despesas que,

nos termos dos números anteriores, estão sujeitas a tributação autónoma é imputado a cada um dos contitulares na proporção das respetivas quotas. *(Aditado pela Lei n.º 55-B/2004, de 30 de dezembro)*

10 — No caso de viaturas ligeiras de passageiros ou mistas híbridas *plug-in*, as taxas referidas nas alíneas ***a)*** e ***b)*** do n.º 2 são, respetivamente, de 5% e 10%. *(Aditado pela Lei n.º 82-D/2014, de 31 de dezembro)*

11 — No caso de viaturas ligeiras ou mistas de passageiros movidas a gases de petróleo liquefeito (GPL) ou gás natural veicular (GNV), as taxas referidas nas alíneas ***a)*** e ***b)*** do n.º 2 são, respetivamente, de 7,5% e 15%. *(Aditado pela Lei n.º 82-D/2014, de 31 de dezembro)*

Anexo 3.

Informações Vinculativas emitidas pela Autoridade Tributária (artigo 88.º CIRC e artigo 73.º CIRS)[255]

Data da Disponibilização	Processo	Assunto/Artigo	Resumo
		IRC	
08-07-2021	Processo 2021 1387 — PIV 19740, sancionado por despacho de 2021-04-20, da subdiretora-geral do IR e das Relações Internacionais	Encargos com aluguer de viatura ligeira de passageiros (híbrida *plug-in*) ressarcidos a coberto de contrato de seguro. **Artigo 88.º do CIRC.**	De acordo com o declarado pela requerente, o encargo com o aluguer da viatura utilizada em substituição da viatura acidentada é ressarcido pela entidade seguradora, pelo que não é um encargo efetuado ou suportado pela requerente. Nestas condições, se o aluguer daquela viatura de substituição utilizada pela requerente é concretizado a coberto do contrato de seguro da viatura acidentada, este não é um encargo da requerente e, consequentemente, não está sujeito à tributação autónoma prevista no n.º 3 do artigo 88.º do CIRC.
08-07-2021	Processo 2019 004228, sancionado por despacho, de 2020-12-29, da subdiretora-geral da Área de Gestão Tributária — IR PIV n.º 16404	Tributações autónomas dos encargos efetuados ou suportados relativos a despesas de representação e a ajudas de custo e à compensação pela deslocação em viatura própria do trabalhador ao serviço da entidade patronal, não faturados a clientes, por uma *entidade isenta de IRC* ao abrigo do artigo 10.º do Código do IRC. **Artigo 88.º do CIRC.**	Tratando-se o sujeito passivo de uma entidade que não exerce, a título principal, uma atividade de natureza comercial, industrial ou agrícola, e isenta de IRC ao abrigo do artigo 10.º do Código do IRC, não está sujeito a tributação autónoma relativamente às referidas despesas, exceto se as mesmas forem incorridas no âmbito de uma atividade comercial sujeita a tributação.
07-07-2021	Processo 497/21; PIV n.º 19 670; despacho de 2021-02-15, da subdiretora-geral	Taxas de Tributação Autónoma — Encargos com Viaturas *plug-in*. **Artigo 88.º do CIRC.**	No caso das viaturas ligeiras de passageiros híbridas *plug-in*, cuja bateria possa ser carregada através de ligação à rede elétrica e que tenham uma autonomia mínima no modo elétrico, de 50 km e emissões inferiores a 50 g CO(índice 2)/km, as taxas referidas nas alíneas *a), b)* e *c)* do n.º 3 são, respetivamente, de 5%, 10% e 17,5%, de acordo com a redação da Lei n.º 75-B/2020, de 31 de dezembro (Lei do OE 2021, em vigor em 1 de janeiro de 2021), uma vez que, apesar de as viaturas terem sido adquiridas ou alugadas em períodos anteriores, os encargos são respeitantes ao período de 2021, aos quais se aplicam as taxas em vigor nesse período.

[255] Informações vinculativas disponíveis no Portal das Finanças, em: https://info.portaldasfinancas.gov.pt/pt/informacao_fiscal/informacoes_vinculativas/. Consulta em 27-01-2022.

Data da Disponibilização	Processo	Assunto/Artigo	Resumo
16-06-2020	Processo 3506/2018 — PIV n.º 12 807, despacho de 2019-05-09 da diretora de Serviços	Tributações Autónomas *(despesas de representação/deslocação)*. **Artigo 88.º do CIRC.**	No caso, as despesas suportadas pela entidade no âmbito do contrato não são consideradas despesas de representação, nos termos do artigo 88.º, n.º 7, do CIRC, porque não se trata de despesas oferecidas com viagens e estadas em representação da requerente junto de terceiros, mas de despesas com deslocações incorridas pelos respetivos prestadores de serviços. Não estão, por conseguinte, sujeitas a tributação autónoma.
09-12-2019	Processo 2019 4354 — PIV 16 433, sancionado por despacho de 2019-11-13, da diretora de Serviços do IRC	Tributações autónomas — viaturas ligeiras de passageiros *(usadas em atividade de mediação imobiliária.* **Artigo 88.º do CIRC.**	A sociedade requerente não exerce a atividade de aluguer de viaturas ligeiras de passageiros, pelo que não se aplica a exclusão da tributação autónoma prevista no citado n.º 6, havendo lugar a tributação autónoma nos termos do n.º 3 do artigo 88.º do CIRC.
09-12-2019	Processo 2017 2097 — PIV 12 210, sancionado por despacho de 2017-10-19, da diretora de Serviços do IRC	Tributações autónomas de encargos com viaturas ligeiras de passageiros *(atividades de operador turístico e de transporte ocasional de passageiros-parceiro UBER)*. **Artigo 88.º do CIRC.**	A requerente encontra-se registada no Registo Nacional de Turismo (RNT), sendo o seu objeto social transporte ocasional de passageiros (plataforma UBER), efetuado por meio de veículos ligeiros com capacidade até nove lugares, incluindo o condutor. Nestes casos, à semelhança das viaturas ligeiras de passageiros afetas aos serviços de transferes e pequenos circuitos turísticos, prestados pelos hotéis e agências de viagens aos seus clientes, os quais faturam e cobram estes serviços aos seus clientes, as respetivas despesas estão abrangidas pela exceção prevista no n.º 6 do artigo 88.º do Código do IRC.
10-10-2019	Processo 2018 002646, sancionado por despacho, de 2019-09-30, da subdiretora-geral da Área de Gestão Tributária — IR PIV n.º 14097	Tributação autónoma: sujeição de encargos com as viaturas ligeiras de passageiros de IRC *(afeta ao uso do diretor)*. **Artigo 88.º do CIRC.**	*In casu*, a viatura é utilizada para transporte do diretor da empresa, não resultando essa utilização de acordo escrito. Assim, em virtude de a viatura ligeira de passageiros não ser utilizada exclusivamente no aeroporto, pois que é usada para transporte do diretor da companhia, entende-se que esta não se encontra diretamente relacionada com a exploração do serviço público de transportes ou com o aluguer das viaturas no exercício da atividade normal do sujeito passivo e, como tal, o serviço prestado com aquela viatura não é suscetível de ser considerado como «atividade auxiliar dos transportes aéreos». 10. Pelo que os encargos suportados com a viatura em questão encontram-se sujeitos à tributação autónoma prevista no n.º 3 do artigo 88.º do Código do IRC.

Data da Disponibilização	Processo	Assunto/Artigo	Resumo
10-10-2019	Processo 2017 001700, sancionado por despacho, de 2019-09-30, da subdiretora-geral da Área de Gestão Tributária — IR PIV n.º 12079.	Tributação autónoma: sujeição de encargos com as viaturas ligeiras de passageiros de IRC *(afeta exclusivamente a atividade de assistência em escala).* **Artigo 88.º do CIRC.**	*In casu*, a viatura em questão é utilizada exclusivamente no aeroporto para os serviços de assistência em escala, não saindo do perímetro do aeroporto, senão para trabalhos de manutenção (oficina) ou para obrigações legais (inspeção para emissão de licença de circulação), pelo que, tanto pela sua natureza como pela sua estreita relação com os lucros diretos do transporte aéreo internacional, entende-se que o serviço realizado com a viatura é suscetível de englobamento na mesma categoria, por se tratar de uma «atividade auxiliar dos transportes aéreos». Assim, os encargos suportados pela empresa com a viatura em questão não estão sujeitos à tributação autónoma prevista no artigo 88.º do CIRC.
13-09-2019	Processo 2019 2490 — PIV 15957, sancionado por despacho de 2019-06-25, da diretora de Serviços do IRC	Tributações autónomas. Ajudas de custo pagas a motoristas *(transportadoras de mercadorias).* **Artigo 88.º do CIRC.**	É entendimento, superiormente sancionado, que no caso das empresas transportadoras de mercadorias, dada a natureza da respetiva atividade, os encargos relativos a ajudas de custo pagas aos motoristas são fiscalmente dedutíveis, ainda que os mesmos não sejam expressamente evidenciados nas faturas emitidas aos clientes. Foi igualmente sancionado que essas empresas estão obrigadas a possuir elementos que permitam «conhecer o nome do beneficiário, o local para onde se deslocou e a respetiva data, o montante diário que lhe foi atribuído e o valor faturado, com menção do serviço a que tais gastos vão ser imputados.» Atualmente, a exigência destes elementos consta da alínea *h)* do n.º 1 do artigo 23.º-A do CIRC. Sendo tais gastos efetivamente faturados aos clientes (ainda que por inclusão no montante total debitado), não ficam sujeitos à tributação autónoma prevista no n.º 9 do artigo 88.º do CIRC, conforme já sancionado.

Data da Disponibilização	Processo	Assunto/Artigo	Resumo
28-03-2019	Processo 2015 000801 (PIV n.º 8301), com despacho de 2015-07-14, da SUBDG	*Contrato de comodato para utilização de viatura ligeira de passageiros*: enquadramento fiscal dos encargos suportados pelo comodatário e taxa de tributação autónoma aplicável. **Artigo 88.º do CIRC.**	O contrato de comodato celebrado pelo sujeito passivo permite-lhe a utilização da viatura por tempo indeterminado. Isso significa que a requerente vai desfrutar da viatura durante a respetiva vida útil, retirando dela as mesmas vantagens — associadas à sua utilização — que retiraria se a viatura tivesse sido objeto de contrato de aquisição, de locação financeira, ou mesmo de *renting*. O contrato em causa não pode ser comparado com um contrato de *rent-a-car*, já que este, sendo um contrato de aluguer sem condutor celebrado por um período muito curto, não é assimilável a uma aquisição. Assim, a taxa de tributação autónoma dos encargos (dedutíveis ou não dedutíveis) que o sujeito passivo vai suportando, ao longo do contrato de comodato, pela utilização e conservação da viatura ligeira de passageiros, terá por referência o custo de aquisição da mesma, o qual deve ser solicitado ao comodante e integrado no processo de documentação fiscal a que se refere o artigo 130.º do CIRC.
23-01-2019	Processo 2018 002360, PIV n.º 14 062, sancionado por despacho de 2018-12-07, da subdiretora-geral do IR	Tributação autónoma sobre *compensação pecuniária/indemnização paga por cessação de funções de administrador e ao abrigo do contrato de trabalho*. **Artigo 88.º do CIRC.**	No caso em apreço, não tendo ocorrido, para efeitos de cálculo da compensação/indemnização, segregação entre o período em que desempenhou apenas funções de engenheiro e o período em que acumulou as funções de engenheiro e de administrador, não obstante o disposto no artigo 398.º do CSC, considera-se sujeita apenas a tributação autónoma a compensação/indemnização na parte (proporcional) correspondente ao período temporal em que exerceu funções de administrador, pelo que apenas sobre esse montante proporcionalmente determinado deverá incidir a taxa de tributação autónoma, prevista no n.º 13 do artigo 88.º do CIRC, sem prejuízo do disposto no n.º 14 do mesmo artigo. Adicionalmente, os encargos suportados pela entidade respeitantes às contribuições para a segurança social, em face da redação do n.º 13 do artigo 88.º do CIRC, o qual determina expressamente que «São tributados autonomamente (…) os gastos e encargos relativos a indemnizações (…)», estando diretamente relacionados com o facto tributário sujeito a tributação autónoma (pagamento de indemnização/compensação), também eles deverão ser tributados autonomamente.
24-11-2017	Processo 1427/2017 — despacho de 2017-09-26 da diretora de Serviços	Taxas de Tributação Autónoma *(veículo automóvel movido alternadamente a gasolina/GPL)*. **Artigo 88.º do CIRC.**	Ficam excluídas as viaturas comummente designadas *bifuel*, com combustível alternado, p. ex. gasolina/GPL, porque são viaturas mais poluentes, pela utilização do citado combustível fóssil, pelo que não podem ser favorecidas com a redução de taxas de tributação autónoma.

Data da Disponibilização	Processo	Assunto/Artigo	Resumo
23-11-2017	Processo 2017 001168, sancionado por despacho, de 2017-08-31, da subdiretora-geral do IR	Encargos com viaturas ligeiras de passageiros com a lotação de nove lugares incluindo o do condutor *(para serviço de transporte de colaboradores e de material).* **Artigo 88.º do CIRC.**	A atividade salvaguardada é a de transporte de clientes, e não de colaboradores, já que esta não é faturada a clientes. Deste modo, não estando a viatura ligeira de passageiros, de que a requerente é locatária, diretamente relacionada com a exploração do serviço público de transportes ou com o aluguer das viaturas no exercício da atividade normal do sujeito passivo, os encargos suportados com a mesma estão sujeitos à tributação autónoma prevista no n.º 3 do referido artigo 88.º, não sendo aplicável a exclusão prevista no n.º 6 do mesmo artigo.
22-11-2017	1519/17, com despacho de 207-06-28 da subdiretora-geral	Enquadramento fiscal de encargos suportados com a realização de um evento de promoção e lançamento de um produto novo. **Artigos 23.º e 88.º do CIRC.**	O conceito de despesas de representação engloba as verbas destinadas a representar uma empresa junto de terceiros, e frequentemente são abonadas aos sócios-gerentes, administradores, diretores, gerentes e outros. No entanto, quando este tipo de despesas esteja comprovadamente associado a eventos promocionais, como seja o lançamento de novos produtos, as mesmas assumem a natureza de despesas de publicidade e propaganda. Assim, desde que o sujeito passivo apresente uma fatura de encargos referente a despesas com aluguer de sala e jantar suportadas com a realização do evento de promoção e lançamento de um produto novo, e desde que possua outros elementos que comprovem indubitavelmente que essas despesas estão relacionadas com o mesmo, considera-se que esses encargos revestem o cariz de despesas de publicidade e propaganda com vista a obter rendimentos futuros, e não despesas de representação, podendo ser aceites como gastos nos termos da alínea *b)* do n.º 2 do artigo 23.º do CIRC e não estando sujeitos a tributação autónoma, nos termos do n.º 7 do artigo 88.º do CIRC.
21-07-2017	Processo 840/17, despacho de 2017-03-31, da subdiretora-geral	Encargos com «viaturas de serviço» *(em atividade de comércio de veículos automóveis ligeiros).* Sujeição a tributação autónoma. **Artigo 88.º do CIRC.**	No que concerne ao caso em análise, a requerente no âmbito da sua atividade principal — Comércio de Veículos Automóveis Ligeiros — utiliza viaturas do seu inventário para demonstração, aos seus clientes e/ou potenciais clientes, suportando as despesas inerentes com combustível, portagens, seguros. Muito embora estes encargos sejam imprescindíveis ao desenvolvimento da sua atividade, estão sujeitos a tributação autónoma, de acordo com o n.º 3 do artigo 88.º do CIRC. Esta é uma norma antiabuso, e todos os encargos efetuados ou suportados com as viaturas mencionadas no n.º 3 do artigo 88.º estão sujeitos a tributação autónoma, a não ser que se enquadrem nas exceções previstas no n.º 6 do artigo 88.º do CIRC, o que não é o caso.

Data da Disponibilização	Processo	Assunto/Artigo	Resumo
21-07-2017	Processo 2016 003738, com despacho de 2017-06-21 da subdiretora-geral	Encargos com viaturas ligeiras de passageiros afetas a serviços sociais e de saúde *(não faturados expressamente aos utentes/clientes)*. Enquadramento em sede de tributação autónoma. **Artigo 88.° do CIRC.**	No que concerne aos encargos suportados com as viaturas ligeiras de passageiros afetos ao serviço de deslocação/transporte dos utentes/clientes, enquanto serviço acessório da atividade desenvolvida pela requerente, que configura a prestação se serviços de apoio social, e, em especial, atendendo a que este serviço não é faturado expressamente aos utentes/clientes, considera-se que tal serviço não se enquadra no conceito de «viaturas (...) destinadas a serem alugadas no exercício da atividade normal» desenvolvida pelo sujeito passivo, pelo que tais encargos não estão abrangidos pela exceção prevista no n.° 6 do artigo 88.° do Código do IRC, estando, por isso, sujeitos a tributação autónoma.
21-07-2017	Processo 209/2017, despacho de 2017-05-29, da diretora de Serviços	Taxas de tributação autónoma — *viatura ligeira de passageiros utilizada no transporte ocasional de passageiros através da plataforma UBER*. **Artigo 88.° do CIRC.**	Destinando-se a viatura da requerente à atividade de animação turística (plataforma UBER), os encargos com a mesma não estarão sujeitos a tributação autónoma, desde que os serviços prestados com a mesma sejam faturados e cobrados aos clientes, à semelhança das viaturas ligeiras de passageiros afetas aos serviços de transferes e pequenos circuitos turísticos, prestados pelos hotéis e agências de viagens aos seus clientes, os quais faturam e cobram estes serviços aos seus clientes, por se considerar que as mesmas estão abrangidas pela exceção prevista no n.° 6 do artigo 88.° do Código do IRC.
21-07-2017	Processo 921/2017 — despacho de 2017-05- 25 da subdiretora-geral	Taxas de Tributação Autónoma *(*KIT *publicitário em veículo que não pertence ao ativo)*. **Artigo 88.° do CIRC.**	O citado veículo não pertence ao ativo da requerente, nem é utilizado em regime de locação, pelo que não pertence ao seu património, nem detém o seu uso e fruição derivado de contrato de aluguer ou outro. Deste modo, este encargo (*KIT* publicitário), embora resulte de publicidade sobre um veículo automóvel, não é uma despesa abrangida pelo n.° 3 do artigo 88.° do CIRC, pelo que sobre o mesmo não recai tributação autónoma.
07-10-2015	Processo 750/2015	Tributação autónoma dos encargos com viaturas ligeiras de mercadorias referidas na alínea *b)* do n.° 1 do artigo 7.° do Código do Imposto sobre Veículos (CISV). **Artigo 88.° do CIRC.**	Estão sujeitas à tributação autónoma prevista no n.° 3 do artigo 88.° do CIRC as viaturas ligeiras de mercadorias que, para efeitos de ISV, sejam tributadas às taxas normais deste imposto, ou seja, as previstas na tabela A constante do n.° 1 do artigo 7.° do respetivo código.

Data da Disponibilização	Processo	Assunto/Artigo	Resumo
21-06-2012	Processo 2012 001228, com despacho de 201-05-21 da subdiretora-geral, proferido por delegação de competências	Viaturas ligeiras de passageiros ou mistas: taxa de tributação autónoma aplicável aos *encargos provenientes de contratos de* rent-a-car. **Artigo 88.º do CIRC.**	Uma vez que o legislador não alterou expressamente a taxa de tributação autónoma dos encargos suportados, provenientes de contratos de *rent-a-car*, e estando os mesmos sujeitos a esta tributação por se enquadrarem no conceito de encargos com viaturas, previsto no n.º 5 do artigo 88.º do Código do IRC, e não se tratando de aquisição nem de situação assimilável a aquisição, deve a tributação autónoma daqueles encargos ser a mesma que vinha sendo aplicável, ou seja, à taxa de 10%, nos termos do atual n.º 3 do artigo 88.º do Código do IRC. Com efeito, sendo os encargos provenientes de contratos de *rent-a-car* totalmente dedutíveis para efeitos fiscais, nas condições gerais do artigo 23.º do CIRC, ao invés do que sucede relativamente aos alugueres de longa duração, *leasing* ou aquisição direta, o enquadramento mais correto é no n.º 3 do artigo 88.º do CIRC, estando, por consequência, sujeitos a tributação autónoma à taxa de 10%.
21-12-2009	Processo 71/08, com despacho da diretora de Serviços do IRC, por delegação de competências	*Ajudas de custo.* Tributação Autónoma. **Artigo 88.º do CIRC** *(antigo artigo 81.º CIRC).*	Se os encargos com as ajudas de custo e com a compensação pela deslocação em viatura própria do trabalhador constituírem rendimento do trabalho dependente e implicarem tributação em sede de IRS na esfera dos respetivos beneficiários, não se levantam quaisquer dúvidas quanto à sua dedutibilidade (os encargos são dedutíveis, na totalidade, nos termos do n.º 1 do artigo 23.º do Código do IRC) e não há lugar a tributação autónoma.
21-12-2009	Processo 339/2009. desp. n.º 13537/08, DR II Série, n.º 94, DE 15-05-08), em 29-06-2009, 339/2009.	*Tributação autónoma de viaturas ligeiras de passageiros ou mistas.* Certificado de Conformidade — Emissão de CO_2. **Artigo 88.º do CIRC** *(antigo artigo 81.º CIRC).*	Para efeitos da alínea *b)* do n.º 3 do artigo 81.º do Código do IRC, esclarece que, atualmente, o valor das emissões de CO_2 em automóveis ligeiros consta do Certificado de Matrícula dos veículos. Para o caso dos veículos em que aquele valor ainda não era determinado à data da homologação do modelo, ou que o mesmo não foi recolhido, existe a possibilidade de medição, através de um Centro de Inspeção Técnica de Veículos da Categoria B.
14-09-2006	Processo 2879/2005, com despacho de 2006-09-14, do senhor subdiretor-geral do IR, em substituição do senhor diretor-geral	Despesas com viaturas e transportes *(serviço de transporte de passageiros prestados pelos hotéis e agências de viagens).* Tributação autónoma. **Artigo 88.º do CIRC** *(antigo artigo 81.º CIRC).*	As despesas relacionadas com as referidas viaturas, afetas ao serviço de transferes, não estão sujeitas a tributação autónoma, por se dever considerar que as mesmas estão abrangidas pela exceção prevista no n.º 6 do artigo 81.º do Código do IRC.

Data da Disponibilização	Processo	Assunto/Artigo	Resumo
16-11-2005	Processo 529/05, com despacho concordante de 2005-11-16 do senhor subdiretor-geral (em substituição do Exmo. diretor-geral)	*Tributação Autónoma das Ajudas de Custo.* **Artigo 88.º do CIRC** *(antigo artigo 81.º CIRC).*	Conclui-se que o n.º 9 do artigo 81.º do Código do IRC só tem aplicação, no caso de entidades que não exercem, a título principal, uma atividade comercial, industrial ou agrícola, quanto aos encargos com ajudas de custo e com a compensação pela deslocação em viatura própria do trabalhador, ao serviço da entidade patronal, suportados no âmbito de uma atividade daquela natureza desenvolvida a título acessório.
		IRS	
20-04-2020	Processo 732/2018, sancionado por despacho de 2019-01-07 da subdiretora-geral do IR. PIV 13312	Encargos suportados com *viatura de 9 lugares (licenciada ao transporte de crianças)*, no âmbito do exercício da atividade de centro de estudos. **Artigo 73.º do CIRS.**	Perante o conceito mencionado, o transporte de crianças que a requerente efetua não cumpre o requisito da alínea *b)*, quanto ao serviço público de transporte de passageiros, porquanto o transporte corresponde a um serviço exclusivo das crianças que frequentam o Centro de Estudos, propriedade da requerente, não sendo, desse modo, disponibilizado ao público em geral. Assim, embora o uso da referida viatura se revele imprescindível para o exercício e desenvolvimento da atividade principal da requerente, não podem os encargos relacionados com a mesma serem excluídos de tributação por não estarem verificados, cumulativamente, os requisitos do n.º 3 do artigo 73.º do Código do IRS.

Anexo 4.
A tributação autónoma em Portugal: análise da jurisprudência arbitral[256]

Número(s) do(s) Processo(s)	Temática
751/2020-T; 602/2020-T; 473/2020-T; 412/2020-T; 402/2020-T; 370/2020-T; 284/2020-T; 269/2020-T; 241/2020-T; 235/2020-T; 228/2020-T; 213/2020-T; 203/2020-T; 109/2020-T; 105/2020-T; 93/2020-T; 38/2020-T; 29/2020-T; 928/2019-T; 881/2019-T; 752/2019-T; 735/2019-T; 521/2019-T; 486/2019-T; 335/2019-T; 297/2019-T; 296/2019-T; 281/2019-T; 88/2019-T; 13/2019-T; 648/2018-T; 542/2018-T; 532/2018-T; 487/2018-T; 393/2018-T; 388/2018-T; 295/2018-T; 257/2018-T; 256/2018-T; 217/2018-T; 60/2018-T; 689/2017-T; 583/2017-T; 554/2017-T; 320/2017-T; 287/2017-T; 168/2017-T; 328/2015-T; 795/2014-T; 716/2014-T; 692/2014-T; 321/2014-T; 20/2014-T; 72/2013-T; 54/2013-T; 7/2011-T	Despesas não documentadas
30/2021-T; 809/2019-T; 629/2019-T; 500/2018-T; 463/2018-T; 285/2017-T; 719/2015-T; 205/2015-T; 57/2017-T; 553/2016-T; 422/2016-T; 92/2013-T; 36/2012-T; 31/2012-T	Encargos com veículos, motos ou motociclos **e**
306/2020-T; 262/2020-T; 323/2019-T; 141/2019-T; 131/2019-T; 540/2018-T; 516/2018-T; 448/2018-T; 434/2018-T; 433/2018-T; 189/2018-T; 503/2017-T; 210/2017-T; 704/2015-T; 649/2016-T; 497/2016-T; 411/2016-T; 310/2016-T; 309/2016-T; 198/2016-T; 52/2016-T; 51/2016-T; 628/2014-T	Presunção: «empresarialidade» dos gastos sujeitos a tributação autónoma
423/2020-T; 646/2019-T; 639/2019-T; 385/2019-T; 381/2019-T; 509/2017-T; 352/2016-T; 50/2016-T; 40/2016-T; 161/2018-T; 267/2014-T; 60/2013-T	Despesas de representação
50/2020-T; 922/2019-T; 920/2019-T; 871/2019-T; 715/2019-T; 520/2019-T; 453/2019-T; 313/2019-T; 287/2019-T; 102/2019-T; 84/2019-T; 575/2018-T; 489/2018-T; 488/2018-T; 382/2018-T; 167/2018-T; 152/2018-T; 86/2018-T; 37/2018-T; 369/2017-T; 368/2017-T; 362/2017-T; 340/2017-T; 297/2017-T; 604/2016-T; 762/2015-T; 687/2015-T; 145/2015-T; 844/2014-T; 148/2013-T; 146/2013-T; 145/2013-T; 11/2012-T; 10/2012-T	Despesas pagas a entidades não residentes sujeitas a um regime fiscal privilegiado
910/2019-T; 906/2019-T; 900/2019-T; 730/2019-T; 478/2019-T; 266/2017-T; 10/2017-T; 717/2016-T; 281/2016-T; 434/2015-T; 571/2014-T	Encargos com ajudas de custo
11/2020-T; 926/2019-T; 548/2019-T; 194/2019-T; 96/2019-T; 93/2019-T; 90/2019-T; 106/2015-T	Lucros distribuídos por entidades sujeitas a IRC a sujeitos passivos que beneficiam de isenção total ou parcial
108/2021-T; 459/2020-T; 398/2020-T; 120/2020-T; 768/2019-T; 235/2019-T; 234/2019-T; 233/2019-T; 135/2019-T; 104/2019-T; 503/2018-T; 586/2017-T; 491/2017-T; 630/2017-T; 363/2017-T; 163/2017-T; 545/2016-T; 559/2015-T; 555/2015-T; 204/2015-T; 659/2014-T; 9/2014-T; 290/2013-T; 125/2013-T	Encargos com bónus a administradores e gerentes. Remunerações variáveis.

[256] Decisões arbitrais disponíveis no Centro de Arbitragem Administrativa, em: https://caad.org.pt/tributario/decisoes. Consultado em 31-01-2022.

Número(s) do(s) Processo(s)	Temática
106/2021-T; 275/2020-T; 239/2020-T; 186/2020-T; 114/2020-T; 82/2020-T; 687/2019-T; 625/2019-T; 615/2019-T; 575/2019-T; 388/2019-T; 347/2019-T; 322/2019-T; 273/2019-T; 127/2019-T; 108/2019-T; 661/2018-T; 655/2018-T; 649/2018-T; 619/2018-T; 615/2018-T; 609/2018-T; 591/2018-T; 569/2018-T; 537/2018-T; 497/2018-T; 455/2018-T; 440/2018-T; 439/2018-T; 407/2018-T; 406/2018-T; 402/2018-T; 363/2018-T; 353/2018-T; 319/2018-T; 318/2018-T; 312/2018-T; 273/2018-T; 242/2018-T; 229/2018-T; 223/2018-T; 221/2018-T; 124/2018-T; 111/2018-T; 110/2018-T; 45/2018-T; 41/2018-T; 13/2018-T; 9/2018-T; 7/2018-T; 641/2017-T; 626/2017-T; 576/2017-T; 542/2017-T; 525/2017-T; 516/2017-T; 511/2017-T; 490/2017-T; 474/2017-T; 473/2017-T; 448/2017-T; 433/2017-T; 428/2017-T; 385/2017-T; 381/2017-T; 241/2017-T; 216/2017-T; 203/2017-T; 192/2017-T; 134/2017-T; 99/2017-T; 93/2017-T; 83/2017-T; 66/2017-T; 384/2017-T; 65/2017-T; 61/2017-T; 60/2017-T; 59/2017-T; 39/2017-T; 8/2017-T; 749/2016-T; 733/2016-T; 704/2016-T; 679/2016-T; 672/2016-T; 671/2016-T; 669/2016-T; 668/2016-T; 638/2016-T; 630/2016-T; 629/2016-T; 627/2016-T; 612/2016-T; 605/2016-T; 602/2016-T; 596/2016-T; 587/2016-T; 578/2016-T; 576/2016-T; 575/2016-T; 567/2016-T; 565/2016-T; 536/2016-T; 530/2016-T; 524/2016-T; 506/2016-T; 505/2016-T; 504/2016-T; 503/2016-T; 456/2016-T; 443/2016-T; 360/2016-T; 326/2016-T; 311/2016-T; 302/2016-T; 174/2016-T; 122/2016-T; 34/2016-T; 31/2016-T; 19/2016-T; 5/2016-T; 785/2015-T; 784/2015-T; 783/2015-T; 781/2015-T; 780/2015-T; 779/2015-T; 775/2015-T; 774/2015-T; 769/2015-T; 767/2015-T; 752/2015-T; 751/2015-T; 750/2015-T; 749/2015-T; 745/2015-T; 744/2015-T; 740/2015-T; 736/2015-T; 727/2015-T; 722/2015-T; 673/2015-T; 670/2015-T; 669/2015-T; 639/2015-T; 637/2015-T; 602/2015-T; 535/2015-T; 370/2015-T; 369/2015-T; 219/2015-T; 113/2015-T; 769/2014-T; 697/2014-T; 79/2014-T; 59/2014-T 91/2021-T	Benefícios fiscais e/ou PEC: dedução à coleta de tributação autónoma **e** Aplicação da jurisprudência uniformizada
2/2021-T; 1/2021-T; 538/2020-T; 321/2020-T; 783/2019-T; 412/2019-T; 411/2019-T; 35/2019-T; 179/2018-T; 620/2017-T; 843/2014-T; 38/2014-T; 309/2013-T	Aplicação da lei no tempo
9/2021-T; 192/2020-T; 945/2019-T; 345/2019-T; 30/2019-T; 41/2019-T 611/2018-T; 601/2018-T; 514/2018-T; 168/2018-T; 160/2018-T; 630/2017-T; 609/2017-T; 467/2017-T; 439/2017-T; 404/2017-T; 403/2017-T; 401/2017-T; 337/2017-T; 233/2017-T; 56/2017-T; 666/2016-T; 176/2016-T; 685/2015-T; 528/2015-T; 447/2015-T; 758/2014-T; 587/2014-T; 239/2014-T; 226/2013-T; 169/2013-T; 8/2012-T	Correções fiscais e/ou agravamento das taxas de tributação autónoma por reajustamento ao prejuízo fiscal
656/2020-T; 300/2020-T; 133/2020-T; 123/2020-T; 578/2019-T; 325/2019-T; 266/2019-T; 173/2019-T; 36/2019-T; 34/2019-T; 694/2018-T; 580/2018-T; 576/2018-T; 462/2018-T; 414/2018-T; 341/2018-T; 104/2018-T; 171/2018-T; 198/2017-T; 10/2017-T; 747/2016-T; 576/2016-T; 496/2016-T; 411/2016-T; 264/2016-T; 148/2016-T; 75/2016-T; 50/2016-T; 23/2016-T; 274/2015-T; 393/2014-T; 242/2014-T; 236/2014-T; 211/2014-T; 167/2014-T; 166/2014-T; 163/2014-T; 144/2014-T; 95/2014-T; 94/2014-T; 93/2014-T; 80/2014-T; 37/2014-T; 36/2014-T; 6/2014-T; 306/2013-T; 304/2013-T; 298/2013-T; 292/2013-T; 282/2013-T; 261/2013-T; 260/2013-T; 255/2013-T; 246/2013-T; 210/2013-T; 209/2013-T; 188/2013-T; 187/2013-T; 92/2013-T	(In)dedutibilidade de encargos sujeitos a tributação autónoma e (não) dedução da tributação autónoma

LISTA DE QUADROS

LISTA DE FIGURAS

ABREVIATURAS

A–S — Teoria Tradicional da Evasão Fiscal
AT — Autoridade Tributária
CAAD — Centro de Arbitragem Administrativa e Fiscal
CC — Contabilistas Certificados
CFI — Código Fiscal do Investimento
CRP — Constituição da República Portuguesa
ENO — Economia Não-Registada
FB — *Fringe Benefits* (rendimentos em espécie)
GPL — Gás de Petróleo Liquefeito
GNV — Gás Natural Veicular
IRC — Imposto sobre o Rendimento das Pessoas Coletivas
IRS — Imposto sobre o Rendimento das Pessoas Singulares
ISV — Imposto sobre Veículos
IVA — Imposto sobre o Valor Acrescentado
MPME — Micro, pequenas e médias empresas
MIMIC — Multiple Indicators Multiple Causes Model (Modelo de Indicadores Múltiplos Causas Múltiplas)
OCDE — Organização para a Cooperação e Desenvolvimento Económico
PEC — Pagamento Especial por Conta
PIB — Produto Interno Bruto
RETGS — Regime Especial de Tributação do Grupo de Sociedades
UE — União Europeia
UTAO — Unidade Técnica Portuguesa de Apoio Orçamental

ÍNDICE